개정판

가족상담 및 치료

Family Counseling and Family Therapy

개정판

가족상담 및 치료

조은유·김영미·이미희 공저

dm 동문사

머리말

가족을 위한 새로운 여정, 가족상담 및 가족치료 책을 출판하게 되어 기쁩니다. 가족상담가로서 많은 가족들과 함께해 온 여정 속에서 수많은 감동과 깨달음을 얻었습니다. 그래서 그것을 고스란히 담아내고자 이 책을 집필하게 되었습니다.

가족은 우리 삶의 근본이자 가장 소중한 존재입니다. 그러나 가족이 함께하는 시간은 때로는 어렵고 복잡하며, 힘든 면도 있습니다. 이 책을 통하여 어려움이 있는 가족들에게 성장과 발전하는 삶을 선물하고자 합니다. 우리는 모두 완벽하지 않고, 실수도 할 수 있지만, 그러한 상황 속에서도 가족의 울타리 안에서 소중한 순간들이 있습니다. 이 책은 그동안의 경험과 지식을 바탕으로 가족들이 더 행복하고 건강하게 함께하는 데에 도움이 되기를 바라며 지은 책입니다.

이 책의 집필자로서, 이론적인 배경과 실제적인 경험을 토대로 가족치료에 대한 내용을 전달하고자 합니다. 가족의 성장과 변화를 돕기 위해 가족 시스템의 복잡성과 동적성을 이해하고, 상담 기술과 이론을 적용하여 가족 구성원들의 개인적인 요구와 가족 전체의 목표를 조화롭게 하는 데 주력하였습니다. 가족치료는 가족 구성원들이 함께 협력하고 변화하는 과정에서 새로운 가능성과 성장을 찾을 수 있도록 돕는 유익한 도구입니다. 이 책은 준비단계에서부터 출판에 이르기까지 저자들과 함께 고민한 결과, 가족상담 및 치료의 기초를 다루어 가족상담 및 가족치료를 처음 접하는 여러분을 위한 지침서로서의 활용을 기대하면서 가족상담 및 치료에 대하여 기존의 책들과 비교하면 좀 더 세부적으로 분류하여 집필하였습니다.

책의 제1부에서는 가족의 이해와 가족을 둘러싼 상담의 필요성에 대하여 언급하였고, 제2부에서는 가족치료 초기모델로 보웬의 다세대 가족치료, 사티어의 경험적 가족치료, 구조적 가족치료, 전략적 가족치료, 대상관계 가족치료, 교류분석 가족치료로 분류되며 제3부에서는 가족치료 후기모델로 해결중심 가족치료, 이야기 치료로 구분하고 있습니다. 이 책은 심리학, 상담심리학, 교육, 사회복지 등 여러 분야에서 가족과 관련된 학습을 하는 여러분들도 쉽게 접할 수 있도록 집필하였습니다.

가족들의 상호작용문제, 구성원들의 변화와 성장에 대한 문제들을 접하고 가족치료에 관심이 있는 학생, 전문가, 임상가에게 전문성을 향상시키고, 실제 상담 및 치료 상황에서 더 효과적이고 적절한 접근법을 사용할 수 있도록 구성하였습니다. 이 책은 가족과 관련된 개인적인 경험과 이해를 높일 수 있고. 가족 구성원이나 개인의 삶에 대한 통찰력을 얻고, 자기 발전과 성장에 도움을 줄 수 있습니다.

가족상담 및 치료의 집필자로서 여러분과 함께 공유하고 배우며, 가족의 건강과 행복을 위해 노력하겠습니다.

2025년 8월

저자 대표 조은유

차례

PART 2 | 초기 가족치료 모델

PART 1

가족상담 및 치료의 이해

01 Chapter

가족의 이해

1. 가족의 정의

가족을 탐구하는 학자들은 각자 다양한 관점에서 가족을 정의하고 있다. 가족은 문화와 사회적 맥락에 따라 다양한 형태와 의미를 갖기 때문에 정확한 정의를 내리기는 어렵다. 그러나 가족에 관련된 다양한 주제들을 살펴봄으로써 이해의 폭을 넓힐 수 있다. 먼저 가족과 관련된 용어를 살펴보면 다음과 같다.

- 가족(family)은 혈연적인 연결집단으로, 일반적으로 동거하는 사람들을 포함한다.
- 핵가족(nuclear family): 부모와 자녀로 이루어진 가장 작은 가족 형태를 말한다.
- 확장가족(extended family): 조부모, 삼촌, 고모, 사촌 등 다양한 친척들이 함께 생활하거나 긴밀한 관계를 맺는 가족 형태를 의미한다.
- 가족구성원(family members)은 특정 가족의 구성원들을 가리키는데, 주로 가족 내에서의 행정적인 의미가 더 부각된다.
- 세대(generation)는 세대별로 분류되는 가족 내의 그룹을 의미하며, 한 세대는 보통 같은 시대에 태어난 사람들로 구성된다.
- 가문(family lineage)은 가족의 범위를 넘어서서 혈연관계를 중심으로 형성된 집단으로, 넓은 의미로 가계를 의미한다.
- 집(house)은 가족이 형성하는 생활과 공간적 성격을 말하는 용어로, 일반적으로 주거하는 집이나 가족들이 함께 생활의 공간을 가리킨다.
- 가정(home)은 가족이 함께 살며 정서적 유대와 생활의 의미가 형성되는 삶의 터전을 의미한다.

1) 가족의 개념 및 기능

(1) 가족의 개념

가족은 혈통, 입양, 혼인을 중심으로 형성된 관계이며, 이러한 관계는 공동체적 상호연대와 정서적 융합의 특징을 지닌다. 이로 인해 가족은 공동생활의 단위로서 공동 집단(共同 集團)을 형성하게 되며, 더 나아가 가족에 대한 연구가 더욱 심화되면서 이러한 가족의 특성을 명확히 규정하기 위해 다양한 용어들이 사용되고 있다. 그 중에서도 대부분의 학자들은 가족에 대한 정의를 내릴 때는 항상 머독(Murdock, G. P.)의 정의를 인용한다. 이러한 이유로 가정생활(domestic), 가족공동생활(domestic family), 가정적인 문제(domestic issues) 등의 다양한 용어들이 사용되고 있다. 머독은 가정이란 "공동의 거주, 경제적 협력 그리고 생식(生殖)이란 특성을 갖는 사회집단"이라고 정의하고 있다. 가족은 법적으로 인정받은 성인 남성과 여성의 결혼 관계를 바탕으로 형성되며, 그들로부터 태어난 자녀 또는 입양으로 가족이 구성된다. 이것은 머독의 가족 정의에서 구조 기능론의 시각에서 가족을 '공동 생활 집단'으로 강조하는 것을 의미한다.

이광규(1994)는 가족을 가족구성원, 동거동재(同居同財)의 생활공동체라는 것 이외에도 가족은 가옥(家屋)과 가구(家口)를 포함하여 폭넓은 개념의 문화집단을 대표하며, 이것은 가족이 단순히 개인적인 관계로만 이루어진 것이 아니라 사회적, 문화적인 측면까지 아우르는 것을 강조하였다. 또한, 가족은 사회 조직의 가장 원초적인 형태로서 개인의 성장과 인격 형성을 촉진하는 공간이기 때문에 이 속에서 자아가 자라고, 어린이들은 한 공동체의 일원으로 통합되며, 개인의 한계를 넘어서 사회적으로 성숙해지는 과정을 겪는다.

(2) 가족의 기능

가족의 기능적 문제는 다양하고, 심각하므로 가족 문제를 분석하기 위해서는 그 가족의 기능이 어떻게 존재하는지 파악하는 것이 필요하다.

가족의 기능은 다양한 유형의 기능을 갖는데, 이를 정리하여 종합하면 다음과 같이 요약할 수 있다.

① 성과 애정의 기능

인간에게 있어서 성적 욕구는 가장 기본적인 욕구 중의 하나이다. 성적 욕구충족의 기능은 가족 내적인 기능과 가족 외적 기능으로 나누어지는데, 가족 내적인 기능은 결혼을 시작으로 성적 욕구를 만족시키는 것으로 볼 수 있다. 이는 가족 내에서 성적 만족과 조화로운 성생활을 통해 부부간의 유대를 강화하고 가족의 행복과 안정에 기여한다. 반면, 가족의 외적 기능 중 하나는 성적 통제 기능으로, 이는 사회적으로 용인된 성적 행동의 범위를 규정하고, 성적 질서를 유지하기 위한 제도적 기반을 제공한다. 혼인과 같은 가족제도를 통해 무분별한 성행위를 억제하고, 근친상간 등의 사회적 금기를 방지하는 역할을 한다. 결혼한 남성과 여성이 부부가 되어 가정을 이루는 것은 사회 안에서 성별에 따른 관계를 조절하는 한 방법이다. 이것은 마치 사회 안에서 성에 대한 규칙을 만들어내고 조절하는 역할을 수행하는 것과 비슷하다.

② 자녀출산 및 양육적 기능

가족은 인류의 생존과 사회의 영속을 위해 핵심적인 역할을 수행하는 사회제도이다. 부모는 가족이라는 울타리 안에서 자녀를 출산하고 양육하며, 이는 어느 사회적 기능집단과도 비교할 수 없는 고유하고 본질적인 기능이다. 특히 가족은 단순히 생물학적인 생식을 넘어서, 자녀가 사회 구성원으로 성장할 수 있도록 기본적인 가치와 규범, 역할을 학습하게 하는 사회화의 장으로서 기능한다. 이러한 출산과 양육, 그리고 사회화 기능은 사회의 존속과 발전을 가능하게 하는 기반으로, 가족이야말로 사회 유지에 가장 적합한 제도임을 보여준다.

③ 경제적 기능

인간의 생활 유지를 위해서 필요한 것은 의식주의 기본욕구와 관련된 것이다. 생산능력이나 경제 능력이 있는 사람이 일하고, 그 수입으로 가족들과 함께 생활하는 것이 가족관계의 경제기능이다. 전통적으로는 가족구조 내에서 경제력이 있는 가족 구성원들이 주로 경제적 책임을 맡고, 다른 가족 구성원들은 주로 소비기능을 담당하여 생산과 소비의 중심이었으며, 현대에도 소득분배 및 자원의 공동 활용이 이루어진다.

④ 사회적 기능

가족은 사회의 가장 기본적인 단위로서, 사회 유지와 발전을 위한 다양한 기능을 수행한다. 먼저, 가족은 자녀를 출산하고 양육함으로써 사회의 지속성과 인구 재생산을 가능하게 한다. 또한 자녀에게 사회의 규범과 가치, 역할을 내면화시키는 사회화의 장으로 기능하여 구성원이 건강한 사회인으로 성장할 수 있도록 돕는다.

이와 함께 가족은 구성원에게 정서적 지지와 안정감을 제공하여 개인의 심리적 안녕과 사회적 적응을 촉진한다. 경제적 측면에서도 가족은 의식주를 비롯한 생계유지와 보호의 기능을 수행하며, 이러한 역할은 사회 전체의 안정과 복지에 기여한다. 이처럼 가족은 생물학적, 심리적, 경제적, 사회적 차원에서 핵심적인 사회적 기능을 담당하는 중요한 제도이다.

⑤ 정서적 기능

현대 가족의 기능 중 가장 중요한 것은 정서적 기능이다. 가족은 개인이 일상에서 겪는 스트레스, 위기, 갈등 상황 속에서 심리적 지지와 감정적 안식처를 제공함으로써 정서적 균형을 유지하도록 돕는다. 특히 개인이 좌절, 불안, 상실 등의 감정을 경험할 때 가족은 공감, 위로, 격려를 통해 부정적 감정을 완화시키고, 자기회복력과 대처능력을 키울 수 있도록 하는 핵심적 기반이 된다. 이러한 정서적 지지는 단순히 감정을 나누는 데 그치지 않고, 개인의 자존감과 자기효능감을 강화시키며, 사회적 관계를 건강하게 유지할 수 있는 힘을 길러준다. 결국 가족의 정서적 기능은 개인이 삶의 도전 속에서도 안정감을 유지하고 성장할 수 있도록 하는 심리적 보호막이자, 현대 사회에서 가족이 지속적으로 중요한 이유를 보여주는 본질적 기능이라 할 수 있다.

⑥ 보호기능

가족은 구성원이 위험이나 위기에 처했을 때 신체적, 정서적, 사회적으로 보호하는 역할을 수행한다. 이는 가족이 인간의 가장 기초적인 안전망이라는 점에서 중요한 기능이다. 질병, 사고, 경제적 어려움, 심리적 위기 등 다양한 상황에서 가족은 돌봄, 간호, 지지, 부양 등을 통해 구성원의 삶을 안정적으로 유지할 수 있도록 돕는다.

특히 노인, 아동, 장애인, 환자 등 취약한 구성원은 가족의 보호 기능에 크게 의존하며, 가족은 이들이 사회에서 고립되거나 방치되지 않도록 사회적 보호막 역할을 한다. 이러한 기능은 구성원의 기본적인 생존을 보장하는 동시에, 사회복지제도의 기초 단위로서 기능하게 한다.

2) 가족의 특성 및 역할

(1) 가족의 특성

가족은 한 개인을 이해할 때 그 개인과 밀접하게 얽혀 있는 본질적인 인간 관계이다. 또한 가족은 고대부터 문학의 주제로 다뤄지면서, 종교, 철학, 윤리 등에서도 인간생활을 이해할 때 빠질 수 없는 중요한 측면으로 빈번하게 언급되었다. 가족은 인간의 삶에 깊은 의미를 부여하고, 소중한 존재로 여겨지며, 그 중요성은 시대와 문화를 초월하여 끊임없이 인정받고 있다. 가족 속에서 태어나서 자라면서 우리는 성인으로 성장하여 또 다른 사람을 만나서 결혼하고 가족을 이루는 것이 인류의 가장 자연스러운 과정이다.

부모, 부부, 형제 관계는 서로 독립적으로 작용하는 것이 아니라, 서로 얽혀서 가족이라는 한 덩어리를 형성하며 활동한다. 이것은 가족이 집합으로서의 측면을 나타내는 것이다. 넓은 친족 관계와는 달리 가족은 폭이 더 좁고, 일반적으로 한 곳에서 주거와 경제를 함께하며, 주로 서로의 안전과 평안한 환경에서 영양을 취하며 성장하고, 성적 욕구를 충족시키고 서로에 대한 애정과 관심을 나누며 욕구 등을 충족시키는 데 초점이 맞춰진다. 또한, 가족은 일반적으로 민족적, 문화적, 역사적 조건에 따라 다양한 형태로 변화하면서 보장된 생활단위를 기반으로 한다. 가족은 한 개인이 독립적으로 형성되는 것이 아니라 최소한 두 사람 이상이 모여서 생활하는 사회적 집단으로서의 성격을 지니며, 이러한 사회집단으로서의 가족은 다양한 특성을 갖고 있다.

① 가족은 일차적 집단이다.

쿨리(Cooley, 2017)에 의해서 명칭된 일차적 집단은 구성원이 서로 간의 친밀한 관계를 맺으며 가족 안에서 개인특성(personality)이나 태도(attitude)를 가진 기본적인 작은 규모의 집단을 나타낸다.

또한, 이들은 '내면적 결합관계(face-to-face association)'에 있는 것이 그 특징이다. 그 결과 그들 구성원 상호 간에 '우리'라는 감정이 생겨나 강한 일체감을 갖게 되는 것이다. 반면 학교나 직장 등은 공동의 목적을 달성하기 위해 모인 이차적 집단으로, 구성원 간의 관계는 비교적 형식적이고 기능적인 특성을 가진다.

표 1-1 일차적 집단과 이차적 집단의 비교

구분	일차적 집단	이차적 집단
대표적 예시	가족, 친구, 또래 집단	학교, 직장, 정당, 협회
관계의 성격	감정적, 친밀한 관계	목적 중심, 형식적 관계
상호작용	직접적, 지속적	간접적, 일시적 가능성
중심 요소	유대감, 소속감, 정서적 지지	과업, 성과, 역할 수행
형성 목적	인간적 관계 형성	공동의 목표 달성
관계 유지 방식	자발적, 자연적	규칙, 계약, 역할 중심

② 가족은 공동사회이다.

가족은 흔히 공동사회(Gemeinschaft)라 불리는 집단으로, 구성원 간의 애착과 이해심, 그리고 정서적 유대를 바탕으로 결합된 관계이다. 이 같은 결합은 외부적 장애나 갈등 상황에서도 쉽게 분열되지 않는 본질적이고 지속적인 관계를 형성한다. 독일의 사회학자 퇴니스(Ferdinand Tönnies)는 이러한 집단을 게마인샤프트(Gemeinschaft)로 정의하였으며, 그 대표적인 예로 가족을 제시하였다.

게마인샤프트는 자연적 유대를 중심으로 구성원 간의 상호 신뢰와 헌신이 강조되는 집단이며, 이는 가족 내에서 구성원이 서로를 위해 기꺼이 희생하고 헌신하는 모습과도 일치한다. 이러한 측면에서 가족은 '희생사회'로 불리기도 한다.

이에 반대되는 개념은 게젤샤프트(Gesellschaft)로, 이는 목적과 이익 중심의 결합을 특징으로 하는 집단이다. 게젤샤프트에서는 구성원들이 개인의 이익을 달성하기 위한 수단적 관계로 연결되며, 그 안의 상호작용은 협력과 배려가 개입되더라도 본질적으로 분리된 관계로 간주된다.

따라서 가족은 사회 구성의 가장 기초적인 단위로서, 정서적 결속과 희생적 관계를 기반으로 하는 공동사회적 집단으로 이해될 수 있다.

③ 가족은 형식적 집단이나, 가족관계는 비형식적이다.

'가족은 형식적 집단'이란, 법적, 사회적으로 인정받은 가족 구성원들의 모임을 의미한다. 예를 들어, 부모와 자녀 간의 관계나 형제자매 사이의 연결은 법적인 문서로도 확인되며, 이들은 법적으로 가족으로 인정된다. 이러한 형식적인 가족은 종종 법적인 규정과 재정의에 따라 구성된다.

반면에 '가족관계는 비형식적이다'란, 감정, 상호작용, 의사소통, 관습 등을 포함한 가족 구성원 간의 복잡한 관계를 의미한다. 이러한 관계는 단순히 법적인 문서로는 정의할 수 없으며, 사람들 간의 상호작용과 역할에 의해 형성된다. 가족 구성원들은 각자의 개성과 감정을 표현하며, 가족 내부의 상황과 동적을 고려하여 서로 상호작용한다. 이러한 비형식적인 가족관계가 가족의 진정한 본질을 이루고 있다.

따라서 가족은 형식적인 법적 구조와 함께, 비형식적인 감정, 상호작용, 의사소통, 관습 등으로 이루어진 복잡한 네트워크로 이해할 수 있다.

④ 가족은 폐쇄적 집단이다.

가족은 구성원으로서의 자격을 획득하거나 포기하는 것이 쉽지 않다. 즉, 가족구성원이 되기 위해서는 출생 조건을 만족해야 하므로 가족은 폐쇄적인 집단이라고 할 수 있다. 이와는 대조적으로 개방적인 집단은 소속에 제한이 없으며, 구성원은 스스로 소속을 선택하거나 탈퇴할 수 있다. 가족은 이러한 폐쇄적인 특징을 가지면서 최소한 두 명 이상의 개인이 모여 함께 생활하는 사회적 집단이다.

(2) 가족의 역할

사회구조는 다양한 지위와 그에 따른 역할들로 조직화되어 있으며, 이러한 구조는 개인 구성원들이 각자의 지위와 역할에 부합하는 행동을 계속해서 전달받아 안정적인 사회 질서를 유지할 수 있게 한다. 가족의 역할개념에는 역할수행, 역할기대, 역할인지, 역할평가 등이 있는데 일부 사회학자들은 개인과 사회구조에 관련된 연구보고서에서 역할개념의 중요성을 역설하기도 하였다.

가족의 역할에 대한 개념은 학계에서 큰 관심을 받으며 많은 논의가 이루어지고 있지만, 문화 인류학자들과 기능주의 학파들은 사회 구조 내에서 특정한 지위에 있는 사람들의 행동과 기대사항을 가족의 역할로 정의하고 있으며, 이러한 정의에 대해 다양한 의견이 존재한다.

가족 내에서 이루어지는 역할은 과제중심 역할과 가족구성원 중심 역할로 구분된다. 현대 사회에서 가족은 과거에 담당했던 일부 기능들이 핵가족이나 친족 집단 내에서 머무르지 않고, 대신 사회적 기능으로 이양되는 경향이 점점 더 나타나고 있다. 이러한 변화로 인해 가족은 이전에 제도적인 면에서 수행했던 기능들을 상실하고 고유한 기능들에 초점을 맞추게 된다. 즉, 성적인 역할, 친족에 대한 역할, 치료적 역할 등이 속하며 가족의 하위체계를 의미하는 가족구성원 중심의 역할에는 부모역할, 부부역할, 자녀역할 등이 속한다.

우리나라의 경우는 아직까지 결혼해서 부모가 되는 것을 하나의 과업으로 받아들이는 사회적 분위기이며 사회적 변화와 그에 따른 책임에 관심이 집중되는데 이러한 가족 역할 중 부모역할과 부부역할의 내용을 살펴보면 다음과 같다.

첫째, 부부 역할이다. 부부간의 상호행위는 상대의 기대를 고려하면서 상호작용하며 적응하는 과정으로 서로의 역할을 익히고 수행하는 과정이다. 파슨스(Talcott Parsons)는 성 역할개념에서 남성과 여성이 서로 기능적 역할과 감정적 역할을 수행하며 상호보완적인 관계를 이루어 가족의 기능이 유지된다고 주장하였다(박치현, 2022). 이후 부부의 역할은 여러 가지 측면에서 논의되어왔으며, 우리나라에서는 전통적인 측면의 역할에 따라 남녀의 분업이 분명하게 나타나고 있다. 또한, 우리나라 부부들은 대체로 남녀를 구분하여 분업을 지지하는 성향을 보이며, 남편은 가족 부양자 역할로 인식하고, 부인의 역할은 가사와 자녀양육 역할로 인식하는 것으로 나타난다.

둘째, 부모의 역할이다. 자녀의 출생으로 인해 부부는 부모-자녀 관계가 추가되어 가족 내의 상호작용이 더욱 복잡한 양상을 띠게 된다. 과거에는 남편과 아내가 부부간의 적응에 노력을 기울였다면 이제는 부모로서의 역할과 새로운 발달과제를 수행해야 한다. 이러한 부모가 되는 과정에서 대부분은 어려움을 겪으며 위기를 경험하게 된다. 자녀의 성장과정에서 부모의 역할은 더욱 중요해진다. 그러나 부모들이 이러한 역할을 충분히 준비하지 않은 경우, 어려움과 위기감이 지속적으로 발생하여 가족의 문제로 발전할 수 있다. 이에 부모 역할 교육 프로그램 등의 가족지원체계가 필요하다.

셋째, 애정 및 성적 역할이다. 애정과 성적 역할은 부부관계의 핵심 요소로, 가족의 정서적 안정과 관계의 질에 직접적인 영향을 미친다. 전통적으로 성적 역할은 생물학적 성에 따라 고정되고 위계적인 구조로 작동해 왔으며, 남성은 주로 생계 부양자, 여성은 돌봄 제공자의 역할을 담당해 왔다. 그러나 현대 사회에서는 젠더 평등에 대한 인식이 확대되고, 개인의 욕구와 정체성에 대한 존중이 강조되면서 애정 표현과 성적 역할에 대한 고정관념이 점차 해체되고 있다.

미래의 가족에서는 부부관계가 더욱 평등하고 민주적이며, 상호 존중과 이해에 기반한 동반자적이고 우애적인 관계로 진화할 것이다. 부부는 상호 간 애정 표현에 있어 감정의 솔직한 공유와 정서적 교류를 중요시하며, 성적 역할 또한 고정된 기능이나 책임이 아니라 상호 협의와 자율성에 기반한 역할 분담으로 재구성될 것이다. 남편과 아내는 서로의 자아실현을 위해 일방적으로 희생하기보다는, 각자의 성적 정체성과 욕구를 존중하면서 개방적이고 평등한 성적 관계를 형성하고, 이를 통해 더 깊은 친밀감과 풍요로운 삶을 함께 만들어 나갈 것이다.

결국 애정과 성적 역할의 변화는 단순한 역할 전환을 넘어, 가족 구성원 간의 관계를 더욱 감정적으로 풍부하고 윤리적으로 대등하게 만드는 방향으로 나아갈 것이다.

넷째, 자녀양육과 교육은 가족이 수행하는 가장 핵심적인 기능 중 하나이며, 특히 사회화 과정의 촉진자로서 가족의 역할은 대체 불가능하다. 가정은 자녀가 인격과 인성을 형성하고 사회적 존재로 성장하는 최초이자 가장 중요한 환경이다. 자녀는 부모 및 가족 구성원들과의 상호작용을 통해 언어, 규범, 가치, 감정표현 방식을 학습하며, 이를 통해 사회의 구성원으로서 살아가기 위한 기본적인 태도와 행동양식을 익혀 나간다.

현대사회에서는 자녀양육의 방식이 단순한 보호와 훈육의 수준을 넘어서, 자율성과 자기표현을 존중하는 방향으로 진화하고 있다. 부모는 권위적인 통제자가 아니라, 자녀의 발달 특성과 개별적 차이를 이해하고, 정서적 지지자이자 발달 촉진자로서의 역할을 수행해야 한다. 또한, 교육에 있어서도 지식 전달을 넘어서 창의성, 공감 능력, 비판적 사고와 같은 미래사회에 필요한 역량을 기를 수 있도록 다양한 경험과 환경을 제공하는 것이 중요하다.

결국, 자녀의 사회화는 단순한 훈육이나 지시의 문제가 아니라, 가족 내에서 이루어지는 일상적 상호작용과 관계의 질, 부모의 양육 태도, 가족의 정서적 분위기 등 복합적인 요소에 의해 결정된다. 따라서 가족 내 자녀양육 및 교육의 방식은 자녀의 정서적 안정, 자기개념 형성, 사회적 적응력에 결정적인 영향을 미치는 요소이며, 궁극적으로는 건강한 시민으로 성장하는 기반을 제공하는 가족의 본질적 기능이라 할 수 있다.

다섯째, 가사 및 가정경제 관리 역할이다. 가사란 청소, 세탁, 식사 준비, 설거지, 가정 물품 구입 등 일상적이고 반복적인 활동을 포함하는 생계 유지의 기본적 기능이다. 이러한 활동은 단순히 물리적 노동을 넘어 가족 구성원의 삶의 질과 건강, 정서적 안정에 직결되는 중요한 역할을 한다. 전통사회에서는 이러한 가사노동이 대부분 여성, 특히 아내의 전담 영역으로 여겨졌으며, 가정경제 관리 역시 남편이 외부에서 생계를 책임지고 아내는 그 안에서 살림을 꾸려가는 방식으로 분리되어 왔다.

그러나 현대사회로 오면서 이러한 역할 구분은 점차 재조명되고 있다. 특히 기혼 여성들의 경제활동 참여가 증가하면서, 남성 또한 가사와 가정경제 관리에 적극적으로 참여하는 방향으로 역할 변화가 이루어지고 있다. 이제 가사는 가족 구성원 모두가 공동으로 책임져야 할 공동의 생활 유지 활동으로 인식되며, 가정경제 역시 부부가 협의와 소통을 통해 함께 계획하고 조정해 나가는 협력적 과정으로 변화하고 있다. 이러한 변화는 가정 내 성평등 실현과 가족 구성원 간 상호 존중의 문화를 정착시키는 데 기여하며, 건강한 가족관계 형성의 기반이 된다.

결국, 가사와 가정경제 관리는 더 이상 특정 성별의 전유물이 아니라, 민주적이고 상호책임적인 가족 운영의 핵심 요소로 인식되어야 하며, 이를 통해 가족 구성원 모두의 삶의 만족과 효율적인 자원 관리가 가능해진다.

여섯째, 친족관계 및 지역사회 역할이다. 현대사회는 도시화와 산업화로 인해 가족이 자주 이동하는 경향이 있다. 그 결과로 상대적으로 친족이 행사하던 권한은 과거보다 약화 되었다. 대체적으로 친족관계 유지 역할은 부인이 남편보다 더 자주 수행하는 것이 일반적이며, 부계친족과는 주로 공식적인 일에서 서로 협력하는 경우가 많고, 모계친족과는 주로 일상적인 일에서 서로 협력하거나 접촉하는 경향이 있다.

한국가족의 대부분은 이웃들과의 상호작용을 개별적 차원에서 친교를 맺는 수준으로 끝내는 경향이 있다. 이러한 상황에서는 지역공동체를 완벽히 형성하는 것보다는 제한적인 형태로 지역사회가 형성되고 있는 것으로 보인다. 그러나 지역공동체를 형성하여 서로가 서로를 도우며 강력한 유대감을 형성하는 것은 매우 중요하다. 그러나 현대 한국사회에서는 지역사회의 역할을 충분히 발휘하고 수행하지 못하는 경우가 있다.

2. 가족의 건강성 및 발달

1) 가족체계의 건강성

가족체계의 건강성과 역기능적인 면을 평가하는 것은 상담자에게 매우 중요한 일이지만, 상담자의 주관적인 시각이 영향을 미칠 수 있어 어려움이 있을 수 있다. 특히 포스트모더니즘에 입각한 모델에서는 가족원들의 관점과 욕구충족을 중요시하며, 가족과정이 가족구성원들의 잠재능력 실현에 얼마나 기여하는지에 관심을 둔다. 따라서 가족의 건강성과 역기능을 평가할 때는 가족의 관점과 지역사회의 문화적 맥락, 상황에 맞는 고려가 필요하다.

가족체계에 대한 건강성 연구는 1970년대 미국에서 시작되었다. 이 당시 연구들은 주로 가족을 진단하고 치료하는 데 초점을 두었다. 그러나 1970년대 중반부터는 일반 가족을 대상으로 예방 및 교육 차원에서의 연구도 진행되었다. 1980년대에는 과학적이고 객관적인 척도들이 개발되는 등 연구 방법들이 발전하였다. 이후 1990년대 이후에는 가족의 다양한 형태에 대한 건강성 연구가 지속적으로 이루어지고 있다. 국내외 가족 상담자들과 가족 연구자들이 보고하는 건강한 가족의 기능들의 세부적 설명은 다음과 같다.

(1) 골든버그와 골든버그(Goldenberg & Goldenberg, 2001)

- 세대 간 위계구조가 분명하다.
  - 가족 내 역할 혼란을 방지하고, 부모 세대가 책임과 권위를 갖되 그것이 억압이 아닌 안정감으로 작용함을 의미한다. 이는 자녀에게 일관된 양육과 지지적 환경을 제공하는 기초가 된다.
- 다세대 간에 적절한 경계를 유지하고 자율적이다.
  - 개입과 거리 두기의 균형을 통해 각 세대가 독립성과 연결감을 동시에 유지하는 건강한 분화(differentiation)의 상태를 말한다.
- 가족원 간에 의사소통이 개방적이고 명확하며 직접적이다.
  - 오해와 정서적 단절을 줄이며, 가족 내 신뢰와 정서적 친밀감을 강화한다.
- 가족원 각자의 개성과 욕구가 존중된다.
  - 구성원을 수단이 아닌 한 사람의 인격으로 인정하며, 자율성과 자기효능감 발달에 긍정적인 영향을 준다.
- 가족 구성원들은 문제를 해결하는 데 효과적인 접근법을 적극적으로 활용한다.
  - 가족이 스트레스 상황을 회피하거나 고착되지 않고, 유연하고 협력적으로 대응할 수 있는 역량을 갖췄음을 의미한다.

    즉, 이들이 말하는 가족의 건강성은 단순한 '갈등이 없음'이 아니라, 변화와 도전에 구조적 안정성과 심리적 개방성으로 대응할 수 있는 역동적 균형 상태를 가리킨다. 이는 가족치료나 사례관리에서 가족의 기능을 평가하고 개입 방향을 설정할 때 유용한 기준이 된다.

(2) 벡바르와 벡바르(Becvar & Becvar, 2003)

- 가족 내 강력한 리더십과 적절한 세대 간 관계로 이루어진 효과적인 가

족 구조이다.

- 건강한 가족은 책임과 권한이 명확하게 배분된 구조를 가진다. 부모나 보호자와 같은 리더가 일관된 방향성과 지침을 제공하면서, 자녀와의 관계에서는 지나치게 권위적이지 않고 상호 존중 기반의 위계를 유지한다. 이는 자녀의 안전감과 가족 내 질서를 유지하는 핵심이다.

- 온화한 분위기에서 개인 차이와 성장을 존중하는 가족 환경이다.
  - 가족 구성원 각자의 성격, 가치관, 관심사 등 개인적 차이를 인정하며 수용하는 분위기를 말한다. 이는 심리적 안정감과 자율성의 기반이 되며, 각자가 자기표현을 자유롭게 하면서도 공동체 안에서 성장할 수 있도록 돕는다.
- 예측 가능한 유연한 가족규칙으로 이루어진 안정적인 가족환경이다.
  - 가족 규칙은 있어야 하지만 경직되어서는 안 된다. 안정감과 예측 가능성을 제공하면서도, 상황에 따라 융통성 있게 조정될 수 있는 규칙이 이상적이다. 이는 특히 가족 발달 주기에 따라 요구되는 변화(예: 자녀 성장, 부모 역할 변화 등)에 적응할 수 있도록 한다.
- 가족의 협력과 주도성으로 공동목표와 개인목표 달성을 이끄는 가족 원동력이다.
  - 가족은 단지 함께 사는 집단이 아니라, 공동의 가치와 목표를 향해 나아가는 협력체로 기능해야 한다. 가족 구성원들이 상호 협력하고, 서로의 목표 달성을 지지하는 분위기가 형성되면 개인과 가족 모두의 만족과 성취가 높아진다.
- 효과적 의사소통, 개방적 감정표현을 할 수 있다.
  - 건강한 가족은 의사소통이 명확하고 직접적이며, 감정 표현이 억압되지 않고 자유롭게 이뤄진다. 이는 오해를 줄이고, 갈등 상황에서도 서로의 감정과 욕구를 조율할 수 있는 기반이 된다. 비언어적 표현까지 포함한 정서적 교류가 활발한 가족은 심리적으로 안정적이다.
- 발달적 변화와 위기에 적응력 발휘할 수 있다.

- 가족은 고정된 구조가 아닌, 시간에 따라 변화하는 역동적 체계이다. 구성원의 생애주기 변화(예: 사춘기, 은퇴 등), 외부 위기(예: 실직, 질병 등)에 유연하게 대처하고 재조직할 수 있는 능력이 곧 가족의 회복탄력성(resilience)을 의미한다.

- 초월적 가치체계와 공유된 목표, 신념을 가진다.
  - 가족 구성원 간에 공유된 가치와 신념이 존재할 때, 위기 상황에서도 방향을 잃지 않고 결속력을 유지할 수 있다. 종교적 믿음, 윤리적 기준, 삶에 대한 철학 등이 가족의 결정을 이끌고, 구성원들에게 안정과 의미를 제공한다.
- 가족의 전통과 행사, 긍정적인 사고와 유머, 지원 네트워크를 활용한다.
  - 가족 내 전통(예: 명절 행사, 생일 축하 등)과 유대감을 강화하는 활동은 정체성을 형성하고 심리적 유대를 깊게 한다. 또한, 유머와 긍정적 사고는 스트레스 상황에서도 감정을 완화하는 정서적 완충 장치로 작용하며, 가족 외부의 사회적 자원(이웃, 친척, 지역사회 등)과 연결되어 있을 때 위기 대응력이 높아진다.

(3) 왈쉬(Walsh, 1998)

가족의 탄력성(Family Resilience)은 변화와 위기 상황 속에서 가족 구성원들이 심리적 안정과 기능을 유지하거나 회복하며, 새로운 방식으로 적응하고 성장할 수 있는 능력을 말한다. 이는 단순히 위기를 '견디는 것'을 넘어, 그 경험을 통해 가족이 더욱 단단하고 유연하게 변화할 수 있는 역동적 능력을 의미한다. 탄력성은 외부 스트레스(예: 경제적 위기, 질병, 사고, 자연재해 등)나 내부 갈등(예: 사춘기 자녀와의 갈등, 부부갈등, 세대 간 가치 충돌 등)에 직면했을 때 가족이 어떻게 반응하고 변화하느냐에 따라 평가된다.

2) 가족 체계의 핵심 요소

- **유연성(Flexibility):** 위기 상황에서 기존의 가족 규칙이나 역할이 고정되지 않고, 상황에 따라 조정 가능한 능력을 의미한다. 예를 들어, 가장의 실직 시 가족 구성원이 생계를 함께 책임지거나 자녀의 돌봄 역할이 유동적으로 조정되는 것 등이 있다.
- **의사소통과 문제해결 능력:** 갈등이나 위기를 직면했을 때, 감정을 솔직하게 표현하고, 명확하게 의사소통하며, 해결 방안을 함께 모색할 수 있는 역량은 가족 탄력성의 핵심이다. 이때 서로의 입장을 존중하고, 비난이 아닌 협력의 태도를 취하는 것이 중요하다.
- **정서적 유대와 지지:** 가족 구성원 간의 정서적 친밀감과 상호 신뢰는 위기 상황에서도 서로에게 심리적 지지 기반이 되어준다. 이는 스트레스를 완화하고, 서로를 격려하며 회복을 도울 수 있게 한다.
- **공유된 의미와 가치:** 가족이 위기 속에서도 함께 나아갈 방향성과 의미를 공유하고 있을 때, 공동의 목적의식이 생기고, 위기를 단순한 고통이 아닌 성장의 계기로 받아들일 수 있다. 종교, 전통, 가족만의 신념체계 등이 여기에 해당한다.
- **외부 자원 활용 능력:** 가족 내부의 힘만으로 감당하기 어려운 위기 상황에서 지역사회, 친구, 사회복지기관 등 외부의 지지체계와 연결되어 있는가 또한 탄력성을 높이는 중요한 요소다.

3) 가족체계의 발달

(1) 핵가족의 발달단계와 발달과제

가족체계의 발달적 측면은 가족체계를 이해하기 위하여 고려해야 할 요소중의 하나이다. 가족치료자들은 가족의 발달적 측면과 안정성에 긍정적인 관점을 갖고 있다.

가족발달이론에 바탕을 둔 가족생활주기와 그에 따른 발달과제는 듀발(Duvall, 1977)에 의해 처음 제시되었고 가장 많이 알려져 있다. 듀발에 의하면 가족 발달에 따른 8단계와 발달과제는 가족문제 발생의 원인을 파악하는 데 중요한 열쇠이다. 특히, 다음 단계로 넘어가는 시기에 가족문제가 빈번하게 발생할 수 있으며, 이를 이해하기 위해 가족원 개개인과 가족 시스템의 시간적 변화를 고려하는 것이 중요하다.

가족생활주기를 우리나라 실정에는 맞게 신혼기부터 가족 형성을 기준으로 하고 첫 자녀를 중심으로 발달단계를 구성한 유영주(1984)와 전효정(2007)이 연구 결과를 7단계로 구분하면 다음 **표 1-2**와 같다.

표 1-2 가족발달 단계별 발달과제 1

가족발달단계	발달과제
신혼기 가족 (결혼~자녀출산 전)	• 가족 구성원 간의 역할과 책임에 대한 기준 설정 • 소득과 지출의 효과적 체계 구축 • 가족 간 애정표현과 성적 만족을 위한 관계 구축 • 가족 간 원활한 의사소통 구축 • 친인척과의 친밀한 관계 수립 • 임신과 출산에 대한 부모역할 적응 및 준비
유아기 자녀가족 (자녀출산~첫 자녀 6세)	• 효과적인 영유아 양육 방법 구현 • 영유아 자녀 양육에 관한 부모역할 적응 • 자원의 재조정 • 부부관계의 만족도 유지를 위한 노력
학령기 자녀가족 (첫 자녀 7세~첫 자녀 12세)	• 자녀의 잠재력 발전을 위한 교육적 지원 • 자녀의 학업을 위한 지원 • 아동의 정서적 안정과 소속감을 위한 환경 조성 • 부부간 만족과 조화를 위한 노력
청소년기 (첫 자녀 13세~ 첫 자녀 19세)	• 청소년의 자아성찰과 미래준비에 관한 노력 • 사회적 적응 지원과 학업 및 정서적 발달 지원 • 자녀와의 가족생활에 적응기 • 금융 관리와 실행 • 성공적인 부부관계와 중년기 계획

가족발달단계	발달과제
성년기 자녀가족 (첫 자녀 20세~결혼 전)	• 자녀의 인격 발달과 정서적 관계 형성 • 자녀의 진로지원 및 취업 지원 • 가정 경제의 효율적 조정 • 중년기와 노년기 준비
자녀독립기 가족 (첫 자녀 결혼~막내 자녀 결혼 전)	• 자녀의 자립과 결혼에 대한 지원 • 부부관계 개선과 조정 • 중년기 건강관리와 위기극복 • 노년기를 위한 조부모 역할 수행과 준비
노년기 가족 (막내 자녀 결혼 후~배우자 사망)	• 노화와 은퇴에 대한 적응과 건강 유지 • 부부관계의 강화와 지속을 위한 전략 • 가족과 인척들과의 강한 연결 유지를 위한 노력 • 변화와 손실에 대한 안정적인 대처와 수용

출처: Duvall(1977). 유영주(1984), 전효정(2007) 참조. 재구성.

카터와 맥골드릭(Carter & McGoldrick, 1989)은 결혼 전기를 추가하여 결혼 적응기, 자녀아동기, 자녀청소년기, 자녀독립기, 노년기의 6단계 가족발달단계와 발달과제를 제시한 내용은 다음과 같다.

표 1-3 가족발달 단계별 발달과제 2

가족발달단계	주요내용	발달과제
1단계 결혼전기	결혼에 의한 새로운 부부체계를 형성을 위한 준비시간	• 정체성과 자율성 확립 • 원가족과의 심리적 분리 • 재정적, 정서적 독립
2단계 결혼적응기/ 결혼초기	두 남녀가 원가족으부터 물리적·심리적으로 분리되어 두 사람만의 세계를 만드는 단계	• 원가족과의 관계 재정립 • 부부 간의 역할 협상 • 친밀감과 갈등 해결 기술 형성 • 결혼에 의해 하나의 가족 단위로 성립되기 위해서 기본적인 가족기능을 원만히 수행할 필요가 있음
3단계 자녀출산 및 양육기	자녀의 출생으로 부모 역할이 추가됨	• 부모 역할 습득 • 자녀 양육을 위한 부부협력 • 확대가족(조부모 등)과의 경계 조정 • 자녀가 지나친 기대로 중압감을 느껴 힘들어하지 않도록 부모와 자녀 사이의 균형을 유지해야 함

가족발달단계	주요내용	발달과제
4단계 자녀 청소년기	자녀가 자율성을 요구하고 독립 준비를 시작	• 자녀의 독립성과 부모의 권위 재조정 • 부부관계 재정비 • 가족 내 가족체계에 대한 경계 유연화 • 청소년기 자녀의 다양한 행동과 맞물려서 중년기를 맞이한 부모는 청소년의 자녀로 인한 이 같은 가족경계의 확대에 잘 적응해야 함
5단계 자녀독립기	자녀가 독립하면서 빈 둥지 상황 발생	• 자녀와 성인 간의 관계 형성 • 부부체계 중심 구조 재조정 • 노부모 돌봄 역할 가능성 대처
6단계 노년기가족	은퇴, 건강문제, 죽음 등 노년기 문제 직면	• 노화 수용과 삶의 의미 재탐색 • 손자녀와의 관계 유지 • 배우자 및 동년배의 상실 수용 • 부부 기능 유지, 사회적 또는 육체적 약화에 대응해야 함

벡바르와 벡바르(Becvar & Becvar, 1988)는 자녀 요인을 배제하고 부부체계를 중심으로 신혼기(0~2년), 결혼 초기(2년~10년), 결혼 중기(10년~25년), 결혼 후기(25년 이상)와 같이 4단계의 결혼생활단계와 발달과제를 제시하였다.

표 1-4 가족발달 단계별 발달과제 3

가족발달단계	주요내용	발달과제
신혼기	결혼 초기 부부관계 형성 두 사람의 관계 형성	• 역할 조정, 친밀감 형성 • 원가족으로부터 정서적 독립 • 친밀감과 의사소통의 기초 구축 • 역할 기대의 조율
결혼초기	부부관계 안정화 경력, 재정, 여가생활 정립	• 갈등 조절, 공동 가치 공유 • 부부 간의 생활 리듬 형성 • 가족계획 여부 결정 • 책임 분담 조정
결혼중기	중년기 적응기 부부 관계의 심화 외부 활동(사회참여, 직장 등) 증가	• 정체성 유지, 위기 대응 • 서로의 변화 수용 • 관계 재구조화
결혼후기	노년기 진입 은퇴와 노후 준비 상실(건강, 역할 등)의 경험	• 상호 돌봄, 삶의 의미 재정립 • 부부 관계 재평가 및 재조정 • 노년기 삶의 질 향상

(2) 재구성 과정 가족의 발달과제

이혼이 급속도로 증가하고 이혼과 사별에 따른 한부모 재혼가족이 계속 증가하면서 가족 상담자들은 현재의 사회 변화로 인해 가족 재구성과 관련된 문제에 개입해야 할 일이 많아졌다. 이로 인해 상담자 보편적인 발달단계와 발달과제만으로는 충분하지 않고, 이혼, 재혼, 그리고 한부모 등의 가족 재구성과 관련된 발달단계와 그에 따른 과제를 충분히 이해해야 한다.

예를 들어, 가족들이 이혼을 경험할 때 공통적으로 거쳐 가는 4단계와 그 단계마다 요구되는 발달과제를 이해하는 것이 중요하다.

이를 통해 가족상담자들은 가족들이 겪고 있는 과정과 어려움을 더 잘 이해하고 지원할 수 있다. 카터와 맥골드릭(Carter & McGoldrick)은 이혼과정에 따른 가족의 단계별 특성과 발달과제를 **표 1-5**와 같이 제시하였다.

표 1-5 이혼가정과 한부모가정에 따른 발달과제

단계	발달과제
이혼 전 의사결정	• 이혼 결정에 따른 감정적인 과정(실패, 상실감) • 현실에 대한 수용 • 자기 자신에 대한 수용
이혼협상	• 자녀양육에 대한 결정권 • 합리적 재산분할 결정 • 자녀 및 확대가족과의 새로운 관계 형성 • 배우자와의 애착 관계 조정
이혼	• 부정적 감정 해소 • 결혼 생활을 정리하고 돌아보기 • 재결합에 대한 환상 포기하기 • 가족재정과 자녀관계의 재구성 • 가족 협력과 공동 부모 역할 재조정
이혼 후	• 전 배우자에 대한 부정적 감정 해소 • 정신적, 정서적 홀로서기 • 재정적 문제 대처 • 변화와 성장을 위한 노력 • 자녀의 혼란스러움과 상실감에 대한 대처 • 부적응 문제에 대한 대처 • 사회적 지지체계 구축

출처: Carter & McGoldrick(1989). 정문자 역(1996). 박태영(2002) 참조. 재구성

또한, 재혼가족의 경우 초혼가족과 다른 복잡한 정서적 구조와 기능을 가진다. 예를 들면, 이전 가족과의 이별 경험, 다른 가족의 역사, 즉각적인 사랑의 신화와 충성심, 갈등, 두 가족에 소속된 자녀 등이 재혼가족의 특성이다(Ramsom et al., 1979). 이에 따라 재혼가족의 발달 단계와 적응은 독특할 수밖에 없다. 카터와 맥골드릭에 의하면 **표 1-6**과 같이 재혼가족은 3단계를 경험하며 각 단계별 발달과제 수행을 제시하였다.

표 1-6 재혼가족의 발달단계

단계	발달과제
재혼결정	• 전 배우자에 대한 감정정리 • 새로운 결혼의 기대와 현실적 이해 • 재혼의 동기와 도전에 대한 고려
재혼가족설계 및 생활계획	• 새 배우자와의 재혼에 대한설계 • 자녀들의 부정적 감정 해소 지원 • 자녀와 계부모 간 즉각적인 사랑의 신화를 넘어서기 • 결혼생활의 반복되지 않는 문제해결 계획 • 별거자녀와의 지속적인 관계 유지 방안 탐색 • 공동 부모로서의 협력 방법 탐색
재혼과 가족 재구성	• 과거 가족 및 배우자와의 애착 해소 방안 탐색 • 새로운 부부관계 구축과 친밀감 형성에 대한 방안 모색 • 재혼가족의 경계에 대한 설정 • 재혼가족의 조화로운 통합을 위한 규칙과 의례 설립 • 가족 구성원 간 수용과 효율적인 의사소통 노력 • 가족 재구성과 자원의 합리적 재분배를 위한 전략 모색 • 새로운 형제자매 관계 형성과 적응에 대한 전략 탐색 • 자녀에 대한 친부모와 계부모 간 협력적인 관계 구축 방안 탐색 • 사회적 지지체계의 재조정과 확대

출처: Carter & McGoldrick(1989), 정문자 역(1996). 박태영(2002). 장혜경 · 민가영(2001) 참조. 재구성

(3) 가족발달단계 전이기와 가족문제

가족발달단계에서 말하는 전이기(transition period)는 한 발달단계에서 다음 단계로 이행하는 과도기를 의미하는데 가족이 새로운 발달단계로 넘어가기 직전 또는 초입의 시기로, 가족 체계의 변화가 집중적으로 발생한다. 예를 들

어, 결혼 → 출산 → 자녀의 사춘기 → 자녀의 독립 → 배우자의 사망 등 단계마다 중요한 전환점이 있다. 이 시기에는 새로운 역할, 관계, 기대에 적응해야 하므로, 가족 내 긴장과 갈등이 증가할 수 있다. 가족발달적 관점에서는 가족의 시간에 따른 발달단계와 과제를 이해하며, 동시에 체계적 관점에서 가족체계의 특성을 파악하는 것이 가족의 역기능 구조를 이해하는 데 도움이 된다. 가족 스트레스 이론을 적용하면 가족을 더 잘 이해하고 효율적인 대처를 도와줄 수 있다.

가족의 역기능이 커질 때는 가족발달단계가 바뀌는 전이기에 문제가 발생할 수 있다. 예상치 못한 사건이나 수직적 스트레스가 교차하는 경우, 가족체계의 건강이 영향을 받아 역기능과 문제가 더 가중될 수 있다.

가족상담자는 이러한 가족의 발달단계 전이기에 달성해야 할 발달과제를 이해하고, 현재의 가족 스트레스뿐만 아니라 세대에 걸친 수직적 스트레스와의 연관성에도 관심을 가져야 한다. 또한, 가족의 문제해결 자원과 강점들을 찾아내며, 가족구조가 재구성되는 상황에서도 가족원이 잘 적응하고 발달과제를 달성하며 성장할 수 있도록 지원해야 한다. 이러한 방법은 전형적인 가족형태뿐만 아니라 이혼, 한부모, 재혼, 홀모듬엄마(혼자서 자녀를 돌보는 경우) 가족 등의 재구성 과정에 있는 가족에게도 적용된다. 가족상담자는 항상 가족 구성원들이 새롭게 구성된 가족 구조에 잘 적응하고 문제에 효율적으로 대처하며 발달과제를 달성하면서 성장할 수 있도록 도움을 줘야 한다.

3. 현대사회 가족문화와 해체

1) 현대사회 가족의 특징

가족은 공동의 목표를 함께 가지며 협력적으로 살아가는 공동체로서, 그들만이 가진 독특한 생활습관과 행동양식을 형성한다. 이러한 가족적인 특성은 사회적 영향을 크게 받는다. 특히 우리나라 전통적인 가족 구조는 혈연 중심적인 대가족이었으나, 급격한 산업화와 도시화로 인해 핵가족으로 변화하게 되었다. 이러한 변화는 가족 구조와 상호작용 방식에도 영향을 미치게 된다. 사회적 가치관의 변화와 함께 급격한 사회적 변화는 가족관과 결혼관에도 영향을 미쳤다.

이러한 변화에 적응하는 과정에서 여러 가족문제가 발생하고 있다. 과거의 가족구조는 구조적, 기능적, 이념적 측면에서 안정적인 삶을 살았지만, 현대의 가족은 불안정성을 겪으며 또한 사회문제 발생의 소지가 있다. 특히 우리나라는 외환위기 이후 크게 부상한 가족문제를 해결하는 것이 중요한 사회적 과제로 대두되고 있다.

현대 가족은 여전히 가족 구성원들 간의 유대와 상호 의존성을 강조하면서도, 산업화와 도시화로 인해 가족 구조와 역할이 다양화되고 유연해졌다. 이러한 변화로 인해 전통적인 가족관을 부정하는 인식이 확산되고 있으며, 정치, 경제, 사회적인 요인들을 약화시키고 있다. 이로 인해 가장의 지위와 남자의 권위가 하락하는 추세로, 부부관계와 부모-자녀관계도 점차 대등하게 변화하고 있다. 과거의 전통적인 가족체계에서는 가장에게 권력과 지배력이 집중되며, 가족 구성원들은 그에 대한 복종과 순종을 강조하는 경향이 있었다. 그러나 현대에서는 가장의 역할에 대한 기대와 권위가 희석되었으며, 이제는 가장 역할 아래에서도 행동이 다양하게 나타나기 때문에, 권위에 대한 통일적인 본질을 기대하기 어렵게 되었다.

가족 구성원들은 동일한 가족이지만, 세대 · 성별 차이에 따라 가치관과 사고방식의 변화 속도가 서로 다른 것을 알 수 있다. 이로 인해 문화적인 충돌 현상이 발생하고 있으며, 이러한 상황에서는 가족 구성원들 사이의 조정과 서로 이해하는 노력이 필요하게 되었다.

이러한 과정에서 전반적인 가족 생활에 걸쳐 부조화와 갈등이 증가하며, 가족문제가 더 많이 발생하고 있다. 현대 가족은 가족 구성원들 사이의 친밀한 관계가 강조되며, 서로에게 지지와 도움을 제공하는 것이 중요하게 간주된다. 이러한 변화는 긍정적인 면도 있지만, 동시에 가족 안정성의 저하(가족 붕괴 증가), 노인들의 사회적 고립 문제, 부모 양육에 관련된 어려움과 같은 문제들도 함께 나타나고 있다.

2) 현대가족의 다양한 문제점

(1) 가족기능의 감소

사회의 지속적인 발전으로 인해 가족의 기능은 줄어들고 사회구조가 급격히 변화함에 따라 가족관계는 더욱 복잡해지고 있다. 이러한 변화에 적응하기 위해 가족 구성원들은 가정 외의 사회적 역할에 더 많은 시간과 노력, 관심을 투입하게 되었다. 이러한 상황으로 인해 가족 간의 책임이 소홀해질 수 있으며, 가족 구성원들 사이에 거리감이 생겨날 수 있다.

또한, 가족의 통제기능이 약화되고, 가족으로서의 사회화와 정서적 지지 기능 또한 더 취약해지면서 가족 문제가 발생할 수 있다. 세대 간 차이, 부부간 불화, 부모 역할 모델 부족, 대화 부족 등은 원활한 가족 기능 수행에 장애로 작용하여 가족 문제 발생의 중요한 요소로 작용하고 있다.

(2) 문화적 차이

가족 구성원들은 동일한 가족 내에서도 연령과 활동 배경에 따라 문화적 차이를 경험한다. 이로 인해 각각의 구성원들은 자신만의 문화성을 가지게 되며, 이는 가족 내에서도 서로 다른 가치관과 관점을 형성하게 된다. 이러한 문화적 다양성은 가족 내의 소통과 상호작용에 영향을 미치게 된다.

특히 현대 사회에서는 고도로 발달된 산업화로 인해 상대적으로 실용적이고 물질적인 가치관이 젊은 세대를 매력적으로 끌어들이고 있다. 이러한 상황으로 인해 세대 간에 차이가 생기고, 다양한 가치 체계와 행동 양식의 혼란으로 갈등과 불화 현상이 나타날 수 있다.

(3) 여성의 사회적 참여 증가로 인한 갈등

여성의 사회적 진출 증가로 인해, 가정 안에서의 주부 역할뿐만 아니라 가족 외부에서도 사회적 역할과 책임이 증가하고 있다. 이러한 여성의 역할 변화는 가족관리에 어려움이 발생할 수 있고, 이로 인해 가정 내부의 조화와 균형 유지가 어려워질 수 있다.

한국 사회에서는 여전히 가사 일은 주로 여성이 맡아야 한다는 고정관념이 자리 잡고 있어, 여성들은 사회적 역할과 주부 역할의 이중 부담을 겪게 된다. 이로 인해 육아와 관련된 아동복지와 여성복지에 대한 문제가 발생하며, 또한 가사분담으로 인해 부부간에 갈등이 빈번하게 발생하는 경우가 있다.

(4) 결손가정 증가

결손가정의 증가로 인해 가족 구성원들은 심리적 · 경제적으로 소외되는 문제 등이 더욱 두드러지게 나타나고 있다. 이러한 문제들은 이혼 증가, 배우자 부정, 자녀 유기 등과 같은 결손가정 현상이 빈번히 발생하며, 이로 인해 문제

아동, 가출 및 비행청소년 등의 문제가 더욱 심화되고 있다.

(5) 청소년 범죄 증가

가정 환경과 청년 범죄 사이에는 밀접한 관련이 있다. 다양한 연구 결과에 따르면, 문제를 겪는 아동들의 다수가 부모나 가정 환경으로부터 범죄로 유인되는 경향을 보이고 있다. 미성숙한 가족 구조, 가부장적인 부모, 범죄 전력, 부모의 정신적 문제와 자녀의 범죄율 간의 상관관계가 높게 나타나고 있다. 게다가, 경제적인 압박, 사회적 문제, 가정 내 분쟁으로 인한 부모-자녀 간의 불안정성 등도 범죄율 상승과 관련하여 중요한 역할을 하는 것으로 여겨지고 있다.

(6) 노인 소외

현대사회에서는 부부 중심으로 핵가족화되면서 개인주의와 전통적 권위상실이 더욱 강조되고 있다. 이러한 변화로 인해 가정 내의 노부모 봉양의 의무가 경시되는 결과가 나타나고 있는데, 이에 따라 노인들은 정신적 육체적으로 소외감과 고독감을 더욱 느끼고 있다. 또한, 산업화와 도시화로 인한 가정의 분열과 이동은 노부모와의 동거를 어렵게 하여 가정 내에서 노부모를 소외시키는 현상이 가속화되고 있다.

02 Chapter

가족상담

1. 가족상담의 정의

가족상담은 가족 구성원 간의 관계에서 발생하는 다양한 문제를 다루고 해결하기 위한 체계적이고 관계지향적인 상담 접근법이다. 이는 개인의 심리적 문제를 단순히 개인 내부의 병리로 보지 않고, 그 사람을 둘러싼 가족체계의 상호작용 속에서 이해하고 개입하는 것을 핵심으로 한다. 다시 말해, 가족상담은 개인 중심이 아니라 가족이라는 상호의존적 체계 안에서 개인의 문제를 바라보는 생태적·체계적 관점을 바탕으로 한다.

가족상담은 가족 구성원들이 함께 참여하여 자신의 역할, 기대, 감정, 의사소통 방식 등을 성찰하고 조정해 나가는 과정을 통해, 구성원 간의 관계 구조를 재정립하고 기능적인 가족체계로 전환하는 데 초점을 둔다. 상담사는 중립적 입장에서 가족의 규칙, 가치관, 의사소통의 패턴, 세대 간 경계 등을 분석하고, 역기능적 상호작용을 인식하도록 돕는다. 이를 통해 가족은 스스로 문제를 이해하고 해결해 나가는 힘을 키우며, 정서적 지지와 협력을 통해 심리적 안정성과 가족 기능 회복을 도모하게 된다.

특히, 가족상담은 부부 갈등, 부모–자녀 갈등, 재혼가족의 재적응 문제, 중독이나 정신건강 문제로 인한 가족 내 긴장, 그리고 이혼·사별 등 전환기 위기에서 효과적으로 활용될 수 있다. 가족상담은 이러한 문제를 단편적인 사건이나 갈등으로 보지 않고, 가족 내 상호작용의 반복된 패턴 속에서 발생한 결과로 이해하며, 관계 패턴의 변화를 통해 문제해결을 도모하는 접근법이다.

궁극적으로 가족상담은 단순한 문제해결을 넘어, 가족 구성원 각각이 자신의 위치와 역할에 대해 더 깊이 이해하고 수용하며, 건강하고 조화로운 관계를 형성할 수 있도록 지원한다. 이는 결과적으로 개인의 심리적 안녕뿐만 아니라 가족 전체의 회복탄력성과 기능성을 증진시키는 데 기여한다.

가족은 인류의 성장과 발전, 문화 전달에 필수적인 집단으로, 사회의 기본 단위이다. 가족은 혈연적 연결을 기반으로 형성된 자연적인 집단으로서, 사회의 전통과 관습을 유지하는 데 영향을 미친다. 가족은 귀중한 생존 가치와 능력을 보유하고 있지만, 현대 사회에서는 가족의 상태가 매우 약화되거나 문제에 직면하고 있다. 이에 따라 가족을 지원하고 치료하기 위해 가족 상담이 필요하다.

가족상담 모델은 1950년부터 1975년까지 약 25년 동안 주로 미국에서 발전되었으며, 특히 가족을 단위로 한 치료 방법의 타당성은 개별치료의 효과가 제한적일 수 있고, 내담자의 개별적인 치료가 성공적으로 이루어져도 가족 구성원들 간에 여전히 문제가 남을 수 있는 가능성을 고려한 것이다. 이는 내담자의 가족 내에 장애 요인이 존재할 가능성을 짐작할 수 있다. 이에 따라 가족 치료법은 세 가지 주요 유형으로 분류될 수 있다.

- **정신분석적 가족 상담**: 정신분석적 가족상담은 프로이트의 정신분석 이론을 가족체계에 적용한 접근으로, 개인의 무의식적 갈등과 욕구가 가족 내 상호작용에 어떻게 영향을 미치는지를 탐색한다. 이 접근은 가족 구성원의 과거 경험, 특히 유아기 애착관계나 부모-자녀 관계에서 형성된 심리구조가 현재의 가족 문제와 어떻게 연결되는지를 중점적으로 다룬다.
- **행동주의적 가족상담**: 행동주의적 가족상담은 문제를 행동의 결과로 이해하고, 그 행동을 형성 · 유지하는 가족 내 환경과 상호작용을 분석하여 문제 행동을 수정하는 데 초점을 둔다. 이 이론은 모든 행동은 학습된 것이며, 긍정적 행동은 강화되고 부정적 행동은 소거될 수 있다는 원리를 적용한다.
- **체계적 가족상담**: 체계적 가족상담은 가족을 하나의 유기적 시스템으로 이해하며, 구성원 간의 상호작용과 관계 패턴에 주목한다. 한 개인의 문제가 전체 가족 내 역할 불균형, 의사소통 오류, 경계 문제, 연합 구조의 왜곡 등에서 비롯된 것으로 보고, 전체 가족 체계를 변화시켜 문제를 해결하려는 접근이다.

2. 가족상담의 필요성

오늘날 급속한 산업화, 정보화 속에서 많은 환경의 변화가 일어남으로써 가족에게도 많은 변화가 요구되고 있다. 급격한 사회변화에서 가족 내 구성원은 세대 간의 태도와 생각에 차이가 커져 갈등이 생기고, 또한 가족의 생활주기를 통해 항상 갈등이 일어나며, 심각한 갈등은 상담을 필요로 하게 되고, 또한 부부는 가족 생활 주기의 각 단계에서 특정한 과제를 마주하게 된다. 이러한 과제를 제대로 다루면 가족 간 갈등이 생기지 않을 수 있지만, 이러한 과제를 처리하지 못하고 미뤄 둘 경우 항상성의 불균형이 발생하며 긴장감이 증가할 수 있다. 가족은 발달단계에서의 변화에 대처하지 못할 경우 심각한 갈등과 문제를 경험할 가능성이 높다. 가족 문제는 다양하고 복잡해지는데, 이전과 같이 가족 내에서 해결책을 찾지 못하거나 문제나 상황에 대해 적절한 해결책이 없어서 임시적이거나 효과적이지 않은 대안이나 조치를 선택하는 경우가 발생하는데 이는 문제의 해결을 어렵게 하는 요인이 되기도 한다.

현대의 여러 가지 사회 변동을 경험하면서 가족문제가 가정 위기로 대두되는 시대에 직면해 있다. 이런 변화의 와중에서 가족의 구조는 핵가족화되고 의식구조와 규범의 혼란이 나타나고 있다. 이에 따라 부모-자녀 간에 부부간에 예전에는 경험하지 못했던 심각한 혼란과 갈등들이 일어나고 있다. 부부의 이혼율이 급증하고, 세대 간의 갈등, 고부간의 갈등, 자녀 교육의 문제, 가정범죄와 청소년 비행, 노인문제 등 가족의 문제는 점점 더 심각해지고 있다. 이러한 상황은 현대 가정들이 매우 복잡한 혼란과 위기에 직면해 있다는 것을 보여주며, 가족문제가 더 이상 가정 자체나 친척, 친구들의 도움만으로 해결하기 어렵다는 것을 시사한다.

과거에는 한 개인이 가족 환경의 어려움을 희생으로 극복해야 했던 시대가 있었다. 장남이나 장녀가 가정에서 특별한 책임과 의무를 지는 것이 일반적이었다. 이는 가족 구조나 문화적인 관행에 따라 다를 수 있지만, 일부 사회에서는 장남이나 장녀에게 특권적인 지위와 가정 내에서의 권한을 부여하는 경향이 있었다. 이로 인해 장남이나 장녀는 가족의 기대와 부담을 더 많이 받았으며, 가정 내에서 다른 형제자매보다 더욱 많은 희생을 해야 했다.

예를 들어, 장남이나 장녀는 가족 상속과 재산 관리에 대한 주된 책임자로 간주되었고, 가정 경제를 지원하고 가족 구성원들의 복지를 도모하는 데 많은 역할을 맡았다. 또한, 가족의 명예와 가치를 대표하는 책임이 부여되었으며, 가정 내에서 자신의 이익보다는 가족의 이익을 우선시해야 했다. 이러한 장남이나 장녀의 역할과 희생은 가정 구성원들의 기대와 사회적인 압력에 의해 강제되었던 경우도 있었다. 가정 내의 역할 분담과 희생은 장남이나 장녀에게 부담과 스트레스를 유발할 수 있었고, 그들의 개인적인 목표나 성장을 제한하는 요소가 되기도 했다. 하지만 이러한 가정 내 역할 분담은 문화적, 사회적인 전통과 관습에 근거하고 있었으며, 당시의 사회에서는 이를 당연하게 여기는 경향이 있었다. 그러나 현대 사회에서는 가정 구조와 가족 역할에 대한 인식과 변화가 진행되었으며, 장남이나 장녀에 대한 특권적인 기대나 희생을 강요하는 것은 점차 감소하고 있다. 가족 구성원 간의 역할과 책임은 더욱 평등하게 분담되고, 개인의 자율성과 가정 내 모든 구성원의 행복과 성장이 중요시되는 시대적인 변화가 진행되고 있다.

가족은 문제가 발생하였을 때 문제해결을 위해 노력은 하지만 그 기술과 방법이 결과적으로 문제를 한층 더 어렵게 만드는 경우가 많다. 이럴 때 가족은 도움을 요청하기 위해 전문가를 찾게 되지만 대부분은 치료에 대한 목적과 기대가 분명하지 않고 긴장되고 불안한 상태에 놓이게 된다. 또한, 가족이 많을수록 가족상담에 관한 동기도 분명하지 않은 때가 많다. 현대는 가족의 위기 상황이 증가되고, 새로운 환경에 대한 적응 요구도 증가하고 있다. 지금부터는 심리적 지지, 전문적 조언, 조정과 타협 등의 적응 능력이 필요하다. 주변 환경의 변화와 가족 구성원 간의 가치관 차이로 인한 세대별, 성별 간 역할의 혼돈과 충돌이 발생하며, 대화의 단절, 긴장, 불안이 증가하고 있다. 적응력과 대처 능력이 낮은 가족들에서는 부부간의 불화, 가족 구성원의 일탈 행동, 자녀의 문제행동, 가출, 별거, 폭력 등의 문제와 우울증, 자살, 알코올 문제, 이혼 위기까지 발생하고 있다. 이에 따라 가족상담은 개인의 문제행동과 역기능을 가족 시스템의 반영으로 보며, 가족 시스템의 변화로 인해 건강한 가족관계와 개인적 적응 및 발전을 돕는 분야로 간주된다. 가족상담은 가족과 개인의 기능 수행과 건전한 적응을 돕고, 원활한 가족관계와 안정적이며 건강한 사회를 형성하는 데 기여하여 그 중요성과 더불어 필요성이 부각되고 있다.

3. 가족치료의 발전배경

가족관계의 문제해결을 돕는 가족치료는 부부 사이의 갈등과 문제를 다루는 부부상담이 시초이다. 미국에서 가족을 치료하기 위한 가족치료운동이 시작하게 된 배경은 제2차 세계대전(1939~1945년)의 여파로 전쟁으로 인해 흩어졌던 가족이 재결합 되고, 가족 내 관계와 역할 등이 변화하면서 이혼, 노인문제, 자녀와의 갈등, 부부간의 불화, 청소년의 비행 등이 증가하게 되고, 가족기능 약화로 인한 문제가 사회문제로 대두되었다. 이로 인해 여러 분야에서 역기능 가족을 연구하고, 가족의 결속력을 강화시키기 위해 활발한 노력이 가족상담 운동이 발전하게 되었다.

1) 가족치료의 발달배경

가족치료 탄생 이전에는 서구사회에서는 개인 심리치료에 초점을 맞추었으나, 그 한계를 인식하고 가족문제를 해결하기 위한 시도가 생겨났다. 이는 부부상담, 집단역동 운동, 아동지도 운동, 사회복지실천에 관한 관심이 확산되었던 결과이다. 이러한 움직임은 개인치료적 제한성을 넘어서 가족 시스템을 다루는 노력을 촉발시켰으며, 이론적 배경과 사회적 변화가 가족치료의 발전을 이끌었다.

- **집단역동 운동(group dynamics movement)**

  20세기 초에 활동한 정신과 의사인 산드로 모레노(Moreno)는 집단 역동을 처음으로 도입한 정신과 의사였는데 모레노는 치료과정에서 환자의 심리적 어려움을 유발한 다양한 인간관계 상황을 재창출하고 재경험하는 사이코드라마(psychodrama)라는 치료기법을 개발하였다. 사이코드라마는 그룹 치료의 한 형태로, 환자들이 그들의 내면세계와 감정을 연기와 인지적인 상호작용을 통해 외부에 표출하고 탐구하는 과정을 포함한 것이다. 집단역동에 관한 이론적 접근은 레빈(Lewin)의 장이론(force field theory)과 사회심리학자 쿠르트 레빈(Kurt Lewin)이 개발한 이론으로, 개인이나 집단의 행동을 이해하기 위해 상호작용하는 상황의 강력한 힘들을 분석하는 방법을 제시하였다. 이 이론은 개인이나 집단의 행동은 상호작용하는 강력한 힘들의 조합에 의해 결정된다고 주장하였다. 이러한 힘들은 '도달력(driving forces)'과 '저항력(restraining forces)'으로 구분되며, 도달력은 변화를 이끌어내고 움직이려는 힘이며, 저항력은 변화를 제한하거나 방해하는 힘이다. 레빈은 행동이 도달력과 저항력의 균형 상태에서 일어나며, 변화가 발생하려면 도달력을 강화하거나 저항력을 약화시켜야 한다고 주장하였다.

• 아동지도 운동(child guidance movement)

아동지도운동은 20세기 초 산업화와 도시화가 가속되던 시기에 사회개혁의 일환으로 등장하였다. 당시에는 청소년 비행이 사회문제로 대두되었고, 이를 통제하고 예방하기 위해 지도적 개입이 강조되었다. 이 운동은 행동주의와 사회규범 중심의 이론에 근거하여, 아동을 통제해야 할 대상으로 보고 규율과 순응을 강조하였다. 특히, 문제를 일으킨 아동에 대해서는 부모를 불건전한 양육자로 인식하고, 아동의 행동을 사회적 규범에 맞추기 위한 교정 중심의 접근이 이루어졌다. 아동의 문제를 부모의 부적절한 양육이나 도덕적 결핍에서 기인한 것으로 보았으며, 접근방식은 행동 교정, 교육적 지도, 사회적 개입 중심이었다.

• 부부상담(couples counseling)

결혼문제는 개인의 심리적 문제라기보다 부부간 상호작용의 결과로 나타난다고 보았고, 정신치료적 접근으로 다루는 데는 한계가 있었다. 부부 각자의 가치관, 환경과 성격 등에 대해 상담은 하지만 부부간의 기대, 의사소통, 갈등 등 두 사람 간의 관계에 관심을 둔다는 점이 기존의 개인치료와 구별되었다.

• 아동상담(child counseling)

20세기 초부터 시작하여 중반 이후 본격화되었는데, 이로 인해 사회개혁과 아동의 법적 지위 변화가 있었으며, 이로 인해 아동 교육기회가 확대되고 청소년 비행의 통제, 아동 노동 금지, 아동 권리의 강화 등의 노력이 이루어졌다. 과거에는 아동지도에서 부모를 불건전한 대리인으로 보는 시각이 강조되었으나, 그 이후의 변화에서는 병리적인 문제는 자녀와 부모, 주요한 타인들과의 관계에서 발생한다는 관점이 강조되었다. 이로 인해 정신병리는 개인의 내적인 문제가 아닌 상호작용의 성질에서 비롯된 문제로 인식되게 되었으며, 부모는 가해자, 자녀는 피해자라는 단순한 도식에서 벗어나게 되었다.

이때 프로이트는 성인기의 심리적인 문제가 아동기에 해결되지 못한 문제에서 시작되었다고 가정하고 1인 이상의 가족원을 대상으로 최초로 치료를 시도한 "The littie Hans case" 사례가 있다. 아동문제를 치료하는 이유는 정서 장애를 예방하는 최선의 방법이라 생각하며, 초기에는 아동과 어머니를 분리해서 치료하다가 후에 아동상담과 치료뿐만 아니라 가족, 특히 어머니를 대상으로 한 상담을 병행하였다. 프로이트는 '리틀 한스'의 부모들과의 면담을 통해 아동의 증상을 분석하고, 아동이 겪는 불안의 원인을 파악하려고 노력하였다. 그 결과, 프로이트는 리틀 한스의 말의 공포와 부모와의 관계, 성적 욕망에 대한 충돌 등을 관련시켜 분석하였다. 프로이트는 아동 분석을 통해 리틀 한스의 불안과 공포의 원인을 해석하고, 아동이 어떻게 자신의 불안을 표현하고 처리하는지 이해하려고 했다. 그리고 이를 통해 리틀 한스와의 대화와 해석을 통해 그의 증상을 완화시키고 치료를 성공적으로 마무리했다.

"The Little Hans case"는 프로이트의 아동 분석에 대한 이론과 기법의 발전에 기여하였으며, 아동의 불안과 공포를 다루는 데에 있어서 중요한 사례 연구로 평가받고 있다. 이 사례 연구를 통해 프로이트는 아동의 심리적인 내면세계에 대한 이해를 높이고, 아동 분석의 중요성을 강조하며 치료적 방법과 이론적인 개념의 발전에 큰 영향을 미쳤다.

이러한 변화로 인해 현재는 문제의 성격이 상호작용에 초점을 맞추게 되었으며, 가족이 아동을 지원하고 돕는 방향으로 전환되었다. 가족은 아동을 분리시키려는 것이 아니라 오히려 아동을 지원하고 돕는 역할을 하게 되었다. 이는 가족과 아동 간의 상호작용을 개선하고 아동의 발달과 적응을 지원하는 데 중점을 둔 접근 방식의 변화를 의미한다.

- **사회복지실천의 영향**

가족 대상의 사회복지 실천의 영역에서 가족문제를 정확하고 완전하게 이해하기 위해서는 부모를 함께 면접하는 것이 중요하다는 인식이 확산되었다. 이는 개별 구성원을 가족과의 상호작용 맥락에서 분리할 수 없다고 인식하고, 전체 가족에 대한 개입을 강조하는 접근 방식이다. 또한, 이러한 접근 방식에서는 구성원 간의 정서적인 유대를 개인의 생존과 성취에 중요한 결정 요인으로 보는 것이 강조되었다. 즉, 가족 구성원들 간의 강한 정서적인 연결과 상호작용이 개인의 성공과 웰빙에 큰 영향을 미친다고 인식되었다. 이는 개별 구성원의 문제를 해결하거나 개인의 성장과 발달을 지원하기 위해 가족 전체 시스템에 개입하여 가족의 상호작용과 관계를 개선하는 중요성을 강조하는 것을 의미한다. 따라서 가족 대상 사회복지 실천에서는 가족 구성원들을 함께 공동면접을 통해 가족 시스템을 이해하고 개입하는 접근 방식을 중요시하였다.

2) 가족치료의 발달과정

가족상담의 시작은 1920년대를 기준으로 발달해왔다. 하지만 1920년대는 가족상담의 초기 단계로서 현대적인 가족상담 접근법이 형성되기 전의 시기이다. 1920년대에는 심리학과 심리치료의 발전이 진행되었다. 이 시기에는 주로 개인 중심의 상담 및 치료가 주류였으며, 가족을 직접적으로 대상으로 한 가족상담은 아직 많이 개발되지 않았다.

1930년대부터는 가족과 관련된 이론과 접근법이 조금씩 등장하기 시작했다. 예를 들면, 오토 랭크(Otto Rank)는 개인의 심리적 발달에 가족의 역할이 중요하다는 이론을 제시했고, 조지 스트리터(George Streeter)는 가족치료에서 가족 시스템의 구조와 상호작용을 고려했다(Dallos, Draper, 2015). 하지만 이러한 개념들은 아직까지는 개인 중심의 심리치료에서 파생된 개념으로써 가족치료의 본격적인 발전은 이루어지지 않았다.

1940년대부터 1950년대에는 가족 전체를 하나의 단위로 보기 시작하여 내담자의 행동문제는 가족 내 상호작용의 결과라는 인식을 가지게 되었으며, 가족치료에 대한 연구와 이론이 좀 더 발전하였다. 가족 구성원들 간의 상호작용과 가족 시스템의 동적인 특성을 강조했다. 이러한 접근법은 구조적 가족치료의 초석이 되었다.

(1) 1940년대 가족치료 연구

1940년대 가족치료 연구에 영향을 준 사람들은 다음과 같다.

- 버틀란피(Ludwing Bertalanffy): 일반체계이론은 사람을 컴퓨터나 로봇과 같이 외부의 자극에 민감한 존재로 보는 기계론적인 세계관에 대하여 반대의 의견을 가지고, 사람과 세상을 유기체로 보고 생물학적인 관념으로 발전시켰고, 부분의 합보다 전체가 크다는 명제를 바탕으로 하고 있다.
- 인공두뇌(Cybernetics): 1942년에 위너(Norbert Wiener)가 처음으로 사용하였는데, 인간은 피드백에 의해 체계는 스스로 자신을 통제하고 조절하는 기능을 가지고 있다고 하였다. 현재 가족체계의 문제는 항상성 유지를 위해 반응하는 것이라는 입장에 영향을 주었으며 사람들 사이의 의사소통 유형 또는 피드백 과정에 초점을 두는 데 크게 기여하였다.
- 베이트슨(Gregory Bateson): 사이버네틱스, 사회학, 인간학, 진화생물학 등 다양한 분야에서 활동한 영국의 학자이며, 가족치료에도 영향을 미쳤다. 그의 가족시스템 이론과 사고방식은 가족치료의 발전과 현대적인 접근 방식에 큰 영향을 주었다. 사이버네틱스는 시스템의 상호작용과 피드

백에 주목하여 시스템의 동적인 특성과 균형을 이해하는 학문이다. 이 이론은 가족 구성원들 간의 의사소통과 상호작용을 중심으로 가족 시스템을 분석하고 개입하는 가족치료에 적용되었다. 베이트슨은 사이버네틱스의 개념을 가족시스템 이해에 적용하였다. 그는 가족을 상호작용하는 동적인 시스템으로 이해하였으며, 가족 구성원들 간의 의사소통과 상호작용이 시스템의 균형과 변화에 영향을 미친다고 보았다. 베이트슨은 가족 구성원들 간의 상호작용이 피드백 루프를 형성하며, 이는 시스템의 균형과 변화에 영향을 준다고 주장하였다. 예를 들어, 가족 구성원 어느 한 사람이 행동을 취하면, 다른 구성원들의 반응이 피드백으로 작용하여 시스템의 상태가 변화할 수 있다는 것을 강조했다. 따라서 가족치료에서는 이러한 피드백 루프를 분석하고 개입하여 가족의 문제를 이해하고 해결하는 데 활용된다. 또한, 베이트슨은 사이버네틱스의 개념을 통해 가족 구성원들의 의사소통 패턴과 상호작용을 이해하는 것이 중요하다고 강조했다. 가족치료에서는 가족 구성원들의 언어, 비언어적인 표현, 의미 전달 방식 등을 분석하여 의사소통의 문제를 해결하고 적절한 상호작용 패턴을 도입하는 데 활용했다. 베이트슨의 사이버네틱스 이론은 가족치료에서 시스템적이고 동적인 관점을 적용하는 데 도움을 주었다. 의사소통, 상호작용, 피드백 등의 개념은 가족치료에서 가족 구성원들 간의 관계와 문제해결에 중요한 역할을 한다. 따라서 사이버네틱스 이론은 현대적인 가족치료 접근법의 중요한 토대 중 하나로 받아들여지고 있다.

(2) 1950년~1960년대 가족치료 연구

1950년~1960년대 가족치료 연구자들을 살펴보면 다음과 같다.

- 애커만(Nathan Ackerman): 미국 가족치료 분야에서 중요한 역할을 한

연구자이자 가족치료사이다. 애커만은 가족치료 분야에서의 경험과 통찰력을 바탕으로 여러 가족들을 치료하면서 자신의 접근법을 발전시켰다. 가족치료 분야에서의 중요한 역할과 자신만의 접근법으로 인정받은 인물로, 가족치료의 선구자 중 하나로 여겨진다. 그는 개인의 심리적 문제뿐만 아니라 가족 시스템과 상호작용을 통해 가족치료를 이해하고 접근하는 것을 주장했다. 애커만은 가족 구성원들 간의 상호작용, 의사소통 패턴, 역할 및 기능의 상호의존성 등을 중요한 요소로 간주하였으며, 가족 구성원들의 관계와 상호작용이 가족의 문제와 갈등의 원인이 될 수 있다고 주장했다. 애커만의 가족치료 접근법은 개인의 심리적 문제를 가족 시스템의 맥락에서 이해하고 해결하기 위해 가족 구성원들과의 상호작용을 강조했다. 이를 위해 가족치료에서는 가족 구성원들과의 대화, 관계 분석, 역할 재설정 등의 방법을 활용하여 가족 시스템 내에서 긍정적인 변화를 이끌어내는 데 초점을 맞추었다. 그의 저서 『Family Diagnosis: An Approach Based on Intergenerational Relationships』은 가족치료에서 가족 시스템과 상호작용을 중심으로 한 접근법을 상세히 설명한 작품으로, 가족치료 분야에서 많은 영향을 주었다. 애커만은 가족치료 분야에서 현대적이고 시스템적인 관점을 도입하고, 개인과 가족의 문제해결에 접근하는 데 큰 영향을 미쳤으며, 그의 이론과 접근법은 가족치료사와 연구자들에게 계속해서 영감을 주고 있으며, 가족치료의 발전에 지속적으로 기여하고 있다.

- **리츠(Theodore Lidz)**: 리츠 가족치료는 보웬과 보조메니나지(Ivan Boszormenyi-Nagy) 등과 함께 가족치료 분야에서 중요한 영향을 미친 연구자 중 한 명이다. 가족 시스템의 상호작용과 가족 구성원들 간의 동적인 관계가 개인의 정신적 증상과 문제에 영향을 미친다고 주장하였다. 리츠의 가족치료 접근법은 가족 구성원들의 상호의존성과 상호작용을 강조하는데, 이를 통해 가족 구성원들 간의 갈등, 삼각관계, 간섭, 구속

력, 억압 등을 중요한 요인으로 인식하였다. 리츠는 이러한 상호작용 패턴이 가족 구성원들의 정신적 증상을 유발하거나 유지시킬 수 있다고 믿었다. 리츠의 가족치료 접근법은 다양한 기법과 개입을 활용하여 가족 구성원들 간의 의사소통, 갈등 해결, 역할 재설정, 경계 설정 등을 촉진하는 것을 중점으로 하였다. 이를 통해 가족 시스템 내의 동적인 상호작용 패턴을 변화시키고, 개인과 가족의 문제해결을 돕는 것이 목표였다.

– 리츠의 결혼분열: 가족이 서로 반목하고 적대시하며 결탁하여 두 집단으로 분열되는 현상이다.
– 결혼왜곡: 부부 중 어느 한 사람이 성격장애를 가짐으로 인해 자신이 가족 내에서 우위에 있다는 것을 나타내는 현상이다.

- 윈(Lyman Wynne): 가족치료에서 가족 구성원들의 상호작용 패턴과 의사소통 스타일을 중요시했다. 그는 가족 구성원들 간의 갈등, 간섭, 삼각관계, 역할 혼동 등을 가족 문제와 연결시키며, 이러한 동적인 상호작용이 개인의 정신적 문제와 관련이 있다고 주장하였다. 윈은 가족 구성원들의 의사소통과 감정 표현에 관심을 두었는데, 그는 가족 구성원들이 자신의 느낌과 생각을 제한 없이 표현할 수 있도록 도와주는 환경을 조성했다. 또한, 가족 구성원들 간의 자아 개념과 자존감을 강화시키는 데에도 주력하였다. 사람에게는 누구나 자신의 정체성 유지의 욕구와 다른 사람들과의 관계를 유지하려는 상반된 욕구가 공존한다는 점을 인식하고, 건강한 가족 구조에서는 이 두 가지 상반된 요구를 잘 조화시키지만, 역기능적인 가족은 이 균형을 유지하는 데 실패한다는 것을 강조하였다.

– 유사친밀성(pseudomutuality): 가족 구성원들 사이에 친밀한 척도가 있는 것처럼 보이는데, 실제로는 정말로 깊은 감정적 연결이나 친밀성이 부족한 상태를 의미한다. 이러한 상황에서는 가족 구성원들이 친밀한 척도를 유지하기 위해 외부로부터의 간섭이나 갈등을 피하며, 부정적인 감정을 억제하는 경향이 있다. (예; 아버지와 아들이 자주

함께 시간을 보내지만, 실제로는 서로의 속마음에 대해서는 말하지 않으며, 진심으로 상처받은 감정을 나누지 않음)

- 유사적대성(pseudohostility): 유사적대성은 가족 구성원들 사이에 적대적인 척도가 있는 것처럼 보이는데, 실제로는 갈등이 진정한 독립이나 개별화를 위한 방식으로 작동하는 경우도 있다. 이러한 상황에서는 가족 구성원들이 적대적인 행동이나 언어를 사용하며, 일종의 방어 메커니즘으로서의 적대성을 표출하는 경우가 있다. (예: 당신은 애 하나 제대로 돌보지도 못하면서 무슨 아빠야?)
- 고무 울타리(pseudomutuality): 고무 울타리는 가족 구성원들 사이에 친밀한 척도가 있는 것처럼 보이면서도 개인의 자율성이나 독립성을 억압하는 상태를 의미한다. 이러한 상황에서는 가족 구성원들이 서로에게 지나치게 의존하며, 개인적인 욕구나 필요를 희생하고 억압하는 경향이 있다. (예: 딸이 대학에 진학해 자취를 하겠다고 하자, 어머니가 "넌 혼자 있으면 위험해" "집이 너한테 제일 안전해"라며 불안감을 자극하고 결국 진학을 포기하게 함)

- **보웬(Murry Bowen)**: 가족치료 분야에서 중요한 역할을 한 전형적인 인물로, 가족체계의 이해와 개인의 문제해결에 기여한 접근법으로 유명하다. 그는 부모 간의 갈등, 갈등의 세대 간 전수 상황과 원가족의 미분화가 오랫동안 지속되면서 가족체계는 불안과 긴장이 증대된다고 보았다. 특히, 수용하기 어려운 부부체계가 문제에 있어 막다른 곳에 다다랐을 때 그 체계는 긴장을 줄이려는 의도로 자녀 같은 요인을 끌어들여 삼각관계를 팽배하게 형성한다고 보았다.
- **칼 휘태커(Carl Whitaker)**: 일생을 가족치료에 전념한 임상 사회사업가이다. 가족치료에서는 느낌과 성장이나 지각을 중요하게 여기고, 특히 의사소통과 감정을 중요시하였다. 가족구성원 각자의 자아존중감, 가족의 행동과 정서적 표현, 의사소통의 질과 양상을 규정하는 규칙 등에 관심

을 두었다. 그는 치료장면에서 가족을 경험을 통해 변화시킬 수 있다고 믿었다.

- **미누친(Salvador Minuchin)**: 기존의 정신분석 치료기법의 한계를 인식하고, 사회적으로 취약한 빈민 가족을 대상으로 한 새로운 치료 접근법을 개발하여 기여하였다. 그는 가족 구성원들의 상호작용과 가족 시스템의 동력을 중요하게 여겼으며, 역기능적인 가족 구조나 가족경계의 역할을 강조했다. 이를 통해 빈민 가족들에게 구체적이고 효과적인 치료를 제공하고, 동시에 연구를 통해 이 분야의 이론과 실제에 기여하였다. 1965년 빈민가족을 대상으로 연구활동과 구체적인 치료활동을 위해 필라델피아 아동지도 클리닉을 창설하였다.
- **잭슨(Don Jackson)**: 정신분석적인 개인 내적접근에 대항하여 MRI(Mental Research Institute)에서 가족을 대상으로 한 치료 방법을 발전시켰다. 그는 가족 구성원들 간의 상호작용 패턴과 가족 규칙에 대해 이야기하며, 특히 가족 구성원들이 유지시키는 문제적인 규칙을 재구성하는 것이 가족 상담자의 역할이라고 주장했다. 또한, 그는 가족 의사소통의 중요성을 강조하고, 가족의 항상성이라는 개념을 개발했다.
- **헤일리(Jay Haley)**: 헤일리는 가족 구성원들 간의 상호작용과 관계를 강조하였다. 그는 가족의 문제를 개인의 증상이 아닌 가족 시스템 내에서의 상호작용과 상황으로 이해하였다. 헤일리는 가족의 상호의존성, 갈등, 권력 구조 등을 중요한 요소로 간주하며, 가족 구성원들 사이의 상호작용 패턴을 분석하고 개입하는 전략을 사용하였다. 헤일리는 짧은 기간 내에 목표를 달성하기 위해 전략적인 방법을 사용하였다. 그는 가족 구성원들 간의 상호작용을 변경시키기 위해 직접적이고 도전적인 개입을 시도하였으며, 가족 구성원들에게 새로운 행동 패턴을 도입하도록 유도하였다.
- **팔로알토(Palo Alto)**: 미국 캘리포니아주의 팔로알토에는 가족치료에 관

심을 둔 전문가들이 모인 그룹이 형성되었고, 이곳에는 정신건강 연구소(MRI)가 위치하였다. 초기에는 MRI가 주로 정신분열증과 관련된 문제에 초점을 맞추었지만, 그 이후로는 다양한 분야의 치료를 확대하여 청소년의 비행, 학교 문제, 정신과 신체적 질환, 부부 문제 등을 가족 중심으로 연구하고 치료하는 데 관심을 두었다. MRI의 핵심 멤버로는 가족항상성 개념을 개발한 잭슨, 헤일리, 사티어 등이 포함되었다. 그러나 1965년에 잭슨이 사망하고 사티어와 헤일리가 다른 장소로 이동하면서 MRI는 단기치료 프로젝트를 시작하게 되었고, 오늘날까지 미국 가족치료의 중심지로 인정받고 있다.

(3) 1970년대 가족치료 연구

1970년대는 가족치료의 발전과정에서 매우 중요한 시기였다. 이 시기에는 다양한 이론과 접근법이 개발되었고, 가족치료가 전문적인 영역으로 인정받기 시작했다. 가족치료 선구자들은 이론적 모델을 더욱 분명하게 구분하였으며, 학생들은 특정 모델을 배우기 위해 해당 모델을 대표하는 센터나 기관으로 모여들기 시작했다. 이러한 모델들의 지도자들은 유명인사가 되어 이상화되었고, 가족치료가 심리치료의 대안으로 매우 효과적이라는 확신을 가지게 되었다. 이러한 발전은 가족치료의 실제적인 응용과 연구를 촉진하며, 가족치료의 전문성과 중요성을 점차 인정받게 되는 기반이 되었다(Nichols, Schwartz, 2002). 1970년대는 가족치료 이론과 실천이 다양한 모델로 분화되며 급속히 발전하던 시기입니다. 이 시기에는 보웬, 마누친 등 1960년대 이론가들의 이론이 본격적으로 확산되었고, 동시에 새로운 관점을 바탕으로 한 치료자들이 등장하면서 가족치료의 영역이 보다 풍부해졌다. 1970년대 가족치료 이론가들의 모델을 정리하면 다음과 같다.

(4) 1980년대 가족치료 연구

1980년대의 가족치료 연구는 전통적 가족치료 모델에서 서사적 · 해결중심 접근으로의 전환기로써 이론적 기반을 보다 정교하게 다듬고, 탈이론적 · 통합적 관점, 사회구성주의, 포스트모더니즘 등의 영향 아래 새로운 접근이 도입되던 시기이다. 특히 개별 이론 간의 경계를 넘는 통합적 시도, 서사적 접근, 해결중심 접근 등이 부상했다. 다양한 가족치료 접근법들이 활발하게 보급되었고 독자적인 각 학파의 개념과 이론기법을 통합하려는 움직임이 나타났다. 이 시기에는 가족치료의 다양한 접근법과 이론들이 개발되었으며 가족의 상호의존성과 시스템의 균형을 강조했다. 심리교육모델로 해결중심모델이 있다.

(5) 1990년대 가족치료 연구

1990년대의 가족치료 연구는 사회구성주의, 여권주의, 통합적 접근의 체계화, 다문화가족치료 부각, 포스트모던 치료 접근 확산의 영향을 받았다. 인지－행동적 가족치료가 등장하며, 개인의 사고와 행동 패턴에 초점을 맞춰 가족 구성원들의 관계와 상호작용을 개선하려고 했다. 이야기 치료와 해결중심치료의 관심이 많이 고조된 시기였다.

다문화 가족치료에 맥골드릭(McGoldrick), 하디(Hardy)가 있으며, 내러티브 가족치료에 마이클 화이트, 엡스턴이 활약하였고, 포스트모던 통합 접근으로 조반니(Giovanni), 마덴스(Madanes) 등이 있다. 이들은 정체성의 사회적 구성을 강조하였고 '치료는 관계적 맥락에서 이루어진다'라고 주장하였다.

(6) 2000년대 이후의 가족치료 연구

2000년대 이후에는 통합적 · 포스트모던적 전환이 본격화되면서, 문화적 다양성, 사회적 약자에 대한 감수성, 트라우마 이해, 디지털 시대의 적용성, 그리고 근거중심 실천을 기반으로 한 실용적이고 적응력 높은 치료 접근으로 발전해 왔다. 인과적 모델, 문제해결적 접근, 감정지향적 접근 등이 중요한 요소로 포함되며, 문제의 다양성과 다문화적인 가족들에 대한 이해가 강조된다.

2000년대 이후 가족치료는 후기 현대(post-modern) 사회의 복잡성과 다양성을 반영하여 보다 통합적이고 실용적인 방향으로 발전하였다. 가장 두드러진 변화는 통합적 접근의 강화로, 기존의 이론들을 절대적으로 적용하기보다는 내담자의 상황과 특성에 따라 구조적, 전략적, 내러티브, 해결중심 접근 등을 유연하게 조합하는 실천이 주류가 되었다.

또한, 다문화사회로의 이행에 따라 문화적 다양성과 민감성을 반영하는 치료가 강조되었다. 전통적인 가족 개념을 넘어 성소수자, 재혼가족, 국제결혼가족 등 다양한 가족 유형에 적합한 상담이 필요하게 되었으며, 치료자는 문화적 배경과 정체성에 민감하게 반응하는 태도를 요구받고 있다.

포스트모던 접근의 확산도 중요한 흐름이다. 내러티브 치료, 해결중심 단기치료, 협력적 대화 치료와 같은 기법은 권위적 치료자 중심의 틀을 벗어나 내담자의 의미 구성 과정과 언어의 힘을 중심에 두는 방식으로 자리 잡았다. 이는 치료관계를 보다 평등하게 만들고 내담자의 주체성을 강조하는 데 기여하였다.

이와 함께 트라우마 기반 치료와 신경과학의 접목이 활발해졌다. 애착이론과 외상 경험에 대한 이해를 바탕으로 가족 내 정서적 상처에 접근하는 치료가 주목받고 있으며, EMDR이나 신체기반 치료법과의 통합도 이루어지고 있다.

디지털 기술의 발달은 비대면 가족치료를 가능하게 하여 접근성을 크게 향상시켰다. 특히 코로나19 팬데믹을 계기로 화상상담이 보편화되었으며, 온라인 기반 가족치료는 현대 가족의 시간 · 공간 제약을 넘어서는 실천으로 평가받고 있다.

마지막으로, 근거중심실천(Evidence-Based Practice)이 강조되면서 구체적이고 측정 가능한 성과를 중시하는 치료모델이 확산되고 있다. 또한, 사회정의와 권력관계에 대한 관심이 늘어나면서 성역할 고정관념이나 억압 구조를 성찰하는 페미니즘 기반 치료의 확장도 눈에 띈다.

이러한 흐름들은 가족치료가 더 이상 특정 이론에 국한되지 않고, 사회적 맥락과 가족의 독특한 삶의 방식에 민감하게 반응하는 개방적이고 융합적인 실천 패러다임으로 나아가고 있음을 보여준다.

4. 한국 가족 형태의 변화

한국의 가족 형태는 지난 몇십 년 동안 상당한 변화를 겪어왔다. 전통적으로 한국의 가족 구조는 다세대 가족체제로 알려져 있었는데, 이는 여러 세대가 한 집에서 함께 생활하고, 가족 구성원들이 대개 남성 중심의 가부장적인 가족관계를 형성하는 것을 의미한다. 하지만 최근에는 다양한 가족 형태와 가족관계의 다양성이 더욱 두드러지고 있다. 최근 우리나라의 가족유형은 부부 및 미혼자녀로 구성된 핵가족이 많지만 이를 전체로 보기는 어렵다. 산업화 이전까지는 조부모, 부모, 자녀로 대가족형태였는데 현재는 핵가족화되면서 가족의 단위가 축소되었다. 학업이나 직장들의 이유로 1인가족이 증가하는 추세이다. 2022년 통계청의 장래가구추계를 살펴보면 아버지, 어머니와 미혼자녀로 구성된 2세대는 2020년에 비해 277만 가구로 감소하였고 2050년에는

587만 가구로 감소할 것이라고 했다. 반면 1인가구는 2020년에는 648만 가구에서 2050년에서는 905만 가구로 증가할 것으로 전망하고 있다. 한 가구 구성세대가 시간이 갈수록 단순해지고 구성인원이 감소한다는 것이다.

가족 구성원들의 생활패턴과 가족관계가 변화하고 있다. 우리나라에서는 점점 더 많은 사람들이 독립적으로 생활하며 가족 형태가 핵가족으로 변화하고 있다. 또한, 남녀평등의 가치가 강조되면서 가족 내에서도 가부장적인 관계보다는 평등하고 상호존중하는 관계가 더욱 중요시되고 있다. 또한, 가족 구성원들의 직업적, 경제적 역할 분담이 변화하고 있으며, 부모님과 자녀 사이의 관계도 더욱 개인적이고 친밀한 방향으로 발전하고 있다.

가족 구성원의 수가 줄어들고 있다. 우리 사회에서는 현재 일반적으로 저출산 문제가 심각하게 다루어지고 있으며, 이로 인해 가족 구성원이 현저히 줄어들고 있다. 이로 인해 형제자매 관계의 중요성이 상대적으로 감소하고 있으며, 부모와 자녀 간의 관계가 중심이 되는 경향을 보이고 있다. 이러한 변화는 가족 구조의 변화와 함께 경제적, 사회적인 변화에도 영향을 미치고 있다. 그로 인해 '가족'의 정의는 따라 시간의 흐름에 달라지고 있다. 최근 조사에서 어디까지를 가족으로 인식하고 있는지에 대하여 조사하였다. 크게는 자신과의 혈연관계가 있는 '혈족'과 혈연관계는 없으나 혼인으로 맺어진 친족의 의미인 '인척'으로 두 그룹을 나눠볼 수 있다. 혈연관계 중에서도 1촌에 해당하는 자녀(93%)와 부모(88%), 2촌에 해당하는 형제자매(75%)가 가족이라는 응답이 70~90%대로 높게 나타났다. 다만, '혈족'은 촌수가 멀어질수록 가족원의 인식이 절반 수준이었다. '인척' 중에서 '배우자(93%)', '배우자의 부모(71%)'가 가족이라고 상대적으로 응답이 높았다. 또한 며느리(53%)와 사위(53%)가 나의 가족이라는 응답이 3~4순위임에도 불구하고 50%대에 그쳤다. 끝으로 '반려동·식물, 비혈연 동거인'에 대한 가족 인식이다. '반려동물(27%)'은 내 가족이라는 응답과 '반려식물(9%)', 그리고 '비혈연 동거인(8%)' 순으로 나타났다. 반려동물의 양육 가구는 300만 명 시대로 접어들었고, 2020년부터 통계청 인구주택

총조사에서도 반려동물 양육가구에 관한 조사가 이루어졌다. 이러한 상황 속에서 반려동물이 가족이라고 응답한 27%의 수치는 결코 낮지 않다는 것을 알 수 있다. 촌수가 멀어질수록 가족에 대한 인식이 낮아지고 반려동물이나 식물을 가족이라고 응답하는 비율이 높았다. 또한, 비혼 출산에 관한 논쟁이 가족을 정의하는 데 관한 논의로 이어지게 된 것이다. 이와 같은 상황에 정부가 2025년까지 적용되는 제4차 건강가정기본계획을 통해서 가족의 다양성을 수용한다는 제도와 법 등을 재정비하기로 했다.

이처럼 가족 구성의 축소와 함께 가족을 정의하는 방식에도 변화가 나타나고 있으며, 혈연과 혼인 중심의 전통적인 가족 개념에서 벗어나, 반려동물이나 비혈연 동거인까지도 가족으로 인식하는 경향이 증가하고 있다. 이러한 변화는 단순한 인식의 전환을 넘어, 가족의 구조와 기능, 그리고 가족 구성원 간의 관계 형성 방식에도 근본적인 변화를 가져오고 있다. 특히, 핵가족화와 1인 가구의 증가, 출산율 저하, 동거 및 다양한 형태의 생활공동체 확산은 가족의 역할 재정립과 정서적 유대, 돌봄, 경제적 협력 등의 기능 변화를 요구하고 있다. 이에 따라 다음에서는 현대 사회에서 가족 구조와 기능이 어떻게 변화하고 있으며, 그 변화가 가족의 상호작용과 역할 수행에 어떤 영향을 미치고 있는지를 살펴보고자 한다.

코로나19 팬데믹은 현대 사회의 가족 형태와 기능에 중대한 변화를 가져왔다. 먼저, 팬데믹 기간 동안 재택근무와 온라인 수업이 일상화되면서 가족 구성원들이 집에서 함께 보내는 시간이 증가하였다. 이로 인해 가족 내 상호작용이 빈번해지고, 서로에 대한 이해와 정서적 결속이 강화되는 긍정적 측면도 있었지만, 동시에 갈등이 증가하는 양상도 함께 나타났다. 특히, 가사 및 돌봄 역할의 분담 문제가 부각되었고, 기존의 성역할 중심적인 가족 구조가 재조정되는 계기가 되었다.

또한, 코로나 이후에는 다양한 가족 형태가 사회적으로 더욱 가시화되었다. 1인 가구, 비혼 가구, 동거 가구, 다문화가족 등 기존의 전통적인 핵가족 중심

구조를 벗어난 가족 형태가 증가하면서, 가족에 대한 정의와 이해의 폭이 확장되었다. 이와 함께 경제적 불안정과 돌봄 문제로 인해 다세대 가족 또는 확장가족 형태가 일부 재등장하였으며, 이는 가족 내 자원 공유와 상호 지원을 위한 현실적인 대응 방식으로 나타났다.

아울러, 코로나19로 인해 가족이 수행해야 할 기능이 강화되었다. 학교와 복지기관, 지역사회 등 외부 지원체계가 일시적으로 약화되면서 가족이 교육, 정서적 지지, 사회화, 돌봄 등 다양한 기능을 동시에 수행해야 하는 부담이 커졌다. 이는 양육 스트레스의 증가, 아동의 정서 문제, 부부 갈등 등으로 이어지며 가족 내 긴장과 취약성을 높였다. 또한, 사회적 거리두기와 비대면 접촉의 일상화는 떨어져 사는 가족 구성원 간의 관계 유지 방식에 변화도 가져왔다. 디지털 기술을 통한 소통—예를 들어 화상통화나 SNS, 메시지 앱 등을 통한 가족 간 연결—은 새로운 가족 유대 방식으로 자리 잡았다.

이처럼 코로나 이후 가족은 구조적으로나 기능적으로 더 복합적이고 유연한 양상을 띠게 되었으며, 정서적 유대 강화와 기능적 부담 증가라는 양면적 특성을 지니게 되었다. 이러한 변화는 가족복지, 상담, 치료 분야에서 새로운 접근과 제도적 보완을 요구하고 있다.

현대사회는 다양한 가족 형태가 공존하는 시대다. 가족 형태의 다양성과 변화에 대응하기 위해 가족 지원 프로그램을 강화하여 다양한 가족 형태가 필요로 하는 지원을 제공해야 한다. 결혼을 하지 않고 아이를 낳아 기르는 가족, 법적으로 혼인하지 않은 동거가족, 이혼과 재혼을 통해 구성된 재구성 가족, 또는 혼자 살아가는 1인가구까지 다양한 가족 형태가 공존한다. 이러한 변화는 더 이상 '정상 가족'이라는 하나의 기준만으로는 설명되지 않는 복잡한 현실을 보여준다. 이제는 '누구와 어떻게 관계를 맺고 살아가느냐'가 곧 가족의 정의가 되는 시대다.

이러한 변화에 맞춰, 정부와 지역사회는 가족 형태에 관계없이 모든 가족이 필요한 지원을 받을 수 있도록 새로운 방향의 가족 정책과 프로그램을 고민해야 한다. 예를 들어, 비혼 부모가 겪는 육아의 부담을 줄이기 위한 공공 돌봄 확대, 1인가구가 겪는 정서적 고립에 대응하기 위한 커뮤니티 공간과 심리상담 제공, 다문화가족을 위한 언어·문화 지원 프로그램 등이 필요하다. 뿐만 아니라, 대학생인 여러분에게도 이런 변화는 무관하지 않다. 미래에 구성하게 될 가족, 혹은 지금 여러분이 속한 가족 또한 사회 변화 속에서 다양한 문제와 지원의 필요를 경험할 수 있기 때문이다.

따라서 가족을 바라보는 우리의 관점 역시 달라져야 한다. 단순히 '혈연'이나 '혼인'에 의해서만 가족을 정의하는 것이 아니라, 함께 돌보고 책임지며 살아가는 관계를 가족으로 인정하는 인식 전환이 필요하다. 학교 교육과 미디어, 지역사회의 다양한 프로그램을 통해 이러한 다양성을 존중하는 문화를 만들어가는 것 또한 우리 사회의 과제다. 현실적인 가족 문제에 민감하게 반응하고, 모두가 배제되지 않는 가족 정책과 서비스를 설계하는 것, 그것이 진정한 '모두를 위한 복지'의 시작이 될 수 있다.

03 Chapter

가족치료의 이론적 기초

1. 체계이론

가족상담 및 가족치료의 이론과 모델은 1950년대의 논리실증적 개인상담 이론에서부터 1970년대에 구성주의와 사회구성주의적 이론으로 발전하였다. 이 과정에서는 일차적으로 내담자 혹은 환자를 바라다보는 철학적 관점이 큰 영향을 미치게 되었다. 상담과 치료의 접근은 개인의 내면과 심리에만 초점을 두는 것에서 벗어나, 가족 시스템과 사회적 맥락을 고려하는 방향으로 변화하였다. 이러한 전환은 가족 구성원들의 상호작용과 사회적 상황의 중요성을 인식하고, 가족의 문제와 변화에 대해 보다 포괄적인 관점을 채택하게 되었다고 볼 수 있다.

가족상담 및 가족치료의 이론과 모델이 체계화되는 과정에서는 정신의학이나 임상심리학에만 의존하는 것보다는 인류학, 사회학, 언어학, 컴퓨터과학 등 다양한 학문 분야의 개념들을 활용하게 되었다. 이는 이러한 학문들로부터 가져온 개념들이 가족상담 및 가족치료의 실제적인 정의와 실시를 더욱 적합하게 지원할 수 있다는 이유 때문이다. 다양한 학문 영역의 개념들을 적용함으로써 가족상담 및 가족치료는 보다 포괄적이고 다면적인 접근을 통해 현실적인 문제들에 대처하고 변화를 이끌어내는 데 도움을 주었다. 이러한 다양한 학문의 개념들은 가족상담 및 가족치료의 이론과 모델을 발전시키고 더욱 효과적인 접근 방법을 제시하는 데 기여했다. 따라서, 가족상담 및 가족치료 분야에서는 생태학과 컴퓨터과학 등 다양한 학문 분야의 체계이론이 사용되고 채택되었다.

체계이론은 전통적인 가족치료 이론 중 하나로, 가족 시스템의 상호작용과 구조에 초점을 둔 이론이다. 이 이론은 가족을 하나의 동적인 시스템으로 간주하며, 가족 구성원들 간의 상호작용과 그 영향을 연구했다.

가족의 문제나 어려움을 해결하기 위해 가족 시스템 전체를 이해하고 개입하는 접근 방식을 취하고, 가족 구성원들 간의 연결성, 상호의존성, 그리고 상호작용의 복잡성을 강조하였다. 이는 가족은 각각의 구성원들의 특성과 상호작용, 그리고 가족 전체 시스템의 특성에 의해 형성되는 독특한 동적인 시스템으로 이해된다 할 수 있다.

체계이론은 가족의 문제를 개인의 내적 요인이나 가족의 특정 구성원에게만 귀속시키지 않고, 가족 시스템 전체의 동적인 특성과 구조적 특징을 고려하였다. 이 이론은 가족 구성원들의 상호작용, 균형과 불균형, 상호조절 등을 분석하여 문제의 원인을 파악하고, 그에 따른 개입 방식을 제안한다. 가족 구성원들의 역할, 권한, 규칙, 그리고 가족 시스템의 구조와 경계를 중요시한다. 다양한 기술과 개입 방법을 활용하여 가족 구성원들의 상호작용을 개선하고, 가족 시스템의 변화와 성장을 도모한다. 가족 구성원들 간의 의사소통 개선, 경계 설정, 구조적 조정, 그리고 적절한 역할 분담 등이 이론의 핵심 개입 전략이다. 체계이론은 가족치료에 널리 적용되며, 가족의 다양한 문제와 어려움에 대한 해결과 변화를 위한 유용한 접근 방식으로 인정받고 있다. 가족 구성원들 간의 관계와 상호작용을 이해하고 개선하는 데 중점을 두는 이 이론은 가족의 건강과 조화로운 발전을 돕는 데 기여한다.

2. 일반체계이론

가족치료의 발전에서 일반체계이론(general system theory)은 초기에 중요한 역할을 했다. 일반체계이론은 1940년대에 루드비히 버틀란피(Ludwig von Bertalanffy)에 의해 개발된 이론으로, 시스템의 전체와 부분 간의 관계와 상호작용을 이해하는 데 중점을 두었다. 이 이론은 가족을 상호연결된 구성원들로 이루어진 시스템으로 보며, 가족 구성원들 간의 상호의존성과 상호작용의 복잡성을 강조하였다.

버틀란피는 오스트리아 출신의 생물학자로서 빈대학교(Universität Wien)에서 생물학 박사학위를 받은 후 모교에서 교수로 재직하였으며, 미국 캘리포니아대학에서도 교수로 재직했다. 1948년에 처음으로 일반체계이론을 발표한 이후, 1968년에는 『일반체계이론(General System Theory)』이라는 저서를 출간하였다. 이 책은 가족상담 및 가족치료를 비롯한 사회복지실천 분야에 큰 영향을 미치게 되었다. 이처럼 버틀란피의 일반체계이론은 가족치료와 관련된 분야에서 중요한 개념과 원리를 제시하며, 지속적으로 영향력을 행사하고 있다.

버틀란피는 이론은 1960년대 후반 이후에는 사회과학 분야 전반에서 주목받게 되었는데, 버틀란피의 접근법은 사회적 시스템의 복잡성과 상호의존성을 강조하며, 이는 가족치료뿐만 아니라 사회과학의 다양한 영역에서 중요한 개념으로 받아들여지게 되었다.

1950년대 이후 초기 가족상담 및 치료의 발전 과정에서 베이트슨의 사이버네트적인 체계 이론은 상당한 영향과 기여를 했다. 베이트슨은 1972년에 발간한 『마음의 생태학(Steps to an Ecology of Mind)』을 통해 자신의 견해를 정리하였고, 이는 초기 가족치료 선구자들에게 큰 영감을 주었다. 이들은 자신들의 치료 및 연구 결과를 담은 가족치료 관련 서적을 출판하며, 가족치료의 주요 모델을 구축하는 데 기여했다.

다른 모델들 역시 가족치료의 발전에 기여한 중요한 역할을 했다. 보웬의 다세대 정서체계적 모델, 미누친의 구조적 모델, 사티어의 경험적 모델, 그리고 헤일리 등의 전략주의 모델은 1970년대에 주로 개발되었다. 이들 모델은 전통적인 심리치료모델을 가족치료에 적용한 대상관계적 모델이나 인지행동적 모델로 분류된다. 이러한 다양한 모델들의 등장으로 가족치료는 다양한 접근법과 이론적 기반을 갖추게 되었다.

사이버네틱스 체계이론은 가족관계에서 항상성을 유지하거나 미리 설정된 변화 목표를 달성하기 위해 정보를 획득하는 순환적인 피드백에 집중하였고, 가족체계 내에서 규제와 통제의 역할에 관심을 가지며, 안정성을 유지하는 메커니즘을 탐구하였다. 그러나 일반체계이론은 특정한 체계뿐만 아니라 일반적인 체계에 적용 가능한 보편적 원리를 추구하는 차이가 있다. 즉, 일반체계이론은 다양한 분야에서 적용 가능한 범용적인 이론을 제시하였다.

일반체계이론은 두 개의 서로 다른 체계에서 이루어지는 행위가 동일한 원리에 따라 지배되는 구조적인 유사성인 이질동상(somorphism, 동형이질)의 특성을 강조한다. 이 이론은 서로 다른 영역에서 발생하는 현상들이 공통적인 원리에 의해 설명될 수 있다는 개념을 강조한다. 이러한 특성은 일반체계이론이 궁극적으로 '지식의 통합자' 역할을 수행할 수 있다는 주장을 내세우게 된다.

일반체계이론의 특성은 아메바를 포함한 단세포 생물부터 가족, 지역사회, 국가와 같은 인간사회의 체계까지 모두에게 적용 가능하다는 점에서 종래의 심리학이나 정신의학에서 추구해온 물질적 환원주의와 대조적이다. 이는 단일한 원리와 원칙을 통해 다양한 체계의 동작을 이해하고 설명할 수 있는 범용적인 접근법으로 제공되었다.

정신분석이나 행동주의 이론은 복잡한 인간의 존재를 단순한 인과관계로 환원하여 설명하려는 경향이 있으며, 체계의 항상성이나 규칙성을 강조했다. 하지만 일반체계이론에서는 가족 구성원이나 다른 연구 대상들을 개별적인 부분으로 환원하는 대신, 그들을 둘러싼 환경과의 관계 속에서 전체적인 이질동상(somorphous)으로써 존재하는 것으로 보는 차이가 있다. 이 이론은 크기와 형상은 비슷하지만 공통적인 특성을 갖지 않는 존재로서의 상호작용을 강조하였다.

버틀란피는 일반체계이론을 통해 사이버네틱스 학자들이 제시한 체계이론의 한계를 지적하기 위해 "항상성 유지의 원칙이 인간행동의 규칙이 된다면 잘 적응하는 인간은 기름을 잘 친 로봇으로 정의할 수 있다."라고 언급하였다.

이는 인간행동을 단순한 규칙에 의해 설명되는 로봇과 같은 것으로 간주하는 시각에 대한 비판적인 시각을 나타내고 있다. 이를 통해 버틀란피는 사이버네틱스의 한계를 강조하며, 인간행동의 복잡성과 다양성을 이해하기 위해서는 단순한 규칙에 의존하는 접근만으로는 충분하지 않음을 암시하고 있다.

3. 사이버네틱스

사이버네틱스(cybernetics)라는 용어는 1946년에 수학자 노버트 와이너(Norbert Wiener)가 동물, 인간, 기계, 조직체의 통제와 상호작용을 연구하는 과정에서 처음 사용되었다. 이 용어는 그리스어 'Kybernetes'에서 유래하며, '피드백(feedback)'이라는 의미를 갖고 있다(Benner & Hill, 1999).

어떤 조직체가 자체를 효과적으로 조절하기 위해서는 환경과의 피드백이 필수적이다. 인간은 생물학적인 체계를 유지하기 위해 환경으로부터 공기, 물, 음식, 햇빛과 같은 다양한 요소를 필요로 한다.

인간은 환경과 상호작용하면서 다양한 것을 유입받는다. 이는 공기를 마신 후 이산화탄소를 배출하거나 음식을 섭취한 후 배설물을 방출하는 것과 같은 현상을 포함한다. 게다가, 나무를 잘라서 집을 건설하거나 농작물을 재배하기 위해 논과 밭을 개간하는 등의 행위는 환경과의 관계에서 발생하는 일련의 현상이다.

가족 구성원들은 다양한 체계들과 상호작용하며 유입과 분출을 통해 지속적인 피드백을 주고받는다. 이를 통해 가족은 가족체계를 유지하기 위해 환경으로 전달되는 정보와 행동을 분출(output)한다. 이러한 상호작용을 통해 가족 구성원들은 자기를 통제하고 환경과 지속적인 대화를 나누게 된다는 원리이다.

피드백은 긍정피드백과 부정피드백을 포함한다. 그러나 긍정과 부정이라는 용어는 윤리적이거나 도덕적인 의미와는 아무런 관련이 없는 것에 주의해야 한다. 긍정과 부정은 피드백의 결과에 따라 체계가 어떻게 반응하는지를 나타내는 개념이다. 부정피드백은 피드백으로 인해 정보나 활동의 양이 줄어들면서 발생하며, 정보나 활동의 양이 증가하면 긍정피드백이 발생한다(김용태, 2000).

다시 말해, 가족관계에서 칭찬을 하도록 유도함으로써 가족 구성원들 사이의 상호작용이 증가했다면, 이는 칭찬이 가족 구성원들에게 긍정적인 피드백 역할을 한 것이다. 반대로, 누군가가 가족 구성원들을 비난함으로써 가족 사이의 상호작용이 감소했다고 한다면, 이는 비난이 가족 구성원들에게 부정적인 피드백 역할을 한 것이다.

사이버네틱스에는 일차 사이버네틱스와 이차 사이버네틱스라는 두 가지 개념이 있다(Becvar & Becvar, 1997; Goldenberg & Goldenberg, 2000). 일차 사이버네틱스는 일반적으로 체계의 동작 패턴을 기술하는 개념이다. 이 개념은 일정한 피드백을 받았을 때 체계가 어떤 규칙성을 보이며 어떻게 움직이는지를 이해하는 데에 사용된다. 다시 말해, 일차 사이버네틱스는 체계의 동작 원리를 논리적으로 이해하는 데에 관련된 개념이다.

예를 들어, 상담자가 가족 구성원들에게 지속적으로 칭찬을 해주었다고 가정해 보자. 이러한 상황에서 가족 구성원들의 상호작용이 증가했다고 주장할 때, 그들은 칭찬을 통한 상호작용의 증가라는 일정한 패턴을 보이게 된다. 칭찬이라는 유입이 가족 구성원들에게 상호작용의 증가를 유발하는 역할을 한 것이다. 이는 일차 사이버네틱스의 개념에 따라, 일정한 피드백(칭찬)이 가족 구성원들 사이에서 일정한 규칙성(증가된 상호작용)을 나타내며 가족 체계가 어떻게 움직이는지를 설명하는 것이다.

이차 사이버네틱스는 사이버네틱스의 관점에서 체계 자체를 포함한 자아 자체가 하나의 체계를 형성하고 있다는 개념이다. 가족 상담자가 가족을 칭찬하는 상황에서도 이차 사이버네틱스의 개념이 적용될 수 있다. 일차 사이버네틱스에서 상담자는 객관적인 관찰자로 남아 가족을 분석한다. 그러나 이차 사이버네틱스에서는 상담자도 가족과 함께 하나의 체계를 형성하고 있다는 인식을 가지게 된다. 이는 상담자가 자아와 가족의 관계를 더 깊게 이해하고 상호작용을 조절하는 데에 도움을 준다. 따라서, 이차 사이버네틱스는 가족상담자가 자신과 가족의 상호작용을 더욱 논리적이고 다면적으로 이해하게 함으로써 상담과 치료의 효과를 높일 수 있는 개념이다.

이차 사이버네틱스에서는 객관적인 현실은 존재하지 않고, 대신 가족 구성원들의 체계에 의한 현실과 가족과 상담자 간의 관계에 의한 현실이 존재한다고 볼 수 있다. 이는 상담자가 단순히 외부에서 가족을 관찰하는 것이 아니라, 가족 구성원들의 개별적인 체계와 상호작용의 현실을 고려해야 함을 의미한다. 상담자는 이러한 다양한 체계들 사이에서 상호작용을 관찰하고 이해하여 가족 구성원들의 개별적인 경험과 상호작용의 의미를 파악하게 된다.

4. 생태체계이론

일반체계이론은 다양한 용어로 불릴 수 있다. '구조기능분석', '기능주의', '구조기능주의', 혹은 '체제분석' 등이 이에 해당한다. 생태체계이론은 이러한 일반체계이론을 생태학 이론과 결합하여 새로운 관점과 접근법을 형성한 것이다. 생태체계이론은 개체들과 그들이 서로 영향을 주고받는 환경 사이의 복잡한 상호작용과 구조를 다루며, 이를 통해 체계의 동적인 특성을 이해하고 설명한다. 따라서 생태체계이론은 생태학과 일반체계이론의 융합으로 인해 발전된 학문 분야라고 할 수 있다.

따라서, 생태적 체계이론 혹은 생태적 관점의 분석이라고도 불릴 수 있다. 이 이론은 개인의 발달과 행동을 이해하기 위해 다양한 수준의 환경(개인, 가족, 사회, 문화 등)을 고려하는 접근법을 제시한다. 이를 통해 우리는 개인의 생태적인 환경과 그 환경이 상호작용하는 과정을 이해할 수 있다. 생태체계이론은 러시아 태생으로 미국에 이민한 심리학자인 유리 브론펜브레너(Urie Bronfenbrenner, 1917~2005)에 의해 가장 먼저 제시되었다. 그의 연구와 이론은 개인 발달에 영향을 미치는 다양한 환경 요인을 탐구하고 이를 기반으로 개인과 환경 간의 동적인 관계를 이해하는 데 기여하였다.

브론펜브레너는 1977년에 「인간발달의 실험적 생태학」이라는 논문을 발표하여 인간발달 분석에 생태체계의 개념을 처음 도입하였다. 이 논문에서 그는 활동적이며 성장하는 인간이 환경과 어떻게 상호작용하며 영향을 받는지를 상세히 제시하였다. 그는 아동의 성장과정에서 환경 요인에 따라 미시체계, 중간체계, 외체계, 거시체제의 네 가지 체계로 구분하여 설명하였다. 또한, 아동의 발달에 영향을 주는 사건의 유형과 생애에서의 전환점을 나타내는 '시간체계'라는 개념을 도입하여 아동의 발달과 환경 간의 동적인 관계를 탐구하고 이해하는 데 기여하였다.

세부적으로 살펴보면, 브론펜브레너는 미시체계를 가족, 동료, 유치원, 학교, 교회와 같이 직접적이고 근접한 환경의 영향으로 정의하였다. 중간체계는 미시체계 내의 요소들 간의 상호작용을 의미하며, 예를 들어 부모–교사 관계, 형제간의 관계, 동료 간의 관계 등이 해당된다. 외계체는 아동과 직접적인 연결은 없지만 아동에게 영향을 미치는 환경으로 대가족, 친척, 부모의 직장, 지역사회, 대중매체, 지역사회 기관 등이 포함된다. 거시체계(macrosystem)는 아동이 속한 국가나 사회의 가치, 법률, 관습 등의 문화적 환경을 의미한다. 거시체계는 아동의 성장에 간접적인 영향을 미치며, 부모의 이혼, 기아, 전쟁, 자연재해와 같은 사건들이 네 가지 환경체계에 큰 영향을 미칠 수 있다.

생태체계이론은 가족상담 및 가족치료에서 매우 유용한 접근법으로 활용될 수 있다. 이 이론은 정신병리나 행동장애를 보이는 '정체된 환자(IP, Identified Patient)'를 단순한 직선적 인과율로 판단하는 오류를 벗어나도록 도와준다. 대신, 생태체계이론은 가족시스템의 복잡한 상호작용과 환경 요인들을 고려하여 문제를 이해하고 해결하는 데 중점을 둔다. 이 이론은 내담자를 가족 구성원의 한 부분으로 이해하며, 부모-자녀 관계, 가족 구성원 간의 상호작용, 외부 환경 요인들을 고려하여 문제의 근본적인 원인을 파악하고 대응할 수 있도록 도와준다. 이를 통해 가족의 치료 과정에서 더 효과적인 결과를 얻을 수 있다.

또한, 생태체계이론은 내담자에게 영향을 미치는 다양한 상위체계(환경체계)를 고려하여 가족의 구조와 기능을 생태적 관점에서 접근할 수 있는 유용한 이론이다. 직장체계, 이웃체계, 학교체계, 경제체계, 문화체계 등과 같은 상위체계를 분석하여 가족의 문제를 다각도로 이해하고 그 영향을 파악하는 데 도움을 준다. 이를 통해 가족의 상호작용과 환경 요인들 사이의 복잡한 상호작용을 이해하고 적절한 개입과 지원을 제공할 수 있게 된다.

그러므로 생태체계이론은 가족상담 및 가족치료에서 상담가나 치료자의 관점을 중시한다. 이 이론은 인간과 환경 간의 상호작용을 강조하며, 상담가나 사회복지사와 같은 전문가들은 이를 바탕으로 일반체계이론과 생태체계이론을 이해하는 것이 요구된다. 특히 생태체계이론은 개인이 주변 환경, 지역사회 및 사회환경, 자연환경과의 상호작용을 이해하는 데 중요한 역할을 한다. 이를 통해 개인은 자신의 환경과의 상호작용뿐만 아니라 보다 큰 생태환경과의 상호작용도 이해할 수 있다.

따라서 생태체계이론은 사회복지실천에서도 중요한 역할을 수행하게 된다. 핀커스(Pincus)와 미나한(Minahan)은 1973년에 클라이언트체계, 표적체제, 변화매개체, 그리고 행동체계 등 4체계 모델을 제시했다. 이 모델은 사회복지 전문가들이 개인과 시스템 간의 상호작용을 다각도로 이해하고 개입할 수 있도록 도와준다. 또한 콤프톤(Compton)과 갤러웨이(Gallaway)는 1999년에 전문가체계와 문제인식체계를 추가하여 6체계 모델을 제시하였으며, 이를 통해 다양한 수준에서의 개입을 고려하여 문제해결과 변화를 위한 효과적인 전략을 수립할 수 있다. 이러한 접근법은 사회복지 실천에서 인간과 환경 사이의 복잡한 관계를 이해하고, 유익한 변화와 개선을 위한 전략을 수립하는 데에 큰 도움을 준다.

- 개인은 '개별상황'이라고 알려진 최근 접한 상황에서 특정한 부분적인 환경을 경험한다.
- 개인은 미시수준 환경으로서 가족, 학교, 직장, 여가생활과 같은 일상적인 상황을 다루게 된다.
- 중간수준 환경은 미시수준 환경에 영향을 주어 그 성격과 기능을 결정하는 역할을 한다.
- 거시수준 환경은 사회구성원 전체에게 공통적으로 적용되는 물리적, 사회적, 문화적, 경제적, 정치적인 수준의 환경을 의미한다. 이러한 거시수준 환경은 개인과 미시수준, 중간수준 환경에 간접적인 영향을 미친다.

이와 같이 사회과학과 행동과학의 지식은 생태체계이론을 통해 사회복지 실천에도 적용될 수 있다. 생태체계이론의 관점을 사회복지 실천에 적용하여 효과를 기대할 수 있도록 하기 위해, 하트만(Hartman, 1978)이 개발한 생태도는 사회문제의 차원에서 유용한 도구로 사용될 수 있다. 이를 통해 가족과 사회의 상호작용을 다각도로 이해하고 문제를 해결하는 데에 도움을 줄 수 있다. 이것을 가족사회문제의 차원에서 적용해 보면 다음과 같다. 이러한 다양한 환경체계들은 개인의 발달과 상호작용에 영향을 미치며, 지역사회 수준에서의 상호작용과 문제해결을 위해 고려되어야 한다.

- 생태체계 내의 모든 구성체계는 공통적인 역사와 문화적 배경을 공유하

기 때문에 지역사회 차원의 분석에 적합하다.

- 개인에게 가장 큰 영향을 미치는 가족체계가 존재한다.
- 아동과 청소년에게는 학교 및 친구 관계와 같은 요소가 중요하다.
- 성인에게는 직장 및 동료 집단과 같은 체계가 개인에게 영향을 미친다. 아동 및 청소년 기준으로 적용하면, 부모의 환경체계가 해당된다.
- 문화, 오락, 서비스 체계 및 종교 체계도 지역사회 환경에서 개인과의 상호작용을 일으키는 환경체계에 속한다.

5. 언어체계이론

1980년대 중반 이후, 후기구조주의의 문화적 현상이 확산되면서 사회 및 인식 체계에 변화가 찾아왔다. 이 변화는 가족치료와 가족상담의 이론과 모형에도 영향을 미쳤으며, 특히 후기구조주의적 언어체계 이론의 영향력이 강화되었다. 이론과 모형의 변화는 가족상담 및 가족치료 전문가들에게 새로운 시각과 접근법을 제시했다. 후기구조주의적 언어체계 이론은 사회적 관계의 복잡성과 다양성에 주목하며, 상호작용과 의미의 형성에 중점을 둔다. 이는 가족상담 및 가족치료에서 다양한 관계와 의사소통 패턴을 고려하며, 개인과 가족의 다양한 경험과 이해를 포용하는 것이다.

후기구조주의 시대에 등장한 해결중심 모델, 이야기치료, 협력언어체계 모델 등은 언어체계에 대한 철학적 관심을 공유하는 구조주의 철학이나 분석철학과도 연결되는 영역이다. 이들 모델은 가족 구성원들의 언어체계를 중심으로 개인의 생각, 신념, 행동의 맥락을 이해하려는 접근을 취한다. 그들은 문맥의 순서를 조정하여도 여전히 동일한 의미를 전달하며, 가족의 다양한 언어적 상호작용을 이해하고 변화를 지원하는 역할을 수행한다.

이는 가족상담 및 가족치료의 접근 방식에서 큰 전환을 나타내고 있다. 이전의 1차 가족치료 모델들은 가족 문제를 이해하는 데 상담자나 치료자의 특정 이론, 신념, 경험에 의존하는 문제 도식을 사용했다. 하지만 이러한 접근 방식은 제한적이고 일방적인 면이 있다. 최근의 모델들은 이러한 한계를 넘어서 치료자와 상담자가 함께 참여하는 치료체계로 전환되고 있다. 이를 통해 가족 문제를 보다 정교화한 시스템으로 이해하고 다양한 상호작용을 고려한 대응을 할 수 있게 되었고, 이러한 변화는 가족상담 및 가족치료의 효과성과 유연성을 증가시키고 있다.

전통적인 사회과학적 패러다임에서는 가족치료의 1차적 모형이 주로 내적인 측면에 집중하는 접근 방식으로 이해되지만, 체계론적 가족치료는 2차적 모형으로 분류된다. 2차적 가족치료 모형은 가족 구성원뿐만 아니라 다양한 인간 상호작용과 과정을 고려하여 접근한다. 이 모형은 가족의 관계와 상호작용의 동적 특성을 중심으로 가족 시스템을 이해하고 개입하는 방법을 강조한다. 이러한 접근은 가족치료에 더욱 정교한 접근을 가능하게 하여 변화와 치료 결과에 보다 효과적인 영향을 줄 수 있다.

이론가들이 주로 해결중심 모델, 이야기치료, 협력언어체계 모델을 제시한 것은 2차적 가족치료 모형의 관점을 반영하기 위함이다. 이러한 모형들은 상담자나 치료자가 가족체계의 외부에서 객관적인 관찰자로서 위치하는 것이 아니라, 가족 구성원들이 실제로 경험하고 있는 현실적인 세계에 참여하는 기법을 강조한다. 이는 가족의 관계와 상호작용을 더욱 현실적이고 참여적인 관점에서 이해하고 개입하는 것을 의미한다. 이러한 접근은 가족치료에서 보다 실질적인 변화와 치료 결과를 이루어낼 수 있도록 도와준다.

1차적 가족치료 모형은 구조주의에 기반을 두고 있으며, 이 모형에서는 상담이나 치료 대상자의 인식구조를 변화시키는 것을 강조한다. 이는 구조주의의 사고방식을 따라 가족 구조와 상호작용을 중심으로 접근하고, 문제해결과 변화를 위해 구조적인 개입을 시도한다.

반면에 2차적 가족치료 모형은 후기구조주의 혹은 포스트모더니즘 사유체계에 영향을 받아 개발된 모형이다. 이 모형에서는 가족의 현실체계가 언어체계와 사회적 상호작용에 의해 형성된다는 점을 강조한다. 따라서 상담이나 치료에서는 가족들의 언어체계와 상호작용을 중심으로 분석하고, 사회적 구성과 문화적 요소를 고려하여 변화를 이끌어내는 데 초점을 두게 된다. 그러므로, 가족상담 및 가족치료에서 이러한 두 가지 모형은 서로 다른 접근 방식을 제시하고 있으며, 이를 통해 다양한 상황과 가족 구성원의 요구에 맞는 유연한 전략을 적용할 수 있다.

따라서, 이들은 인간들이 언어를 통해 자신의 세계를 기술하고 설명하는 과정에서 문화적 영향을 받고 사회화되어간다는 사실을 인정하고 있다. 이러한 인식을 토대로 가족상담 및 가족치료 연구자들은 언어체계와 문화의 역할을 중요하게 보고, 이를 고려하여 상담 및 치료 전략을 개발하고 적용하고 있다.

포스트모던적 관점에서 보면, 해결중심적 단기 가족상담 및 가족치료, 협력적 반응팀 가족상담 및 가족치료, 이야기(내러티브) 가족상담 및 가족치료 모형은 후기구조주의적 언어체계이론의 영향을 받아 개발된 모형으로 이해할 수 있다. 이 모형들은 언어와 이야기를 통해 가족의 의미구조와 상호작용을 이해하고 변화를 이끌어내는 데 초점을 둔다. 이를 통해 개인과 가족의 다양한 경험과 이야기를 존중하고 그들이 자신만의 의미를 찾아 나갈 수 있는 공간을 제공한다.

이러한 모형들은 언어의 상호작용과 은유를 활용하여 가족 구성원들 사이의 의사소통과 상호작용을 개선하고, 가족 시스템의 문제를 해결하고 변화를 이끌어내는 치료적 대화를 강조한다. 이들 모형은 가족이 사용하는 언어의 기능과 상징적 의미에 주목하며, 가족 구성원들이 말하는 습관과 상호작용에서 의미를 찾아내는 것을 중요시한다. 이러한 접근 방식은 가족 구성원들의 관계를 이해하고 변화를 유도하기 위해 언어적 요소와 상호작용을 적극적으로 활용한다.

앤더슨(Anderson)과 굴리시안(Goolishian)은 협력언어체계 모형(치료적 대화 모형)의 선구자로서, 상담자의 특권적 지식에 의존하지 않고 언어학적 상호작용을 통해 치료적 접근을 이루어야 한다고 주장하고 있다. 이들은 상담자와 내담자 간의 협력적인 대화를 중요시하며, 언어의 사용과 상호작용을 통해 문제해결과 변화를 이루어내는 접근 방식을 제시하고 있다. 이러한 모형은 상담자의 지식보다는 내담자와의 협력적 상호작용을 강조하며, 언어적 상호작용을 통해 치료적인 변화를 이끌어내는 것을 목표로 한다(Anderson H. & Gookshian H, 1992).

이들은 가족 구성원들의 경험과 문제에 대해 사회적 역할이나 구조에 기인한 것이 아니라, 가족 구성원들 간의 언어 사용에 의해 형성된 체계로 이해하고자 한다. 이에 상담자는 병리적인 견해를 배제하고, 가족 구성원들이 원하는 이야기를 함께 구축하는 데 초점을 두고, 언어를 강력한 도구로 인식하며, 가족 구성원들의 현실적 세계의 문제를 언어를 통해 드러내고 이해하는 것을 중요시한다. 상담자는 다양한 관점과 이야기를 수용하고 가족 구성원들과 함께 언어를 통해 의사소통하며 해결책을 모색한다. 이를 통해 가족 구성원들의 경험을 존중하고 상호작용을 증진시키는 것을 목표로 한다.

04 Chapter

가족치료와 가족상담의 과정

1. 가족사정

가족치료에서 상담사는 가족문제의 해결을 위해 가족 구성원들과 직접적으로 면접을 통해 만나며, 관찰과 탐색을 수행한다. 이 과정은 가족문제가 어느 부분에서 어떻게 작용하며, 그러한 상황이 왜 발생하는지에 대한 깊은 이해를 얻기 위한 과정이다.

문제해결을 위해 가족 구성원들이 스스로 자기 통찰과 변화에 동기를 갖는 것이 중요하다. 상담사는 질문을 통해 이를 촉진하고, 적절한 개입 방법을 함께 찾아 나서게 된다. 가족을 평가하기 위해 면접, 관찰 및 평가 척도인 체크리스트를 활용하여 가족의 다양한 욕구, 문제 상태, 대처 방식 등을 파악하고, 앞으로 나아갈 방향과 목표를 설정할 수 있다. 이를 통해 가족 구성원들의 자기 인식과 변화에 도움을 주고, 함께 문제를 해결할 수 있는 방향을 찾을 수 있다.

가족을 사정할 때는 다양한 측면을 고려하여 가족의 기능과 구조에 대한 사정을 진행한다. 이는 가족의 경계, 가족 구성원들 간의 의사소통, 가족 규칙과 역할, 가족의 생활주기, 가족 구성원들의 강점과 자원, 가족 내의 역할 및 권력, 희생양, 삼각관계 등을 포함한다. 이러한 가족사정의 내용은 가족의 다양한 측면을 이해하고 파악하기 위해 활용되는 요소들이다.

가족사정을 진행하는 데에는 표준화된 평가척도와 투사적 검사 등의 도구를 활용할 수 있다. 이러한 도구들은 가족의 상태와 특성을 측정하고 평가하기 위해 사용되며, 상담사가 가족의 사정을 파악하는 데 도움을 준다.

1) 가족사정의 개념

가족사정은 상담과정에서 가족이 가지고 있는 문제뿐만 아니라 개입을 위해 필수적인 단계로 간주된다. 이는 내담자가 언급하는 문제와 관련하여 가족을 하나의 '단위'로 보며, 가족 내적 요인과 외적 요인, 그리고 이들 간의 상호작용을 철저히 파악하는 과정을 의미한다. 가족사정을 통해 다양한 정보를 수집하고 분석함으로써 개입 전략을 개발하며, 가족 구성원들 간의 관계와 상호작용을 이해하여 개선 방향을 제시할 수 있다.

2) 가족사정의 내용과 영역

상담사는 가족사정 시 가족 구성원 개개인의 욕구, 문제, 갈등, 원하는 바 등을 파악하고, 이러한 요소가 가족의 상호작용에 어떤 영향을 미치는지 이해해야 한다. 또한, 가족 구성원들의 가치관이나 세계관, 가족이 추구하는 목표나 관계상의 갈등, 그리고 가족 구성원들의 직업 세계와 사회적 상황, 그리고 지역사회와 문화적인 요소까지도 고려된다. 이러한 다양한 측면들을 모두 고려하여 가족사정을 다루게 된다. 이러한 다양한 측면들을 고려하여 가족의 상황을 분석하고, 문제를 해결하고자 하는 것이 일반적인 목적이다. 가족사정의 세부내용은 다음과 같다.

(1) 가족기능과 구조의 파악

가족기능과 구조를 파악하기 위해서는 다양한 요소들을 질문하고 탐색하여 가족의 상황을 파악해야 한다. 이러한 요소에는 가족 내 하위체계의 구성, 가족 구성원 간의 경계선, 가족원들 간의 의사소통 방식, 가족 내부의 규칙과 규범, 가족 구성원들의 역할과 책임, 가족 내의 신화와 가치관, 가족 구성원들의 권력 구조, 가족 내에서 희생양이 되는 자, 가족의 강점과 자원, 그리고 문제를 해결하는 방법 등이 포함될 수 있다. 이러한 질문과 탐색을 통해 가족의 상황을 종합적으로 이해하고, 적절한 조치나 지원을 제공할 수 있다.

(2) 가족 역사의 이해

가족의 역사적인 측면을 이해하기 위해 가계도나 가족의 생활주기, 생활력 도표 등을 활용할 수 있다. 이를 통해 원 가족과 핵가족의 세대 간의 관계와 공간 변화를 파악하며, 세대 전수의 특성과 가족의 생활주기에 따른 발달과업이나 위기를 이해할 수 있다. 또한, 가족의 중요한 사건들을 시계열적으로 파악하여 가족의 변화와 성장을 관찰할 수 있다. 이러한 방법을 통해 가족의 역사와 발전 과정을 분석하고, 가족의 특성과 동적인 변화를 이해할 수 있다.

(3) 가족 생태 환경적 이해

가족의 생태 환경적인 측면을 이해하기 위해 생태도를 활용할 수 있다. 생태도는 가족들에게 지대한 영향을 미치는 사회적, 관습적인 요소와 환경과의 에너지 교환, 스트레스 요인, 자원의 양과 종류 등을 파악하는 도구이다. 생태도를 통해 가족 구성원들이 사회적으로 어떤 관습과 규범을 따르며 상호작용하고, 주변 환경과의 상호작용에서 어떤 에너지 교환과 영향을 받는지 알 수 있다. 또한, 가족의 스트레스 요인과 자원의 양과 종류를 파악하여 가족의 생태 환경을 파악하여 분석할 수 있다. 이를 통해 가족의 환경적인 영향을 이해하고, 적절한 지원이나 개선 방안을 모색할 수 있다.

(4) 표준화된 검사

표준화된 척도들을 사용하여 가족의 구조와 관계성의 특성, 그리고 개인의 성격과 기질이 어떻게 관계성에 영향을 미치는지를 객관적으로 파악할 수 있다. 맥매스터의 가족사정척도(McMaster Family Assessment Device; FAD)는 가족 구조와 관계의 특성을 측정하여 가족의 기능적인 측면을 평가한다. 결혼만족도 검사는 부부간의 만족도를 측정하여 가족 내의 관계성을 이해하는 데 도움을 준다. 올슨의 순환 모델은 부부간의 상호작용 패턴을 분석하여 가족 구조와 관계의 동적인 특성을 이해하는 데 사용된다. TCI(기질성격검사)와 MBTI 검사는 개인의 성격 특성을 측정하여 가족 내에서 개인의 반응 패턴이나 부족한 점을 파악하는 데 활용될 수 있다. 이러한 표준화된 척도들을 사용하여 객관적으로 가족 구조, 관계성, 개인의 특성을 평가하고, 이를 통해 가족의 문제점을 파악하고 개선할 수 있다.

(5) 투사적 검사

가족에 대한 투사적 검사로는 TAT(주제통각검사), 동적가족화(KFD), HTP(집, 나무, 사람 그림검사) 등을 활용할 수 있다.

- TAT(Thematic Apperception Test)는 텍스트와 이미지로 구성된 카드를 사용하여 개인의 무의식적인 상상력과 감정, 가치관, 가족관계 등을 드러내는 검사이다. TAT를 가족에 적용할 경우, 가족 구성원들 간의 관계, 가족의 상황, 가치관 등을 이해하는 데 도움을 줄 수 있다.
- 동적가족화(Kinetic Family Drawing)는 가족 구성원들이 가족의 상호작용을 그림으로 표현하는 검사이다. 가족 구성원들의 그림을 통해 가족 간의 관계성, 역할분담, 갈등 등을 파악하여 가족의 상황을 이해하는 데 도움을 준다.
- HTP(House-Tree-Person)는 집, 나무, 사람 그림을 그리는 검사로, 가족 구성원들이 그림을 통해 자신의 가족관계, 감정 상태, 자아 상태 등을

투사적으로 나타낼 수 있다. HTP를 통해 가족 구성원들의 내면적인 상태와 가족 구조에 대한 이해를 도울 수 있다.

이러한 투사적 검사를 활용하여 가족의 내면적인 상태, 관계성, 가치관, 갈등 등을 탐구함으로써 가족의 사정을 더욱 깊게 이해할 수 있다.

3) 가족기능과 구조 이해

가족기능은 가족집단이 가족 구성원끼리 또는 사회와의 상호작용에서 지속적으로 수행하는 역할과 행동을 의미한다. 가족의 기능은 가족 구성원들의 의사소통 방식, 상호작용 방식, 문제해결 방법, 역할분담 등 다양한 요소를 포함한다. 이는 가족이 가족 구성원의 단체적인 행동을 통해 가족의 기능을 수행하며, 가족 구성원들 간의 관계와 상호작용을 유지하고 발전시키는 것을 의미한다. 가족기능은 가족의 안정성과 발달에 중요한 역할을 하며, 가족의 기능이 원활하게 작동할 때 가족 구성원들은 더 좋은 의사소통, 상호지원, 문제해결 능력 등을 발휘할 수 있다.

가족의 기능은 시대나 그 사회문제가 개인 및 집단에게 요구하는 가치에 따라 달라질 수 있다. 구조적 가족 상담사인 미누친(Minuchin)은 기능적 가족의 특성을 다음과 같이 설명한다.

미누친은 가족의 기능을 '조직적 구조와 상호작용의 측면에서 가족 구성원들이 가족집단을 유지, 조정 및 관리하는 능력'으로 정의하였다. 그는 가족의 기능이 가족 구성원들 간의 상호작용과 역할분담, 경계 설정, 의사소통 등을 포함한다고 말한다. 또한, 가족의 기능은 가족 구성원들의 개인적인 욕구와 사회적인 기대, 가치관, 문화 등에 의해 영향을 받는다고 하였다.

미누친은 기능적 가족이 조화롭고 적응 가능한 구조와 상호작용을 갖추며, 가족 구성원들이 자원과 역할을 효율적으로 조절하고 문제를 해결하는 능력을 가진다고 하였다. 이러한 기능적 가족은 가족 구성원들의 성장과 발달을 지원하며, 가족의 안정성과 건강한 삶을 촉진하는 역할을 한다.

따라서, 기능적 가족의 특성은 가족 구성원들의 조직적인 구조와 상호작용, 역할 분담, 의사소통 등을 포함하여 가족의 안정성과 발달을 위한 능력을 의미한다.

(1) 가족구성원 간의 경계

가족 내 구성원 간의 경계선은 가족의 기능을 평가하는 중요한 기준이 될 수 있다. 경계선은 가족 구성원들 사이에서 허용되는 접촉의 양과 질을 나타내며, 이를 통해 가족 구성원들 간의 상호작용과 관계성을 이해할 수 있다. 경계선이 약한 사람은 원가족으로부터 통제, 과잉보호, 학대 등을 받았던 사람일 수 있다. 이러한 경험으로 인해 이 사람은 의존성이 강하며, 자아의 일부가 아닌 타인을 통해 자아를 확인하려고 한다. 이러한 상황에서는 개인의 경계선이 허물어져 자기 개인성이 뚜렷하지 않을 수 있다.

경계선이 약한 사람은 타인에 대한 차이를 인정하지 못하고 지나치게 간섭하고 통제하는 경향이 있다. 이 사람들은 타인의 경계를 존중하지 않고, 지나치게 개인의 공간과 자율성을 침해할 수 있다. 이러한 상황에서는 개인의 경계선이 약해져 개인의 자율성과 독립성을 제한할 수 있다.

따라서, 가족 내 구성원 간의 경계선은 가족의 기능을 평가하는 중요한 지표로 활용될 수 있으며, 경계선의 적절한 설정과 존중이 가족의 건강한 상호작용과 개인의 성장과 발달을 지원하는 데 중요한 역할을 한다.

반면에 경계선이 강한 사람은 경직되어 친밀감과 소속감이 없고 개인주의적 성향이 강하다. 경계선이 분명하다는 것은 나의 것, 너의 것, 우리의 것에 대해 서로 존중한다는 것이다.

가족원들은 시간, 공간, 재정, 가사 등의 경계선을 서로 설정할 수 있어야 한다. 가족원들은 서로 명확한 경계로 자율성과 독립성, 책임성을 유지해야 한다. 그러나 구성원들이 너무 밀착된, 그래서 경계가 혼돈된 가족에게 나타나는 경직된 경계선은 역기능적이라고 할 수 있다(Minuchin, 1974).

한편, 경계선이 강한 사람은 개인주의적인 성향이 강하며, 친밀감과 소속감이 부족할 수 있다. 경계선이 분명하다는 것은 개인의 영역, 타인의 영역, 그리고 가족의 공동 영역을 명확하게 구분하고 서로를 존중한다는 의미이다.

가족 구성원들은 시간, 공간, 재정, 가사 등 다양한 영역에서 경계선을 설정할 수 있어야 한다. 이를 통해 개인의 자율성과 독립성, 책임성을 유지할 수 있기 때문이다. 그러나 가족 구성원들이 너무 밀착되어 경계가 혼재된 경계선을 가지거나, 경계선이 지나치게 경직된 경우는 역기능적인 결과를 초래할 수 있다. 이러한 상황에서는 개인의 성장과 가족의 건강을 저해할 수 있다고 할 수 있다.

그러므로 가족 구성원들은 서로의 경계를 명확하게 설정하고 상호 존중하는 것이 중요하다. 적절한 경계선 설정은 가족 구성원들의 개인성을 존중하고 가족 시스템이 원활히 기능하는 데 도움이 된다. 이는 가족 구성원들 간의 조화로운 상호작용과 성장을 촉진하는 역할을 한다(Minuchin, 1974).

(2) 가족 외부 경계

가족은 외부 환경(친인척, 새로운 사람 사귀기, 종교활동, 여가활동, 직업, 정보 등)과의 경계와 상호작용을 통해 기능과 역기능으로 나눌 수 있다. 이때 경계의 침투성을 구분하는 기준은 가족체계에서 제삼자의 개입을 얼마나 허용하고 환영하는지, 가족 구성원들이 외부인과 어떤 정서적 관계를 맺을 수 있는지, 그리고 외부 환경과 얼마나 정보와 자원을 교환하는지에 따라서 개방형 가족, 폐쇄형 가족, 방임형 가족으로 구분된다. 이러한 구분은 가족이 외부 환경과의 상호작용에서 개방성과 폐쇄성, 그리고 참여의 정도를 나타내며, 가족체계의 특징을 이해하는 데 도움을 준다.

개방형 가족은 다른 가족에게 부정적인 영향을 주지 않으면서도 가족 규범을 준수하는 범위 내에서 외부와의 경계가 융통성을 갖고 있으며, 스스로를 통제할 수 있다. 이와는 달리 폐쇄적 가족은 외부와의 경계가 너무 강하고 침투력이 없어서 외부와의 상호 정보 교환을 하지 않는 형태를 지니고 있다.

가족 구성원들은 상호 간에 애정의 관계, 강한 의존의 관계, 또는 융합 의존적 관계를 형성하여 상호작용한다. 폐쇄적 가족은 주로 가정폭력 피해 가족이나 알코올 중독 가족 등에서 자주 나타난다. 이러한 가족은 외부와의 경계를 강조하고 소통과 친밀성을 제한하여 폐쇄적인 구조를 형성한다. 또한, 방임형 가족은 외부와의 경계가 모호하며 방어적인 행동을 하지 않아 외부로부터의 침입에 제한이 없다. 이로 인해 시부모나 친정 부모가 자신의 집처럼 드나들면서 가족 구성원들에게 간섭을 주는 경우가 있다.

이러한 관찰을 통해 가족의 상호작용과 구조의 다양성을 이해하고 가족체계의 특성을 분석할 수 있다.

(3) 가족의 의사소통

가족은 원활한 의사소통을 통해 서로를 이해하고 소통함으로써 조화롭게 상호작용할 수 있다. 의사소통은 단순히 정보를 전달하는 것을 넘어서, 가족 구성원들 간의 관계 규정과 행동방식을 조절하고 조정하는 중요한 기능을 수행한다(Satir, 1988). 가족 내에서의 의사소통은 가족 간의 경계 설정, 애정 표현, 위계질서, 규칙 제정, 역할분담, 행동방식 등을 표현하는 주요한 통로가 된다. 이를 통해 가족은 서로를 이해하고 소통함으로써 조화롭게 상호작용할 수 있다.

그러므로 가족 구성원들이 서로 주고받는 의사소통의 내용과 방식은 가족 구성원들에게 정서적으로 큰 영향을 미치는 매우 중요한 요소이다. 이에 따라 가족 문제를 이해하고 해결하기 위해서는 가족 구성원들이 서로 어떤 내용과 방식으로 의사소통을 하는지 주의 깊게 관찰하고 분석해야 한다.

① 기능적 의사소통

기능적 의사소통은 가족 구성원들이 상호 간 억압이나 제한 없이 자유롭게 사실이나 감정을 표현하는 긍정적인 의사소통 유형이다. 이는 메시지를 전달할 때 의견, 생각, 감정을 분명하고 정확하게 전달하는 것을 의미한다. 또한, 의사소통의 명확성을 높이기 위해서는 대상에게 직접적으로 메시지를 전달해야 한다. 기능적 의사소통은 가족 구성원들이 서로를 이해하고 소통하며, 갈등을 해결하고 조화롭게 상호작용하기 위해 중요하다. 이러한 유형의 의사소통은 가족관계를 강화하고 가족 구성원들 간의 신뢰와 존중을 증진시킬 수 있다(김혜숙 외, 2012).

가족원의 의사소통 사정에서 고려해야 할 요소는 다음과 같다. 아래에서 언급한 요소들은 가족 내에서의 의사소통을 원활하게 유지하고 건강한 가족관계를 구축하는 데 큰 역할을 한다.

- **의사소통의 일치성과 명확성**
  의사소통은 일치성과 명확성을 가지고 이루어져야 한다. 가족 구성원들은 서로의 의사를 일치시키고 명확하게 이해할 수 있도록 노력해야 한다. 의사소통이 일관되고 일치성을 갖추면 가족 구성원들 간의 오해와 혼란을 줄일 수 있다.

- **효과적인 의사소통을 방해하는 요인**

  비난, 무시, 부정, 경멸, 자기방어, 회피 등은 효과적인 의사소통을 방해하는 요인이다. 이러한 요인들은 의사소통의 원활함과 상호이해를 방해하고 갈등을 초래할 수 있다. 따라서 가족 구성원들은 이러한 의사소통 방해 요인을 인식하고 피해야 한다.

- **의사소통의 표현성과 수용성**

  의사소통은 표현성과 수용성을 갖추어야 한다. 표현성은 자신의 의견이나 감정을 적절하게 표현하는 능력을 의미하며, 수용성은 상대방의 의견이나 감정을 받아들이고 이해하는 능력을 의미한다. 가족 구성원들은 자신의 의사를 명확하게 표현하면서도 상대방의 의견을 존중하고 수용할 수 있는 유연성을 가져야 한다.

기능적 의사소통의 예로는 토마스 고든(T. Gordon)의 '나－전달법'을 활용하는 것이 있다. '나－전달법'은 자신의 감정을 솔직하게 표현하면서도 상대방을 존중하며 자신의 주장을 전달하는 방법이다. 이 방법은 상대방에게 '나'를 주어로 하여 자신의 감정과 요구를 표현하는 방식을 말한다. 이러한 기능적 의사소통 방법을 사용하면 가족 구성원들이 서로 예의를 지키고 관계를 원활하게 유지할 수 있다. 자기주장능력을 갖추기 위해서는 부탁하기, 요청하기, 거절하기, 설득하기, 자기감정 표현하기 등의 기술을 활용할 수 있는데, 이러한 기능적 의사소통 방법들은 가족 구성원들 간의 원활한 상호작용과 관계 개선에 도움을 줄 수 있다.

② 역기능적 의사소통의 특징

역기능적 의사소통은 다음과 같은 특징을 가지며, 상대방에게 비난적인 표현을 하고 모호하고 간접적인 방식으로 의사소통을 한다. 또한, 서로 솔직한 표현을 주저하고 회피적인 태도를 보인다. 역기능적 의사소통의 세부 특징은 다음과 같다.

- 상대방을 비난하고자 하며, 의사소통을 애매하고 간접적인 방식으로 진행하는 역기능적 의사소통이다. 더욱 솔직한 표현을 주저하고 회피적인 태도를 보인다.
- 상대방을 조롱하거나 비난하는 간접적인 방식으로 의사소통을 하며, 솔직한 표현을 주저하고 회피적으로 대응한다.
- 비난적인 언어를 사용하며, 의사를 애매하고 간접적인 방식으로 전달하여 솔직한 표현을 어렵게 만드는 경향이 있다.

역기능적인 의사소통 방식과 태도는 가족 구성원들에게 큰 상처와 고통을 줄 수 있다. 말과 행동을 일치시키지 않고 이중적인 메시지를 전달하며, 언어적인 메시지와 비언어적인 메시지가 서로 부합하지 않을 때 가족 구성원들은 혼란과 불안을 느낄 수 있다. 또한, 걱정과 애정을 전달하려는 의도가 화와 같은 부정적인 표현으로 이어질 때 가족 구성원들은 실망과 상처를 받게 된다.

고트만(Gottman)은 '너－전달법'이라고 불리는 역기능적인 대화방식을 부부관계에서 가장 바람직하지 않은 것으로 규정하고 있다. 이 대화방식은 상대방의 인격을 훼손시키는 태도를 갖고 있다. 더불어, 주제가 상황이나 사건에 머무르지 못하고 성격이나 외모, 원가족의 부모교육과 같은 내용을 다루는 것은 매우 위험한 것으로 간주된다. 이는 상대를 공격하거나 무시하며 회피하는 생존적인 자동반응으로 작용하여 자기방어를 유발하고, 결국 관계를 더욱 악화시킬 수 있는 가능성이 있다.

경험적 가족상담사인 사티어(Satir)는 역기능적인 의사소통을 회유형, 비난형, 초이성형, 산만형으로 구분하여 설명하였다. 이는 의사소통 방식에 따라 비난을 강조하거나 감정 중심으로 집중하는 것, 또는 주제나 목적을 명확히 정하지 못하고 혼란된 방식으로 의사소통을 진행하는 것으로 나뉜다.

한편, 베이트슨(Bateson)은 정신분열증(조현병) 환자의 가족 구성원들 사이에서 부모와 자녀 사이의 이중구속과 모순을 발견했다. 이는 상충하는 요구나 기대가 존재하여 가족 구성원들이 모순적인 역할을 수행하게 되는 현상을 의미한다.

이중구속은 언어적 메시지와 비언어적 메시지가 일치하지 않아 혼란을 초래하는 현상이다. 예를 들어, 아내에게 폭력을 행사하는 남편이 “당신을 사랑해서 그런 거야”라고 말하는 것은 일치하지 않는 메시지이다. 이중구속적인 의사소통은 말을 받은 사람에게 복종과 불복종을 동시에 요구하여 어떠한 행동을 해도 보낸 사람의 의도에 부응할 수 없도록 만든다. 결과적으로 메시지를 받는 사람은 혼란을 느끼게 된다.

(4) 가족규칙

사티어는 가족의 문제를 가족 구성원들 사이에서 정해진 규칙의 불일치로 해석한다. 가족 구성원들이 따라야 할 의무, 태도, 지침, 권리와 같은 가족 규칙이 문제의 근본적인 원인이라 하였다.

가족규칙은 가족 내에서 관계형성, 역할수행, 행동지침 등에 대한 원리로 작용한다. 이러한 규칙은 대부분의 가족 구성원들이 동의하지만, 말로 명시적으로 표현되지 않는 경우가 많다. 특히, 암묵적인 규칙은 가족 구성원들이 일상적인 생활과 상호작용을 통해 형성되어 온 것으로 볼 수 있다.

기능적 가족은 가족 내에 명확하고 합리적이며 융통성 있는 규칙들을 갖추고 있다. 그러나 역기능적 가족의 경우에는 규칙이 경직되어 있으며, 소수의 규칙에 의해 가족이 운영된다. 이러한 규칙은 엄격하거나 현실성에 맞지 않는 생활패턴을 형성할 수 있으며, 다른 사람에 대한 수용을 어렵게 만들 수 있다.

그러나, 규칙이 지나치게 느슨하고 허용적인 가정에서 자라면 공동 규범이나 생활규칙을 충분히 습득하지 못하게 될 수 있다. 이로 인해 대인관계에서도 규칙을 지키는 것보다는 자유롭고 무책임한 생활을 선호할 가능성이 있다. 따라서, 가족은 성장과 변화를 방해하는 역기능적인 규칙들을 찾아내고 바람직하게 변화시킬 수 있도록 노력해야 한다.

가족은 각자의 생각과 다른 사람의 의견을 존중하는 것이 매우 중요하다. 그러나, 기능적인 가정에서도 여자가 불공평한 대우를 받았을 때 감정을 표현하는 것은 옳지 않다는 역기능적인 규칙이 현재의 부부관계에서 여전히 작용하여 억압적이고 회피적인 행동을 고착시킬 수 있다. 이 대신, 가족 구성원들은 상황에 따라 감정을 자유롭게 표현하고 이를 이해하고 지지하는 문화를 함께 형성해야 한다. 가족 내에서 역기능적인 규칙은 다음과 같을 수 있다.

- 가족 문제를 외부로 유출해서는 안 된다.
- 부모님을 비판하거나 꾸짖어서는 안 된다.
- 성에 대한 부정적인 태도를 가져야 한다.
- 부모님의 걱정을 피하기 위해 말하거나 의견을 표현해서는 안 된다.
- 부모님의 기대에 부응하기 위해 항상 기쁨을 주어야 한다.
- 기쁨이나 긍정적인 감정을 너무 가볍게 표현해서는 안 된다.
- 어떤 일을 하더라도 실수를 범해선 안 되고 완벽하게 해야 한다.

이러한 역기능적인 가족규칙들은 가족 구성원들 사이의 의사소통과 감정표현을 억제하고 부정적인 영향을 미칠 수 있다. 이를 바꾸어 보면 다음과 같다.

- 가족은 문제를 상담하거나 외부로 유출해서 해결해야 한다.
- 부모님에 대한 비판은 건설적인 방향으로 이끌어야 한다.

- 성은 자연스러운 것으로 받아들여야 하고, 가벼운 여성에 대한 편견을 버려야 한다.
- 부모님이 걱정해도 말하고 의견을 표현할 수 있어야 한다.
- 부모님을 기쁘게 해주는 것도 중요하지만, 개인의 행복과 만족도 고려되어야 한다.
- 기쁨과 긍정적인 감정을 자유롭게 표현하고 나눌 수 있어야 한다.
- 실수를 허용하고 배우며 성장할 수 있어야 하며, 완벽한 것에 대한 부담은 덜어야 한다.

이렇게 바꿈으로써 가족은 더 건강하고 개방적인 의사소통과 감정표현을 할 수 있게 될 것이다.

2. 가족상담의 구조화

1) 상담의 구조화

첫 면접상담에서 상담사는 전반적인 상담 구조를 설계한다. 이는 상담의 전 과정을 원활하게 진행하기 위해 상담사와 가족 구성원들 사이에서 바람직한 변화를 이루어내기 위한 안정적인 장소, 시간과 주기 설정, 가족들이 준수해야 할 행동 규범, 그리고 상담사의 역할에 대한 공유를 포함한다. 상담의 구조화는 주로 세 가지 영역으로 구분하여 설계되는데, 상담 여건의 구조화, 상담 관계의 구조화, 그리고 비밀보장의 구조화이다. 이를 통해 상담 환경의 조성, 상호작용 관계의 성립, 그리고 개인 정보의 보호와 안전을 보장할 수 있다.

(1) 상담 여건의 구조화

상담 여건의 구조화는 상담시간, 상담횟수, 상담장소, 그리고 예약 불이행 시 연락 방법 등 다양한 측면을 고려하여 이루어져야 한다. 이러한 구조화는 상담과정의 원활한 진행과 상담 참여자들의 편의와 안정성을 보장하기 위해 필요하다.

상담시간은 가족 구성원들이 참석 가능한 시간대를 고려하여 조율되어야 하며 상담횟수는 문제의 복잡성과 가족의 상황에 따라 결정되며, 일정한 빈도로 진행하여 가족들이 지속적인 지원을 받을 수 있도록 해야 한다. 상담 장소는 가족들이 편안하고 안전하게 대화할 수 있는 장소로 정해져야 한다. 예약 불이행 시 연락 방법은 상담 참여자들과의 원활한 의사소통을 위해서도 확립되어야 한다. 이러한 다양한 측면을 고려하여 상담 여건을 구조화함으로써 상담과정이 원활하게 진행되고, 가족들이 필요한 지원을 받을 수 있도록 도움을 줄 수 있다.

(2) 상담관계에 대한 구조화

상담관계의 구조화는 상담과정에서 상담사와 내담자 사이의 상호작용과 상호관계를 조직화하는 과정이다. 이는 상담의 효과적인 진행과 내담자의 변화를 지원하기 위해 중요한 역할을 한다.

(3) 비밀보장에 대한 구조화

상담사는 내담자에 대한 비밀보장을 유지하고 존중하는 의무가 있음을 알리는 과정이 중요하다. 비밀보장은 상담관계에서 신뢰와 안전을 구축하기 위한 핵심적인 가치라 할 수 있다. 하지만 특정한 경우에는 비밀보장의 한계가 존재함을 내담자에게 알리는 것도 중요하다. 이는 상담사의 역할과 책임을 명확히 하고, 내담자의 안전과 법적 요구사항을 고려하는 데 도움을 준다. 상담사는 내담자에게 다음과 같은 내용을 알릴 수 있다.

- **비밀보장의 중요성 강조**: 상담사는 비밀보장의 중요성을 강조하고, 내담자의 비밀과 개인정보를 존중하며 보호할 것임을 알린다. 이는 상담관계에서의 신뢰와 안전을 유지하는 데 핵심적인 요소이다.
- **한계의 설명**: 상담사는 비밀보장의 한계에 대해 내담자에게 설명한다. 특정한 상황이나 위기 상황에서는 법적 의무 또는 내담자의 안전과 보호를 위해 제삼자에게 알릴 필요성이 있을 수 있음을 알린다. 이는 내담자가 비밀보장의 예외에 대한 이해를 하도록 돕는다.
- **내담자의 동의 청취**: 상담사는 내담자와 함께 비밀보장의 예외 상황에 대한 동의를 구한다. 특정한 위기 상황에서는 내담자의 안전을 위해 필요한 조치를 내담자와 상의한 후 적절한 조치를 취할 수 있도록 한다.
- **상담관계의 신뢰 구축**: 상담사는 내담자에게 상담관계에서의 신뢰와 안전을 구축하는 데 최선을 다할 것을 약속한다. 내담자가 개인정보와 비밀을 자유롭게 공유하고 상담에 참여할 수 있도록 돕는다.

이러한 접근 방식을 통해 상담사는 내담자에게 비밀보장의 중요성을 강조하고, 한계와 예외에 대한 이해를 돕는 동시에 내담자의 안전과 보호를 최우선으로 고려한다.

3. 초기면담

1) 진행과정

가족치료 상담가로서 초기면담은 상담과정의 핵심적인 시작 단계이다. 초기면담 진행과정을 순서대로 설명하면 다음과 같다.

(1) 인사 및 소개

상담사는 가족 구성원들을 환영하고, 자신의 이름과 직책을 소개한다. 이로써 상담사는 가족 구성원들에게 편안하고 안전한 분위기를 조성한다.

(2) 이야기 듣기

상담사는 가족 구성원들에게 이야기할 기회를 주며, 각각의 관점과 감정을 듣는다. 가족 구성원들은 자신들의 이야기를 표현하고, 상담사는 이를 주의깊게 들어준다.

(3) 문제 정의와 목표 설정

상담사는 가족의 이야기를 토대로 주요 문제를 파악하고 정의한다. 가족 구성원들과 상담사는 공동으로 목표를 설정하고, 어떤 변화를 이루고자 하는지에 대해 협의한다.

(4) 상담 계획 수립

상담사는 가족 구성원들과 함께 상담 계획을 수립한다. 상담 계획은 상담 방법과 기법, 상담시간과 주기, 목표 달성을 위한 단계 등을 포함된다. 이를 통해 상담의 방향성과 일정을 명확히 하고, 가족 구성원들은 상담과정에 대한 예상을 가질 수 있다.

(5) 상담계약 및 동의 얻기

상담사는 가족 구성원들과 상담계약을 체결하고, 상담에 대한 동의를 얻는다. 상담계약은 상담의 목적, 기간, 비용, 기밀 유지 등에 대한 합의를 포함하며, 가족 구성원들의 동의를 얻어 상담과정에 참여할 수 있도록 한다.

초기면담을 통해 상담사는 가족과의 관계를 형성하고, 상담의 방향과 목표를 설정하는 중요한 단계이다. 이를 통해 상담사는 가족 구성원들과 협력하여 상담의 진행 방식과 기대되는 결과를 도출하고, 가족의 변화와 성장을 이끌어 낸다.

2) 문제상황에 대한 다각적 탐색

가족치료 상담가로서 문제상황에 대한 다각적 탐색은 상담과정에서 중요한 부분이다. 다음은 문제상황에 대한 다각적 탐색에 대한 설명이다.

(1) 문제상황의 명확한 이해

상담사는 가족 구성원들과 함께 문제상황을 명확히 이해하기 위해 질문과 듣기를 통해 상세한 정보를 수집한다. 이는 문제의 본질과 영향을 파악하는 데 도움을 준다.

(2) 개인적인 관점과 감정의 이해

상담사는 가족 구성원들이 문제상황에 대해 가지고 있는 개인적인 관점과 감정을 이해하기 위해 공감과 이해를 표현한다. 이는 각 구성원들의 시선과 경험을 인정하고, 상호 간의 이해를 촉진하는 데 도움을 준다.

(3) 상호작용과 패턴의 탐색

상담사는 가족 구성원들 간의 상호작용과 패턴을 탐색한다. 이는 가족 시스템 내에서의 역할과 규칙, 의사소통 방식, 갈등의 유형 등을 이해하는 데 도움을 준다.

(4) 가족 시스템의 외부 영향 요인 탐색

상담사는 가족의 문제상황을 둘러싼 외부 요인을 탐색한다. 이는 가족 구성원들의 사회적 환경, 문화적 배경, 경제적 상황 등을 고려하여 문제의 복잡성을 이해하는 데 도움을 준다.

(5) 문제상황의 원인과 영향 분석

상담사는 문제상황의 원인과 영향을 분석한다. 이를 통해 문제의 근본적인 요인과 그로 인한 가족 구성원들의 심리적, 감정적 영향을 이해하고, 효과적인 상담 전략을 수립하는 데 도움을 준다.

문제상황에 대한 다각적 탐색은 가족치료 상담가로서 문제상황을 깊이 이해하고, 다양한 관점을 고려하여 가족 구성원들과 함께 문제의 복잡성을 파악하고, 종합적인 상담 접근법을 개발하여 변화와 성장을 이끌어낼 수 있다.

3) 상담목표

가족치료의 목표는 가족 구성원들 간의 상호작용과 관계에서 나타나는 문제를 해결하고, 가족 시스템의 건강하고 조화로운 발전을 이끌어내는 것이다. 가족치료의 목표를 세부적으로 설명하면 다음과 같다.

(1) 문제해결과 변화 유도

가족치료의 목표는 가족 구성원들이 직면한 문제를 해결하고, 건강하고 기능적인 변화를 유도하는 것이다. 이는 가족 구성원들이 문제에 대한 새로운 관점과 해결 전략을 습득하며, 개인 및 가족 시스템의 자기조직화와 적응력을 향상시키는 것을 목표로 한다.

(2) 건강한 상호작용의 회복

가족치료의 목표는 가족 구성원 간의 건강한 상호작용과 정서적 거리의 균형을 회복하고, 기능적인 가족 체계를 재구성하는 것이다. 이는 서로의 감정을 이해하고 존중하는 커뮤니케이션, 상호 지원과 협력을 통한 연결 강화, 상호 의존적인 책임과 역할의 분담을 촉진하는 것을 의미한다.

(3) 심리적 안정과 우호적인 환경 조성

가족치료는 가족 구성원들에게 심리적인 안정과 우호적인 환경을 조성하는 것을 목표로 한다. 이는 상호적인 신뢰와 안정감을 통해 갈등과 스트레스를 해소하고, 정서적인 지지와 보호를 제공하여 가족 구성원들의 심리적 복지를 증진하는 것을 의미한다.

(4) 가족 시스템의 성장과 발전

가족치료는 가족 시스템의 성장과 발전을 목표로 한다. 이는 가족 구성원들의 개인적인 성장과 발전을 지원하고, 가족 시스템의 유연성과 조화로움을 향상시켜 새로운 도전과 변화에 대비할 수 있는 강한 기반을 형성하는 것을 의미한다.

가족치료의 목표는 가족 구성원들의 문제해결과 변화, 상호 의존적인 관계 강화, 심리적 안정과 우호적인 환경 조성, 그리고 가족 시스템의 성장과 발전을 통해 가족의 삶의 질과 관계 향상을 증진시키는 것이다.

4. 상담의 종결

1) 종결

가족치료의 종결단계는 실제로 가족의 입장에서 매우 중요한 순간이 될 수 있다. 종결은 가족과 상담사 간의 관계를 정리하고 마무리하는 과정이므로 종결단계에서는 상담사의 세심한 배려가 필요하다. 면담이 한정된 기간으로 계약이 이루어졌을 때는 가족치료 시작 시점부터 종결이 준비되어 있다고 볼 수 있다. 그러나 상담사는 일반적으로 치료를 종결해야 할 적절한 시기가 언제인가를 판단할 수 있어야 한다. 상담사는 다음과 같은 지표를 기반으로 종결을 판단하게 된다. 아래는 종결에 대한 치료자의 세심한 배려를 고려할 수 있는 몇 가지 요소이다.

(1) 소통

종결 단계에서 상담사는 가족과 소통하고 의견을 교환할 수 있는 공간을 제공해야 한다. 가족들의 마음이나 우려에 대해 이야기하도록 독려하고, 치료 과정에 대한 피드백을 듣고 이를 고려할 수 있도록 해야 한다.

(2) 감정적 지지

종결은 가족들에게 불안이나 슬픔과 같은 감정을 일으킬 수 있다. 상담사는 이러한 감정을 인정하고, 가족들에게 지지를 제공하여 이를 처리할 수 있도록 도와야 한다. 감정적인 안정감을 주고, 새로운 도전에 대한 자신감을 높여주는 것이 중요하다.

(3) 성장과 변화에 대한 인식

가족치료는 종결을 통해 가족 구성원들이 어떻게 성장하고 변화했는지에 대한 인식을 돕는다. 상담사는 가족들이 이러한 변화를 알아차릴 수 있도록 돕고, 그들의 성공과 성장을 인정하는 것이 중요하다.

(4) 자원 제공

종결단계에서는 상담사가 가족들에게 추가적인 지원이나 자원을 제공할 수 있다. 이는 필요한 서비스나 추천, 정보 제공 등을 포함할 수 있다. 가족들이 종결 후에도 필요한 지원을 받을 수 있도록 보장해야 한다.

(5) 종결에 대한 계획수립

가족치료의 종결단계에서는 상담사가 섬세하고 정중한 배려를 통해 가족들의 필요와 성장을 중점으로 다루어야 한다. 종결은 가족들이 치료과정에서 얻은 지식과 도구를 현실적인 상황에서 적용하고, 더 건강하고 조화로운 가족관계를 형성할 수 있도록 지원하는 과정이다. 가족치료의 종결단계에서는 상담사가 가족들의 필요와 성장을 중심으로 친절하고 주의 깊은 배려를 제공하는 것이 매우 중요하다. 종결은 가족들이 치료과정에서 얻은 지식과 도구를 실제 상황에서 적용하여 더 건강하고 조화로운 가족관계를 형성할 수 있도록 지원하는 과정이다.

또한, 종결은 단계적으로 이루어져야 한다. 상담사는 중간단계 후반부터 치료목표에 도달하는 변화가 나타나면 종결계획을 세우게 된다. 이 과정에서 상담사는 종결에 대한 자신의 감정에 직면하고, 가족들의 종결반응을 주시하면서 세련된 표현을 사용하여 종결계획을 세워야 한다. 종결단계는 다음과 같은 과정으로 진행된다.

- **평가와 목표 설정**: 상담사는 중간단계 후반부터 가족의 변화를 평가하고 목표 달성에 대한 진전을 확인한다. 이를 통해 종결 가능성을 평가하고, 종결을 위한 목표와 계획을 설정한다.
- **종결계획 수립**: 상담사는 종결을 위한 계획을 세우게 된다. 이는 가족들이 종결 후에도 지속적인 성장을 이룰 수 있도록 지원하는 방법과 자원을 고려하여 수립된다.
- **종결 공유**: 상담사는 가족들과 함께 종결계획을 공유한다. 이는 가족들이 종결에 동의하고, 종결과정에 대한 이해와 참여를 확보하는 데 도움이 된다.
- **감정적 처리**: 상담사는 종결과정에서 자신의 감정에 직면하게 될 수 있다. 이는 가족들과의 이별과 끝남을 경험하면서 다양한 감정을 처리하는 것을 의미한다. 세심한 표현과 지원을 통해 이러한 감정을 안정시키고 관리할 수 있다.

- **종결반응 관찰**: 상담사는 가족들의 종결반응을 주시하면서 종결계획을 조정할 수 있다. 가족 구성원들이 종결에 대해 어떻게 반응하는지를 관찰하고, 필요한 지원과 조정을 제공한다.
- **추수상담**: 상담을 합의 종결한 후에도 내담자의 동의하에 필요에 따라 비정기적인 추수상담을 진행할 수 있다. 종결된 후 1개월이나 3개월 6개월 또는 1년 후에 상담사는 내담자와 추수면접을 하여 가족이 계속 변화를 유지하고 있는지를 확인한다.

추수상담에 대한 면접은 짧은 것이 바람직하며, 전화, 편지, 이메일과 같은 수단을 사용한다. 상담사는 면접을 통해 가족의 근황을 듣고, 그들의 성공적인 대처와 노력을 격려해 준다. 상담의 재개는 가족이 요청할 때 일시적으로 가능하다. 그러나 상담이 종결된 후에 가족이나 치료자가 서로 전화 연락하는 것은 주로 추수목적으로 가능하지만, 미해결된 감정에 의한 전화 연락은 종결의 의미가 퇴색되므로 바람직하지 않다.

2) 평가

가족치료의 효과를 평가하는 것은 복잡한 일이며, 가족치료의 개입 효과를 입증하기 위해 객관적 평가가 필요하다. 따라서 의사소통지표, 가족역할 지표 및 가족 하위체계지표를 사용하여 평가를 진행하는 것이 중요하다. 이러한 평가지표는 가족치료가 기능적인 가족의 의사소통, 역할 및 하위체계에 어떤 영향을 미치는지를 객관적으로 평가하는 도구이다. 세부적인 지표 내용을 살펴보면 다음과 같다(Brock & Barnard, 1988).

(1) 의사소통지표

가족치료에서는 의사소통의 효과를 평가하기 위해 다양한 지표를 활용할 수 있다. 다음은 일부 의사소통 지표의 예시이다. 이러한 의사소통 지표들을 종합하여 가족치료의 효과를 평가하고 결과를 전달할 수 있다.

- **정보 교환**: 가족 구성원들이 서로 다양한 정보를 구하고 공유하는 것은 의사소통의 효과를 나타낼 수 있는 지표이다.
- **일치하는 메시지**: 비언어적이거나 언어적인 메시지가 일치하고, 메시지의 의도가 분명하고 개방적인 것은 의사소통의 효과를 나타낼 수 있는 지표이다.
- **대화의 다양성**: 가족 구성원들이 침묵을 지키지 않고 다양한 주제에 관해 대화하는 것은 의사소통의 효과를 나타낼 수 있는 지표이다.
- **갈등 해결**: 갈등이 논의를 통해 해결되는 것은 의사소통의 효과를 나타낼 수 있는 지표이다.
- **긍정적인 억양**: 대부분의 의사소통이 긍정적인 억양으로 이루어진다는 것은 의사소통의 효과를 나타낼 수 있는 지표이다.
- **문제해결적 접근**: 가족 구성원들이 갈등에 대해 상대에게 책임을 전가하는 대신 효율적인 문제해결적인 접근 방식을 사용하는 능력을 가지고 있다는 것은 의사소통의 효과를 나타낼 수 있는 지표이다.

(2) 가족역할지표

가족치료에서 역할에 대한 평가는 다음과 같은 요소를 고려할 수 있다.

- **역할의 명확한 차이**: 부모, 자녀 및 배우자의 역할 간에 분명한 차이가 존재한다. 이러한 역할의 차이는 가족 구성원들 간의 상호작용을 조절하

고 가족 시스템을 유지하는 데 도움을 준다.

- **유연성과 변화:** 상황에 따라 역할을 나누거나 변경할 수 있다. 가족 구성원들은 새로운 역할을 시도하거나 예전의 역할을 수정하여 다양한 상황에 유연하게 대응할 수 있다.
- **역할의 보완:** 가족 구성원들은 역할이 상호 보완될 수 있도록 맡는다. 이는 가족 구성원들이 서로의 역할을 이해하고 지원하며, 가족 시스템의 조화를 유지하는 데 도움이 된다.
- **적절한 역할 배치:** 역할은 상황과 가족 구성원들에 따라 적절하게 조절되어 겹치지 않도록 한다. 이는 가족 시스템 내에서 각 역할이 확실히 정의되고 가족 구성원들 간의 역할 충돌을 최소화하는 데 도움을 준다.
- **아동양육 역할:** 부모는 아동양육 역할을 나누어 맡는다. 이는 부모들이 적절한 양육 역할을 수행하고 아동의 성장과 발달을 지원하는 데 도움을 준다.

이러한 역할에 대한 평가를 통해 상담사는 가족 시스템 내에서 역할의 조절과 상호작용을 지원하며, 가족 구성원들 간의 조화로운 관계를 형성하고 유지하는 데 기여할 수 있다.

(3) 가족 하위체계지표

가족치료에서는 가족 시스템의 하위체계와 관련된 평가도 중요하다. 하위체계에 대한 평가 요소의 예시는 다음과 같다.

- **경계의 명확성:** 부모, 부부 및 형제 하위체계 간의 경계가 분명하게 존재한다. 이는 각 하위체계가 자체적인 기능을 수행하고 자원을 할당하는 데 도움을 준다.

- **기능의 수행**: 각 하위체계는 그들의 기능을 적절하게 수행한다. 이는 가족 시스템 내에서 각 구성원의 역할과 책임이 분명하게 정의되어 있음을 나타낸다.
- **강한 정서적 유대감**: 하위체계 내부 및 체계 내에서 개인들 간에는 강력한 감정적 유대가 존재한다. 이는 가족 구성원들 사이에 긍정적인 감정적 연결과 지지 체계가 형성되어 있음을 나타낸다.
- **부모 하위체계의 힘**: 부모 하위체계는 가족을 대표하고 가장 큰 힘을 갖고 있다. 이는 가족 시스템 내에서 결정과 권한을 가지며 가족 구성원들을 지도하는 역할을 수행함을 의미한다.
- **분배된 활동 참여**: 하위체계 내의 개인은 분배된 활동에 참여한다. 이는 가족 구성원들이 각자의 책임과 역할을 이행하면서 가족 시스템의 기능을 지원하는 것을 나타낸다.
- **단기적 연합**: 하위체계 간 연합(coalitions)이 발생할 수 있지만, 일시적인 것으로 제한된다. 이는 가족 구성원들 사이의 연합이 단기적이고 일시적인 현상임을 의미한다.

이러한 하위체계에 대한 평가를 통해 상담사는 가족 시스템 내의 구성원들 간의 관계와 상호작용을 이해하고 지원할 수 있다. 이는 가족 구성원들 간의 조화로운 상호작용과 강한 유대감 형성을 도모하는 데 도움이 된다.

2 PART

초기 가족치료 모델

05 Chapter

보웬의 다세대 가족상담 및 치료

| 머레이 보웬(Murray Bowen, 1913~1990) |

가족은 우리 인생의 첫 번째
학교이며
사랑과 소통의 장소이다.
– Murray Bowen –

1913년 미국 테네시주에서 장남으로 태어남
1946~1954년 메닝거 연구소에서 일하면서 엄마와 아이 사이에 모자공생관계의 가설 '불안과 애착'의 개념에 대한 이해와 연구에 관심
1954년 국립정신보건원(NIMH)으로 옮긴 후 이론의 기초를 확립
1959년 미국 조지아타운 대학에서 교수로 역임. 이론을 완전한 형태로 확립, 가족치료 훈련 시작

1. 개요

다세대 가족치료 보웬(Bowen)은 가족치료는 정신역동적 접근방법과 체계적 접근 방법으로 가족 구성원들 간의 상호작용, 관계, 그리고 가족 구조에 초점을 맞추는 심리치료 방법이다. 가족 시스템의 상호의존성과 정서적 과정, 구조의 역동성을 강조하며, 문제의 원인을 과거세대의 미해결된 문제가 제대로 정리되지 않아 문제가 전수되는 것이라고 보고 반복적으로 나타나는 정서적 과정과 구조를 파악하여 원가족 구성원들이 자기분화 수준을 높여 가족체

계를 변화시키려는 것을 목표로 한다.

가족에 대한 정서적 감정은 습관적이어서 스스로 자신의 감정을 알아차리는 것은 쉽지 않다. 자신과 가족에 대해 객관적인 관점으로 바라보는 것이 필요하다. 여러 세대를 통해 내려오는 정서와 가족의 분화를 이해하는 데 초점을 두고 가족문제는 가족구성원이 자신의 원가족에서 심리적으로 분리되지 못하는 데 기인한다고 보는 것이다. 이 치료는 가족 구성원들 사이의 갈등, 의사소통 문제, 감정적인 어려움, 질병, 중독 등 다양한 가족 문제를 해결하기 위해 사용된다. 원가족으로부터 건강한 분리는 삶에 있어 능률적인 기능이라고 할 수 있다. 보웬의 다세대 가족치료방법으로는 다양한 기술과 접근법을 사용하여 가족 구성원들의 상호작용을 개선하고, 치료의 효과를 극대화하기 위해 노력한다. 보웬 가족치료는 가족 구성원들의 심리적 건강과 웰빙을 향상시키는 데 도움이 되는 효과적인 치료 방법 중 하나이다.

보웬의 다세대 가족상담이론은 일반체계 이론과 자연체계 이론을 토대로 하며 가족을 체계로 규정하고 그 안에서 개인의 성장과 변화를 지원하며, 확장된 원가족 3세대 이상의 체계를 파악하고 가족 상호작용을 분석한다. 따라서, 가족 문제를 해결하기 위해서는 가족구성원 개인의 비난보다는 문제의 원인과 결과가 단순한 선형적 관계가 아니라, 복잡하게 얽혀 있는 순환론적 관계를 강조한다. 보웬은 가족 구성원들 간에 서로가 원인이자 결과로서 상호작용하는 복잡한 관계망을 이해하고 분석하는 데 초점을 맞추고 있다(한재희 외, 2020).

2. 이론 및 주요개념

1) 이론적 배경

머레이 보웬(Murray Bowen)은 1950년대 가족치료분야에서 정신분석적 원리를 기반으로하여 정신분열증 환자의 치료를 하면서 환자와 그의 어머니에 대한 임상적 연구를 바탕으로 모자공생(mother-child symbiosis)의 개념을 제시하였다. 이 연구에서 모자관계는 병리적 애착으로 분리불안과 결합불안이 교대로 나타나 이성적 자기통제가 어려운 불안한 애착에 관심을 가졌고, 그 후 아버지를 포함한 3자관계로 가족 전체의 정서적 과정과 가족투사과정에 초점을 두었다. 1959년 조지타운 대학으로 자리를 옮기면서 모든 가족에게 적용시킬 수 있는 가족체계이론을 만들고 이론에 근거한 치료법을 제안하였다. 보웬은 임상적 연구를 거쳐 자기분화(self-differentiation), 삼각관계(triangules), 핵가족 정서체계(emotional process of nuclear family), 가족투사(family projection), 다세대 전수과정(multygenertional transmission process), 형제순위(sibling position), 정서적 단절(emotional detachment), 사회적 정서(social emotions process) 개념으로 발전시켰다. 보웬의 가족치료는 주로 가족구조 접근과 관련이 있다. 이 접근은 가족을 하나의 정서적 단위로 보고, 가족 구성원들 간의 상호작용과 관계의 복잡성을 강조하였다. 가족체계를 개인의 독립된 존재로 보는 것이 아니라, 개인과 원가족 간의 정서적 연결고리에 따라 가족이나 가족체계에 영향을 주는 것으로 인식하는 접근방식이다. 이 이론은 다세대 가족과정에 초점을 두며, 개인을 가족의 맥락에서 이해하고자 하는 접근방식이다. 보웬 가족치료에서는 가족 전체를 대상으로 하는 것은 아니지만 개인의 변화가 가족의 변화를 일으키는 시작점이 될 수도 있다는 관점을 갖고 있다. 이는 가족 구성원들이 상호 의존적이며 상호 작용하며 영향을 주고받는 구조로 이해할 수 있다고 주장한다. 따라서 한 가족 구성원의 문제나 변화가 가족 전체에 영향을 미칠 수 있다는 것을 강조하며, 가족상담에서는 개인의 감정과 사고를 더 깊이 보고, 더 넓은 범위에서 접근하여 가족체계를 변화시키려는 목적을 가지고 있다(조원국, 2018).

2) 주요개념

(1) 자기분화(self-differentiation)

보웬이론의 핵심 개념인 자기분화는 정신내적 정서와 대인관계 정서와 관련된 개념으로 개인의 정체성과 개인의 경계를 이해하는 데 중점을 둔 이론이다. 이 이론은 한 개인이 가족의 정서적 융합에서 자신이 독립성과 독자성을 찾아가게 되는 과정으로 설명된다. 자기분화가 잘 이루어진 사람은 자아 발달 과정에서 큰 어려움을 겪지 않고, 일치된 신념을 가지고 자주성과 독립성을 지닌 행동을 취할 수 있다. 그러나 자기분화가 잘 이루어지지 못한 사람은 자아 발달의 과정에서 어려움을 겪을 수 있다. 이러한 어려움은 거짓 자아의 발달로 이어질 수 있으며, 이는 개인이 일관된 신념을 형성하거나 자주적이고 독립적인 행동을 취하지 못할 수 있게 한다. 다시 말해, 자기분화가 제대로 이루어지지 않으면 개인은 가족이나 주변 환경의 영향을 지나치게 받거나 자신의 정체성을 찾는 데 어려움을 겪을 수 있게 된다.

자기분화를 두 가지 수준에서 살펴보면 다음과 같다.

- **정신내적 수준(개인내적 측면)**: 정신내적 수준은 사고와 감정을 분리하여 인식하는 능력을 의미하며, 개인의 내부적인 경험과 정체성 형성과 관련이 있다. 이 관점에서 자기분화는 개인이 자신의 감정, 생각, 욕구 등을

독립적으로 이해하고 경험하는 능력을 말한다. 자기분화가 높은 개인은 자신의 내면 세계를 탐구하고 이해하는 데에 능숙하며, 개인적인 가치, 목표, 믿음 등을 구체화하고 이를 표현할 수 있다. 이것은 개인의 자아정체성과 자기인식을 발달시키는 데에 도움이 될 수 있다. 다시 말해, 자기분화가 높은 개인은 자기 자신을 독립적이고 일관된 방식으로 이해하고 표현하며, 이는 개인의 내적 성장과 개인적인 목표 달성에 긍정적인 영향을 미칠 수 있다는 것이다.

- **대인관계적 수준(대인관계적 측면):** 대인관계적 측면에서의 자기분화는 개인이 다른 사람들과의 관계에서 자신의 독립성과 경계를 유지하며 조절하는 능력을 의미한다. 더불어 자기분화가 높은 사람은 타인과의 관계에서 자신의 주관성과 의견을 존중하며, 타인의 의견이나 감정에 지나치게 의존하지 않고 자신의 가치와 흥미를 지키면서도 상호의존적인 관계를 구축할 수 있는 능력을 갖추고 있다. 그러나 자기분화가 낮은 사람은 자신의 일관된 신념에 따라 자율적이고 독자적인 행동을 취하지 못하며, 타인의 의견에 쉽게 동조하고 타인의 사랑과 인정을 받기 위해 공격이나 비난을 피하려는 경향을 보일 수 있다.

이러한 대인관계적 측면의 자기분화는 개인이 건강하고 균형 있는 대인관계를 형성하고 유지하는 데에 도움을 줄 수 있다는 것을 의미한다. 즉, 자기분화가 높은 사람은 자신의 주관성과 가치를 유지하면서도 상호의존적인 관계를 형성할 수 있어 더욱 건강하고 균형 잡힌 대인관계를 구축할 수 있다. 이는 개인의 사회적 적응과 행복감을 증진시키는 데에 도움을 주는 주요한 요소이다.

표 5-1 보웬의 자기분화 척도 (0~100 수준)

가장 낮은 자기분화 수준(0~25)
• 가족 및 타인에게 감정적으로 매우 연결되어 있으며, 자신을 객관적으로 바라보기 어려우며, 감정과 사고가 뒤섞여 있어서 감정에 쉽게 휘둘리는 경향이 있어서 신체적이고 정신적인 문제와 사회적인 문제를 유발할 수 있다. • 외부 반응에 민감하여 지속적인 관계 유지 능력이 결핍되어 불안 정도가 높은 편이다.
낮은 자기분화 수준(25~50)
• 정서적으로 자기를 포함한 사람들과 높은 연결성을 가지며, 통합의 정도는 높지 않지만 감정적인 대응이 빈번하게 나타난다. • 자아정체감이 낮고 타인을 만족시키기 위해 노력하며 인정받고 싶어 하는 욕구가 강하고, 일반적으로 의존적인 경향이 나타난다. • 타인과의 관계를 중요시하고, 그 관계가 어긋날 경우 우울증이나 성격 장애와 같은 정서적인 문제가 발생할 수 있다.
보통 자기분화 수준(50~75)
• 긴장이나 압력이 있을 때에도 감정에 지배되지 않고 자율적으로 의사결정을 내리며 상대적으로 안정된 정서를 유지하는 특성이 있다. • 불안한 상태에서도 목표를 향해 집중하고, 스트레스를 받을 때는 심리적으로 역기능적인 반응을 보이기도 하지만 회복력이 빠르다.
높은 자기분화 수준(75~100)
• 자신의 삶에 대한 확고한 신념과 명확한 가치를 가지고 안정적이며 자율적이며 독립적인 삶을 살아간다. • 객관적인 사고능력과 타인과의 관계에서 상호 존중과 이해를 갖추고 있으며, 갈등과 스트레스 상황에 대한 대처 능력이 뛰어나다.

(2) 삼각관계

삼각관계는 두 명의 가족 구성원이 직접적인 대화로 문제해결을 하지 않고, 제3의 가족 구성원을 매개로 하여 간접적으로 소통하는 형태를 의미한다. 이러한 삼각관계 현상은 자기분화 수준이 낮고 긴장이 심한 사람들에서 특히 두드러지게 나타날 수 있다(송은주, 이지연, 2010). 정서적 삼각관계는 어느 가족체계에서나 발생할 수 있는 기본적인 가족 구조 중 하나로, 삼각관계가 형성되는 과정인 삼각관계화는 불안과 긴장이 2인관계에서 비롯되었다는 전제하에 발생한다. 이는 세 명의 사람이 모여 만드는 단순한 3자 관계 이상을 의미한다. 즉, 삼각관계는 각각의 가족 구성원들 간에 복잡한 상호작용과 감정적인 연결이 형성되는 현상을 지칭하며, 이는 가족체계 내에서 다양한 동적 과정을 통해 발생할 수 있다. 이러한 삼각관계의 형성은 가족 구성원들 간의 역할, 권한, 갈등 등을 다루며, 가족 구조와 상호작용에 큰 영향을 미칠 수 있다.

예시

1. 부부가 그들의 갈등관계에 있어 두 사람이 문제를 해결 못 한 채, 자녀를 자신들의 주변에 끌어들여 그에 대해 초점을 맞추면서 긴장을 이완시키는 것이다. 즉, 부부가 그들의 문제를 반복하지 않고 자녀에게 대화와 관심을 더 많이 쏟음으로써 긴장이 깊어지면 부모 한 사람과 자녀 사이에는 강한 애착관계를 형성하게 되고 가족 내의 해결되지 못한 긴장은 여러 번의 반복된 삼각관계를 초래한다.
2. 갈등과 충돌을 겪고 있는 부부관계에서 부인은 딸과 친밀한 관계를 유지하는데 이를 본 남편은 이 상황에 대해서 질투와 불안을 느끼고 부부관계는 더욱 심화되는 것이다. 이 경우 자녀 역시 삼각관계에 영향을 받아 갈등관 혼란을 경험하게 된다.

보웬은 가족치료의 목표로 탈 삼각관계를 제시하였다. 삼각관계는 종종 갈등을 회피하거나 해결하기 위한 수단으로 사용되지만, 장기적으로는 가족 시스템의 건강한 발전을 방해할 수 있다. 탈 삼각화는 이러한 삼각관계의 부정적인 영향을 해소하고, 가족 구성원들이 직접적으로 소통하며 갈등을 해결할 수 있는 환경을 조성하기 위한 접근법이다. 이는 가족 구성원들이 갈등이나 문제를 제3의 사람을 매개로 하지 않고 직접 대화하고 해결할 수 있는 기회를 제공하여 가족 시스템 내에서 상호작용과 소통을 강화시킨다. 탈삼각화는 가족 구성원들이 자아분화를 촉진하고, 각자의 의견과 감정을 자유롭게 표현하며, 서로를 존중하고 이해하는 방향으로 진행된다. 이를 통해 가족 구성원들은 자신의 독립성과 책임감을 강화하고, 건강한 대인관계와 가족 시스템의 성장을 이룰 수 있다.

(3) 핵가족의 정서체계

한 세대의 가족에서 보이는 정서적 기능이다. 핵가족 정서체계는 가족구성원들 간의 정서적 연결 정도를 의미하는 것으로, 자신과 유사한 분화수준의 배우자를 선택하고 원가족과의 상호작용 방식과 정서적 분위기를 가지고 부부생활에서 공유하며, 자신의 경험을 세대에 걸쳐 서로에게 전달하는 것을 의미한다(성미애, 최여진, 2017). 그러므로 부모의 분화수준은 핵가족의 정서를 결정하는 중요한 요소이다. 이는 원가족이 정서적으로 기능하는지, 가족구성원들이 어느 정도 정서적으로 강한 결속력을 연결하는지를 나타내는 것을 의미한다. 핵가족 정서체계는 부부의 분화 수준과 밀접한 관계가 있다. 분화수준이 낮은 부부는 감정적으로 매우 융합된 정도가 높으며, 문제를 해결하기 위해 서로 지나치게 의존하는 상호의존성이 높다. 그러나 뜻대로 일이 되지 않으면 두려움과 실망, 그리고 불안이 높아지고 이러한 불안을 대처하는 방법으로 역기능적 관계 유형을 반복하게 된다. 이를 간단히 말하면, 분화수준이 낮은 부부는 서로에게 지나치게 의지하고 감정적이며 매우 융합된 상태이며, 이로 인해 갈등이나 문제 발생 시 적절한 대처 방법을 찾기 어려워진다. 이러한 상호의존성과 역기능적인 관계 유형은 가족의 건강한 발전을 방해할 수 있다.

예시

분화수준이 각각 비슷한 남녀가 결혼을 하면 자녀의 분화수준은 부모의 분화수준보다 조금 높거나 낮을 수는 있지만 부모의 분화수준과 비슷한 수준이 되기 쉽다. 왜냐하면 핵가족의 정서체계는 세대를 통해 아주 천천히 변화되기 때문이다(Kerr, Bowen, 2005).

(4) 가족투사과정

가족투사과정은 가족의 불안이 투사되는 과정이다.

이는 핵가족 정서체계에서의 낮은 분화수준으로 인해 야기된 정서적 불안정을 다루는 기제이며 가족의 불안이 다른 가족 구성원에게 투사되는 과정이다(이현주, 정문자, 2017). 가족투사과정은 부모의 미성숙한 분화 결핍이 자녀에게 전달되는 과정이다. 이 상황에서 자녀는 최소한의 자기분화 수준을 유지하면서 부모와 밀착된 관계를 형성하게 된다. 자녀는 부모의 감정과 요구에 쉽게 영향을 받으며 자기 자신을 투사 대상으로 삼아 부모의 감정을 반영하는 경향이 있기 때문이다.

예시

원가족으로부터 정서적으로 단절된 남편은 아내에게도 단절된 정서를 보여 냉정한 태도를 보인다. 이때 아내는 자녀에게 더욱 몰입하게 되고 아내는 남편과의 거리감을 가지며 자녀에게 높은 정서적 에너지를 쏟게 된다. 즉 어머니가 자녀를 향한 관심, 애정, 기대 수준이 높아지면 높아질수록 자녀는 불안을 느끼게 되고 불안에 대해서 힘들어지게 되므로 거기에서 벗어나고 싶어 하는 반항심이 높아진다. 그런 반항에 대하여 부모나 교사는 자녀의 문제로 인정해 버리는 경향이 생기게 되는데 분화수준이 낮은 가정일수록 투사하는 경향이 심하기 때문이다.

(5) 다세대 전수과정

다세대 전수과정은 원가족이 지니고 있는 두려움, 분화수준, 관계적 특성 등이 여러 세대를 거치며 다음 세대까지 이어져 내려오는 과정이다. 이는 다세대를 거쳐 가족의 정서과정이 전달되는 것을 말한다. 핵가족 안에서뿐만 아니라 다세대에서도 나타나는 정서적 장애를 의미한다. 정서적 문제는 개인의 영역을 뛰어넘어 가족에게도 영향력을 미칠 뿐 아니라 핵가족을 초월하여 여러 세대에까지 영향을 미칠 수 있다는 사실을 의미한다. 이는 정서적인 문제가 한 세대에서 다른 세대로 전파되며 여러 세대에 걸쳐 영향을 미칠 수 있다는 것을 시사한다.

자아분화가 낮은 두 사람이 결혼하면 다음 세대인 자녀를 향해서 자신의 미분화된 특징을 그들에게 투사시키게 되는데 이때 자녀는 더욱 미분화된 상태가 된다. 이러한 투사과정들이 여러 세대를 거쳐 전수되면 불안이 여러 세대에 반복적으로 나타나게 된다면, 만성 알코올중독자나 조울증, 강박증, 만성적인 신체 질병 등의 역기능적을 발생하는 수준에 이르러 정신분열증이나 정서적 질환 환자가 발생하기도 한다. 역기능적인 가족 문제는 개인의 질병이라기보다 가족체계에서 누적된 자아의 미분화, 즉 융해의 결과이다.

예시

1. 할머니의 가치관과 집안의 전통이 부부에게뿐 아니라 손자에게도 영향을 주어 가족구성원들 사이에 공유되고 전달되는 것이다.
2. 매우 엄격한 규칙과 제한을 강요하는 부모 밑에서 자란 자녀는 부모가 되면 자신의 자녀에게도 효과주의적인 태도를 가지며 엄격한 규칙과 제한을 강조하는 양육 방식을 채택할 수 있다.

(6) 정서적 단절

한 개인과 원가족과의 미분화와 관련된 정서적 긴장을 설명하는 개념이다. 심각한 정서적 분리 현상을 의미한다. 정서적 연결을 유지해야 할 사람들 사이에서 의도적으로 정서적 연결을 형성하지 않으려는 상황을 나타내며, 주로 원가족 투사과정에서 개입된 자녀에게 나타나는 현상으로 알려져 있다. 이러한 현상은 가족의 중요성을 부정하고 독립을 강조하며 정서적인 관계를 끊으려는 경향을 나타낸다. 특히 부모와 정서적 단절을 심하게 경험하는 자녀일수록 자신의 문제를 부모의 책임으로 돌리는 경향을 보이며, 이러한 패턴은 그들이 형성하는 다른 사람들과의 관계에서도 반복되며 영향을 미친다.

예시

원가족 내에서 구성원의 분리나 갈등으로 인해 정서적인 단절을 경험한 후에 결혼을 하게 되었을 때 원가족에서 빠져나온다 하더라도 진정한 독립은 아니다. 그 이유는 융화가 심한 사람은 결혼 이후에도 새로운 가족과 다시 융화되어 원가족에서의 문제를 재연하기 때문이다.

(7) 출생순위

토만(Toman, 1961)의 연구에 따르면, 가족 내 형제 순위를 기반으로 한 자녀의 성격은 일관되게 발달한다고 보고 있다. 또한, 동일한 출생순위를 가진 사람들은 다른 가정에 태어나더라도 비슷한 성격을 가진다는 결과가 나왔다. 이러한 연구를 바탕으로, 핵가족의 정서적인 과정에서 출생순위가 어떻게 작용하는지 정리할 수 있다. 출생순위나 형제 혹은 자매간의 위치에 따라 가족의 정서체계는 역할과 기능이 다르게 형성되며, 이는 결혼생활에서 배우자 간의 상호작용 패턴에도 영향을 줄 수 있다는 것을 의미한다. 이러한 출생순위의 영향은 생물학적인 출생순위에서부터 기능적인 출생순위까지 확대하여 적용될 수 있다.

예시

장남(장녀)과 결혼한 막내의 경우를 보면 장남(장녀)은 책임감을 가지고 의사결정을 하며 권위적이고 규칙을 준수하려는 경향이 있으나, 반대로 막내로서의 역할을 하며 자라온 사람은 배우자에게 의존적인 경향을 보인다.

(8) 사회 정서적 과정

사회 안에서의 정서적인 과정은 가족 내의 정서적인 과정에도 영향을 미칠 수 있다. 사회적 퇴행은 불안으로 인해 사회적인 문제해결 능력이 약화되는 정서적인 과정을 의미한다. 사회에서 느끼는 불안과 스트레스 수준이 높아질 때, 사회 구성원들은 융화의 압력을 느끼게 되며 이기심, 공격성, 회피성 등의 행동이 증가한다. 다시 말해, 가족체계와 마찬가지로 사회에서 불안이 증가하면 하위 집단들은 서로 융합을 시도하게 되고, 이는 사회적 위기를 초래할 수 있는 것이다.

예시

우리사회가 겪었던 금융위기, IMF, 코로나와 같은 사회적 스트레스는 사회구성원들의 불안을 증가시켰을 것이고, 이러한 스트레스는 강한 사회적 융합을 초래하여 사회 전반에 흐르고 있는 구성원들 간의 획일성에 대한 압력과 이질성에 대한 배타성 등을 이해하는 데 도움이 될 수 있다는 것을 의미한다.

3. 상담목표

보웬의 가족치료의 목표는 가족 구성원들의 자기분화 수준을 높여 가족체계를 변화시키는 것으로서, 각 개인이 자신의 정체성을 발전시키고 독립성을 갖추며, 가족 내에서 구성원들 간의 상호존중과 자율성을 존중하면서 감정적인 연결과 효과적인 협업을 통해 건강한 관계를 형성하는 것이다. 가족상담은 가족 구성원들이 서로 소통하고 이해하며 문제를 해결하는 데 도움을 주는 목표는 다음과 같다.

첫째, 여러 세대를 거쳐 전수되고 있는 가족과정의 구조를 이해하고 원가족으로부터 자기분화를 높여 가족체계를 변화시킴으로 인하여 불안을 감소하고 자기분화를 증가시키는 것이다. 문제를 개인이 아니라 가족체계 자체의 문제로 보며 개인의 변화는 다른 사람과의 관계변화를 통하여 이루어질 수 있다고 보는 관점이다. 자기분화는 보웬가족치료에서의 치료적인 목표인 동시에 성장목표이다. 분화되지 않은 가족집합체에서 자기 자신을 독립시켜 정체감을 형성하고, 정서적 사고와 충동적 사고를 조절하여 발전적인 행동으로 변화시키는 것이 치료목표이다. 구체적으로는 가계도를 사용하여 다세대 체계의 맥락 속에서 현재의 문제를 파악하고, 가족 구성원들과 소통하여 그들의 불안과 정서적인 동요 수준을 낮추며 전체 체계의 불안 수준을 조절하는 데 도움을 주는 것이다. 가족 구성원의 자아분화 수준을 높이고 가정에서 가족구성원으로서의 자기역할을 인식하고 자신과 구성원 간의 관계를 살필 수 있는 능력을 형성하는 것이다. 또한 부정적인 감정을 감소시키는 대신에 이해와 수용 능력을 향상시키며, 원가족을 이해하는 기반 위에서 가족 관계를 발전시키고 상호관계를 개선하는 것으로 볼 수 있다(Dallos, Draper, 2015).

둘째, 가족구성원의 불안을 감소시키고 자기분화를 촉진시켜 탈 삼각화를 목표로 한다. 삼각관계는 가족 체계에서 한 구성원과 다른 구성원 간의 갈등 또는 의존성이 간접적으로 전달되는 형태를 말한다. 이러한 삼각관계는 가족 구조 내에서 갈등을 유지하거나 문제해결을 어렵게 만들 수 있으므로, 탈삼각화는 이러한 삼각관계를 해체하고, 각 구성원이 직접적으로 소통하고 상호작용하도록 도와준다.

셋째, 보웬의 치료모델은 가족구성원 한 사람도 개입이 가능하다고 보는 관점인데, 가족구성원 전부가 참여하지 않아도 한 사람이 변화하였을 때 그 사람이 향상된 분화수준의 입장에서 가족체계 내에서 상호작용함으로써 다른 사람에게도 영향을 미칠 수 있다는 것이다. 이러한 순환적 관계를 활용하여 체계적 접근을 하는 것이다.

4. 상담과정 및 치료기법

1) 상담과정

(1) 가족평가

가족평가는 독특한 치료기법보다는 가족성원이 자신의 딜레마를 인식하고 개인적인 역할을 수정하기 위해 활용하는 기법이 주로 사용된다. 가족 시스템의 복잡성을 이해하고 가족 구성원들 간의 관계와 상호작용을 탐색하는 데에 도움을 주며, 이를 통해 가족 구성원들이 어떻게 상호작용하고 문제를 해결하는지 이해하고, 이를 개선하기 위한 개입 전략을 수립할 수 있다. 가족평가는 가족 구성원들과의 면접을 통해 가족의 역동성, 패턴, 역할, 의사소통 방식 등을 이해하는 것이다. 이 과정에서 가족 구성원들의 관계, 의사소통 방식, 갈등 패턴 등에 대한 정보를 수집한다. 가족면접의 내용은 다음과 같다.

가족평가 면접의 내용(Nichols, Schwart, 2002)

- 가족치료의 대상은 누구인가?
- 가족이 제시하는 문제는 무엇인가?
- 어떻게 가족치료에 의뢰되었는가?
- 가족의 발달주기단계는 어떠하며 발달과업은 어떻게 수행되었는가?
- 가족은 문제해결을 위한 어떤 방식을 시도를 하였는가?
- 가족의 장점 및 강조할 점은 무엇인가?
- 문제를 유지시키는 데 가족원은 어떤 역할을 하였는가?
- 약물남용, 음주중독, 가정폭력, 성폭력 등의 문제가 있는가?
- 가족의 역할과 가족체계는 어떠한가?
- 가족의 의사소통 유형은 어떠한가?

- 가족 문제에 대한 상담자의 가설은 어떠한가?
- 가족은 스트레스를 어떻게 다루는가?
- 어느 가족원 간의 삼각관계가 존재하는가?
- 가족정서의 역사적 유형은 어떠하였는가?
- 가족생활주기에서 발생하는 가족 불안 수준은 어떠한가?
- 과거에 경험한 스트레스 수준과 현재 경험하고 있는 스트레스를 비교하면 어떠한가?

(2) 개인심리치료

개인의 심리적 문제와 증상을 가족 내에서 부모와 융합되어 있는 정도나 방어기제 혹은 신체 및 정서적 거리를 파악하여 가족분화 수준의 정도를 알아보고 갈등의 원인을 찾는 것이다. 문제의 증상이 가족구성원 누구에게 언제 발생하였고 그 진행 상황, 재발여부, 원가족과의 삼각관계를 파악한다. 그리고 가족의 정서나 스트레스 사건과 시간적 관련성을 파악하고 문제에 대한 각 가족구성원들의 인식을 이해한다. 가족으로부터의 건강한 분화를 위해서는 전문적인 코칭의 도움이 필요하다. 자기 분화는 독립적인 과정이지만, 때로는 전문가의 도움이 필요할 수 있다. 가족치료사, 상담사, 심리학자 등의 전문가와의 상담을 통해 자기 분화를 돕는 방법을 배우고 실천할 수 있다.

(3) 가족심리치료

가족 구성원들과의 면접 및 평가를 통해 가족 구조의 특징을 이해하고 문제를 파악한 뒤, 가족 구성원들의 관계, 의사소통 패턴, 갈등 해결 패턴 등을 평가하여 가족의 문제와 개인의 심리적 문제를 정의한다. 또한, 부부의 결혼경위, 결혼생활 적응수준, 출생순위, 원가족과의 분화수준, 자녀출산 및 자녀와의 상호작용, 가족의 정서적 과정, 위기와 스트레스로 인한 사건발생 여부 등을 조사한다. 이때 상담사는 가족의 문제에 대한 구성원들의 생각을 이야기하도록 도와준다. 치료자의 도움으로 인해 가족 구성원들은 상대방의 의견을 존중하고 이해할 수 있으며, 더 차분하고 개방적으로 이야기할 수 있게 되어 다른 가족 구성원들의 이야기에 더 귀 기울일 수 있게 된다.

2) 치료기법

(1) 가계도(family diagram)

가계도는 3세대에 걸쳐 가족과 가족구성원들에 관한 정보와 관계를 시각적으로 표현한 그림으로, 복잡한 가족형태를 한눈에 파악할 수 있다는 이점이 있다. 가계도는 일반적으로 가족 구성원들 간의 관계, 성별, 연령, 혼인 관계 등을 나타내는 데 사용된다. 이를 통해 가족 시스템의 구성원들 간의 연결성과 상호작용을 파악할 수 있다. 가족적 배경이 현재 문제에 대하여 어떤 영향을 미쳤는지 가족의 기원에 대한 정보를 얻을 수 있다. 가계도는 가족치료 및 상담과정에서 중요한 도구로 활용되며, 가족 구성원들 간의 관계를 시각화하고 이해하는 데에 도움을 주어 가족 시스템의 문제 파악과 개선에 기여할 수 있다.

가계도를 작성할 때의 유의점은 다음과 같다.

- **목적 설정**: 가계도를 작성하기 전에 목적을 설정해야 한다. 어떤 정보를 얻고자 하는지, 가족 구성원들 간의 관계, 혈연관계, 유전적 질병 패턴, 전수되는 영성이나 신념 등 무엇을 파악하려는지 등을 명확히 하면 좀 더 정확하고 유용한 가계도를 작성할 수 있다.
- **정확한 정보 수집**: 가족구성원들의 신상정보는 정확하게 파악해야 한다. 각 가족 구성원들의 이름, 생년월일, 결혼일, 사망일(해당하는 경우), 혼

인관계 등을 정확히 파악하여 가계도에 반영해야 한다.

- **구조와 형식 결정**: 가계도의 구조와 형식은 작성자의 목적과 관계된 정보의 양과 복잡성에 따라 달라지기 때문에 어떤 종류의 가계도를 작성할지 결정해야 한다. 간단한 기본 가계도, 세대별 가계도, 혹은 확장된 가계도 등 다양한 형식이 있으며, 작성하고자 하는 목적과 정보의 양에 따라 적합한 형식을 선택해야 한다.
- **색상과 기호 사용**: 가계도에 색상과 기호를 사용하여 구성원들 간의 관계를 시각적으로 나타낼 수 있다. 예를 들어, 부부관계는 선으로 연결하고, 자녀 관계는 화살표로 표시하는 등의 방법을 활용할 수 있다. 이러한 시각적인 표현은 가계도를 쉽게 읽고 이해하는 데에 도움을 준다.
- **비식별화**: 가계도를 작성할 때는 개인 정보 보호를 위해 가족 구성원들의 개인 신상 정보를 완전히 비식별화해야 한다. 가계도는 가족 구조를 이해하는 데에만 사용되어야 하며, 민감한 정보가 노출되지 않도록 주의해야 한다.
- **업데이트**: 가족 구성원들의 변동 사항이 발생하면 가계도를 정기적으로 업데이트해야 한다. 새로운 결혼, 출생, 사망 등의 사건이 발생할 때마다 최신 정보를 반영하여 정확한 가계도를 유지해야 한다.
- **첨부 자료**: 가계도에 첨부 자료를 추가하여 가족 구성원들에 대한 더 많은 정보를 제공할 수 있다. 사진, 기념일, 간단한 가족 구성원의 소개 등을 포함하여 가계도를 더욱 풍부하고 의미 있게 만들 수 있다.
- **공유와 보안**: 작성한 가계도를 공유할 때에는 관련된 사람들과의 동의를 얻어야 하며, 특히 민감한 정보를 포함한 가계도는 공공장소나 미디어에 공개하지 않도록 주의해야 한다. 가계도는 가족의 역사와 관계를 시각화하는 데에 중요한 도구이며, 이러한 정보를 보안적으로 안전하게 보호해야 한다.

그림 5-1은 가계도에 대한 예시를 나타낸 그림이다.

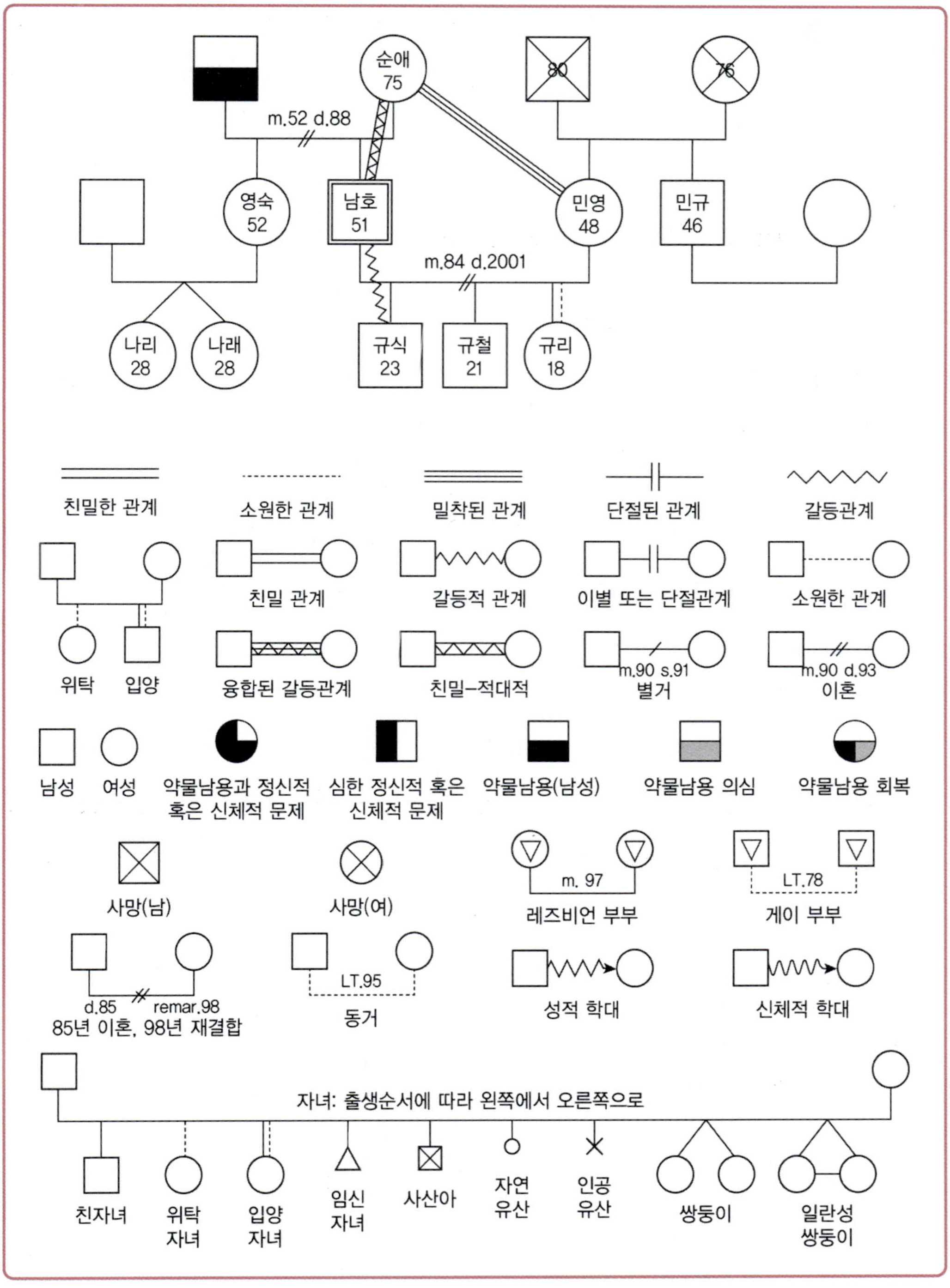

그림 5-1 가계도

출처: 이화여자대학교 사회복지연구회(2001).

가계도는 가족의 역사와 관계를 시각화하는 중요한 도구이다. 이러한 유의점들을 고려하여 가계도를 작성하면 가족 구성원들 간의 관계와 이해가 더욱 증진될 수 있다.

(2) 치료적 삼각관계(therapeutic triad)

치료적 삼각관계 기법은 두 사람 사이의 정서적인 긴장 상황에서 치료자를 끌어들여 삼각관계를 형성하는 것이다. 이때 치료자까지 삼각관계에 끌어들이려는 경향을 가질 수 있다는 것에 유념해야 한다. 이 방법은 주로 부모나 부부와 같이 두 성인 사이에 치료자를 포함하여 개입하는 경우에 사용된다. 치료자는 두 사람의 정서적인 과정에 개인적으로 연루되지 않고, 두 사람과의 정서적인 거리를 유지하면서 가족의 조정과 문제해결, 관계 개선을 돕는 역할을 수행한다. 이를 통해 치료자는 기존의 삼각관계를 해결하는 역할을 하게 되며, 중재자로서 가족의 조화를 찾아가며, 문제를 해결하고 관계를 개선하는 데 기여한다. 치료적 삼각관계의 목적은 가족 간의 정서적 융합을 분리해 객관적인 시각을 갖게 하며, 치료자가 삼각의 한 축으로 참여해 갈등을 중재하거나 정서적 과잉 반응을 완화하며, 감정의 분출보다 관계 속의 자기 인식을 촉진시켜 가족 구성원이 자신의 역할과 감정을 성찰할 기회 제공한다.

예시

- **어머니–아들–상담자**

상황: 아들은 성적 문제로 상담을 왔고, 어머니는 과잉보호적이다.

개입: 상담자가 어머니와 아들을 함께 상담하면서, 아들의 독립적인 사고를 지지하고, 어머니가 아들에게 감정을 지나치게 투사하지 않도록 조절함

설명: 어머니–아들 간 정서적 삼각관계에 상담자가 한 축으로 개입하여 감정적 긴장을 분산시킴

• **부부-상담자**

상황: 부부는 갈등이 심하지만 서로 직접적으로 표현하지 않고 자녀를 매개로 감정을 표출

개입: 상담자가 남편과 아내 각각의 입장을 듣고 중립적으로 조율함으로써 감정적 융합을 해소

설명: 치료적 삼각관계를 통해 부부가 직접적으로 대화할 수 있는 기반을 마련

(3) 코칭(coaching)

치료자는 객관적인 충고를 통해 가족의 문제해결을 돕는다. 코칭의 목적은 개인의 자기이해를 증진시키고, 자신에게 초점을 맞추고, 주요 가족 구성원들과 보다 기능적인 애착 관계를 형성할 수 있도록 돕는 것이다. 코칭을 통해 트리아드 현상(문제가 해결되지 않고 지속되는 상태)에 내담자가 빠지지 않으면서도 가족의 정서적 과정을 이해하고, 개인의 역할을 이해할 수 있도록 지원을 제공할 수 있다. 코칭은 상담자가 개인 또는 부부 내담자에게 자신의 가족과 원활하게 지내는 방법을 배우도록 조언하는 것이다.

예시

• **대학생 진로 코칭**

상황: 4학년 대학생 A는 진로를 정하지 못하고 진로 불안을 호소하고 있다.

코치: "졸업 후 당신이 정말 하고 싶은 일은 무엇인가요?"

A: "사람을 도울 수 있는 일을 하고 싶어요. 상담에도 관심이 있어요."

코치: "그렇다면 어떤 일을 할 때 가장 몰입하고 의미를 느끼나요?"

A: "상담봉사할 때 기분이 좋았어요."

코치: "그 경험에서 얻은 강점은 무엇이었나요?"

A: "사람의 말을 잘 들어준다고 들었어요."

→ 이런 대화를 통해 A는 상담 관련 직무를 진로 목표로 삼고, 이를 위한 자격증 준비와 기관 인턴십 계획을 세운다.

(4) 나의 입장 표현하기(I-position)

나의 자세(I-position)는 가족구성원들이 각자의 정서적 충동에 의해 반응하려는 경향에서 벗어나 자신의 견해를 피력하는 방법이다. 가족성원이 감정적으로 반응하는 함정에 빠지지 않고 이성적으로 반응하도록 가르치는 기법이다. 자기분화가 낮은 사람은 자기표현이 서툴고 자신의 생각이나 감정을 다른 사람 앞에서 들어내는 감정적 표현을 어려워한다. 그래서 나의 입장에 대해 내 생각과 내 감정을 상대방의 행동에 초점을 두기보다 자신의 감정에 초점을 두어 표현하는 방식이다. 자신의 생각을 말할 때 조용하고 차분하게 진술할 수 있도록 돕는다. 자신의 감정을 표현하고 싶은 것이며, 상대방이 무엇을 하는지보다는 자신이 어떻게 느끼는지를 강조하여 자기 입장을 표현하는 것이다. 나의 입장표현하기 방법은 '나는 [상대의 행동] 때문에 [내 감정]을 느껴. 나는 [자신의 욕구]가 있어서, [구체적인 요청]을 하고 싶어."이다.

예시

• 가족 간 역할 갈등

상황: 가족 중 누군가 집안일을 도와주지 않는다.

'나의 입장' 표현 예시: "내가 혼자 집안일을 하다 보면 지치고 힘들어. 우리 모두가 조금씩 나눠서 하면 좋겠어."

• 연인 관계에서 불만이 있을 때

상황: 상대방이 최근 연락을 자주 하지 않는다.

'나의 입장' 표현 예시: "요즘 네가 예전보다 연락이 줄어서 나는 조금 외롭고 서운한 마음이 들어. 네가 바쁜 건 알지만, 하루에 짧게라도 안부를 나눌 수 있으면 좋겠어."

(5) 과정질문(process question)

내담자의 마음을 차분하게 하고 정서적 반응에 의해 유발된 불안을 감소시키고 사고를 촉진하는 질문기법이다. 과정 질문은 단순히 사건의 내용(content)을 묻는 것이 아니라, 그 사건이나 상황 속에서 사람들 간에 어떤 정서적 반응과 상호작용이 오갔는가, 그리고 그것이 어떻게 반복되는 패턴이 되었는가를 자각하게 하는 질문이다.

예시

- **상황별 과정 질문**

1. 가족상담 중 부모-자녀 갈등
   "어머니가 말씀하실 때, 자녀분은 어떤 표정이었나요?"
   "아버지가 말을 꺼내면 집 안의 분위기는 어떻게 변하나요?"
   "이런 말다툼이 생기면 가족 중 누가 먼저 침묵하나요?"
2. 부부상담 중 감정 갈등
   "지금 이 말을 하실 때, 본인의 감정은 어떤가요?"
   "이 대화를 나누는 지금, 서로의 말이 잘 전달된다고 느끼나요?"
   "지금 서로 바라보지 않고 말하고 있는 건 어떤 이유일까요?"
3. 개인상담에서 자기 인식 유도
   "지금 이 이야기를 하면서 어떤 감정이 드나요?"
   "그 상황에서 당신의 말투나 행동은 어땠던 것 같나요?"
   "이런 상황이 반복될 때, 당신은 주로 어떤 반응을 보이나요?"

Chapter 06

사티어의 경험적 가족상담 및 치료

| 버지니아 사티어(Virginia Satir, 1916~1988) |

인생은 예정된 것이 아니다.
인생은 그냥 인생이다.
어떻게 사느냐 하는 것이
그 차이를 만들어 낸다.
– Virginia Satir –

미국의 작가, 심리치료사 의사소통 전문가
1948년 시카고대학 대학원 사회사업전공
1951년 가족치료소에서 가족치료 시작
1955년 정신분열증 상담과정에 대한 연구에 관심을 가짐
1959년 돈 잭슨(Don Jackson)을 도와, MRI(Mental Research Institute)를 설립
최초의 가족치료훈련 프로그램을 고안하고 지도
1988년 췌장암으로 사망한 후 그녀의 동료와 제자들은 사티어의 경험적 가족 치료 이론과 활동을 더욱 발전시켜, 최근에 사티어 모델을 체계적 단기 경험치료라 명명함

1. 개요

경험적 가족치료는 이론적 접근보다는 가족구성원들이 직접 경험하는 것에 주안점을 둔 가족치료 방법이다. 이 방법은 가족의 특유한 갈등과 행동양식에 부합하는 경험을 제공하고자 노력하여 가족의 성장을 촉진하는 것이다. 상담과정에서 상담사와 가족구성원 간의 경험과 상황을 중요시하며, 이를 통해 가

족체계의 성장이 이루어질 수 있다고 보는 것이다. 또한 상담자는 실질적이고 인간적인 만남을 우선시하며 내담자의 경험을 중요시한다. 상담과정에서 미해결과제를 직접 경험하고, 현재의 상황을 감지하며, 적절한 개입방법을 사용해 내담자의 성장과 과거의 상처를 치유하도록 돕는다.

사티어는 인간은 태어날 때부터 성장하고자 하는 생명력과 잠재력을 지닌 존재라고 보았다. 이러한 관점은 그녀의 핵심 이론인 종자모델(seed model)로 표현되며, 인간을 마치 나무의 씨앗처럼 본다. 즉, 모든 인간은 타고난 가능성과 고유한 성장을 이끌어낼 수 있는 본성을 가지고 있으며, 적절한 환경과 정서적 지지, 그리고 건강한 상호작용이 주어졌을 때 그 가능성이 발현된다는 것이다.

이 모델에서 치료자는 가족을 변화시켜야 할 '문제 집단'으로 보는 것이 아니라, 고유한 가능성을 지닌 존재들이 일시적으로 얽히거나 정체된 상태로 본다. 따라서 치료의 목적은 '고장 난 가족을 고치는 것'이 아니라, 이미 존재하는 씨앗(내면 자원)을 발아하게 하고 자라게 하는 환경을 마련하는 것이다.

예를 들어, 의사소통이 단절된 가족을 치료하는 경우, 사티어는 가족 구성원 각자의 감정 표현이 억제되거나 왜곡된 배경을 탐색한다. 그리고 각자의 감정을 솔직하고 따뜻하게 표현할 수 있도록 지도함으로써, 자존감을 회복하고 상호 존중의 대화를 회복시키려 한다. 이 과정은 마치 씨앗에 햇빛, 물, 좋은 토양이 필요한 것처럼, 가족 구성원이 성장할 수 있도록 적절한 정서적 영양 환경을 제공하는 것과 같다.

종자모델은 단순히 개인의 내면적 치유에 국한된 것이 아니라, 가족 전체의 상호작용 양식을 변화시키고 새로운 관계의 틀을 형성하는 데까지 확장된다. 치료자는 씨앗을 지지하는 정원사처럼, 각 구성원이 고유한 자아로 성장할 수 있도록 가족 내 건강한 교류를 촉진하고, 변화와 성장을 자연스럽게 이끌어내는 안내자 역할을 하게 된다.

또한, 사티어의 가족치료는 가족 구성원들의 의사소통 패턴을 탐구하였다.

의사소통의 방식, 언어, 비언어적 신호 등을 분석하여 가족 구성원들 사이의 의사소통 과정을 이해하고, 그 중에서 문제가 되는 패턴을 발견하고 개선하는 방향으로 접근하였다. 사티어의 가족치료는 가족 구성원들이 상호작용하고 발전할 수 있는 적절한 환경을 조성하여 가족의 삶의 질을 향상시키는 데 초점을 두었다. 이를 통해 가족 구성원들은 더 나은 관계를 형성하고, 삶의 문제를 해결하며, 성장과 발전을 이룰 수 있게 된다.

2. 이론 및 주요개념

1) 이론적 배경

사티어는 위스콘신 대학에서 교육학을 전공하고 교사로 재직하였다 그 후, 1948년 시카고 대학에서 사회사업을 전공하였다. 1951년 가족치료를 본격적으로 시작하였고, 1959년 돈 잭슨(Don Jackson)을 도와 MRI를 설립하여 최초의 가족치료 프로그램을 고안하였다. 그 후 사티어가 사망한 후 동료들과 제자들이 이론을 체계화하였다. 경험적 가족치료는 현재의 경험을 중요시하는 인본주의적 심리학에 뿌리를 두고 있다. 개인과 개인의 정서적 경험을 강조하였는데 이는 게슈탈트 치료의 영향을 받아 개인의 정서, 욕구, 행위를 존중하고 지금 느끼는 감정의 만족감을 치료의 목표로 강조하는 실존주의적 태도를 갖게 되었다.

사티어는 가족 구성원들 간의 의사소통과 의미 부여의 중요성을 강조하였다. 그녀는 의사소통의 방식과 패턴, 언어와 비언어적 신호들이 가족 구성원들 간의 관계와 상호작용에 큰 영향을 미친다고 보았다. 따라서, 가족 구성원들의 의사소통 패턴을 탐구하고 문제가 되는 패턴을 인식하며, 새로운 의사소통 방식과 의미 부여를 도입하여 가족의 관계를 개선하고 발전시키는 것이 중요하다고 주장했다. 더불어 가족을 동적이고 상호작용하는 시스템으로 이해했다. 가족 구성원들 간의 상호작용과 관계, 역할, 권한의 분배 등이 가족 시스템의 건강성과 문제의 원인에 영향을 미친다고 보았다. 이에 따라, 사티어의 경험적 가족치료는 가족 구성원들의 상호작용 패턴을 관찰하고 이해하며, 문제가 되는 패턴을 변화시키는 방향으로 접근하였다.

2) 주요개념

사티어는 인간문제와 관련된 다양한 역기능을 발견하였다. 역기능이란 문제해결 능력이 낮아서 적절하게 기능하지 못하고 발달적인 상황에서 위기상황에 대해 대처하지 못하는 것을 의미한다. 사티어가 발견한 개인과 가족의 역기능적 가족상담의 주요개념은 가치체계, 자아존중감, 가족규칙, 의사소통 및 대처유형, 지역사회와의 연계성에서 찾아볼 수 있다.

(1) 자아존중감

자아존중감은 가족구조와 부모와의 관계를 중요하게 보고 생애 초기에 상호작용하는 경험을 바탕으로 형성된다고 볼 수 있다(Breunlin, Jacobsen, 2014). 자아존중감의 개념은 일반적으로 개인이 내적 자신을 인정하고 존중하는 것을 의미하며, 개인이 내면에서 자신을 인정하고 존중하는 개념으로, 개인이 긍정적으로 자신을 인식하며 자아를 존중하며 자신의 가치와 권리를 인정하는 것을 의미한다. 이 개념은 개인의 성장과 삶의 질에 핵심적인 역할을 수행한다. 다시 말해, 자아존중감은 개인이 자기 자신을 긍정적으로 인식하고 자아를 존중하는 것을 의미한다. 이는 개인이 자신의 가치를 믿고 자신에게 권리가 있다고 인식하는 것을 포함한다. 이러한 자아존중감은 개인의 성장과 삶의 질에 영향을 미친다.

자아존중감의 형성은 부모와 자녀 간의 적절한 관계 형성과 의사소통에 많은 영향을 받는다. 예를 들면, 역기능적인 부모-자녀 관계에서 자아존중감이 형성되지 못하거나 자녀가 자기 가치와 자아존중감을 인식하지 못하는 경우, 또는 자아존중감이 낮게 형성되는 경우가 있다. 이러한 상황에서 자녀는 자아존중감이 손상될 수 있다고 여기는 것이다.

자아존중감을 인간의 기본적인 욕구로 이해한다면, 이는 에너지 자원으로 작용하는 사랑, 애착, 신뢰, 존중 등과 관련이 있다. 이들은 개인이 자아를 존중하고 긍정적으로 인식함으로써 만족과 안정을 얻을 수 있는 요소이다. 다시 말해, 인간은 자기 자신에게 사랑을 느끼고, 타인에게서 애착과 신뢰를 받고, 타인과 상호 존중을 경험함으로써 자아존중감을 충족시킬 수 있다.

자아존중감은 자기, 타인, 상황을 중요한 3대 요소로 살펴보면 다음과 같다.

- '자아'는 애정, 사랑, 신뢰, 존중함을 통해 자신에 대한 가치와 독특함을 나타낸다.
- '타인'은 다른 사람과의 관계에서 형성되며 다른 사람에게 느끼는 것으로 타인과 동질성, 이질성, 상호작용에 대한 것이다.
- '상황'은 주어진 환경과 여건을 의미하는데 주로 부모와 원가족 삼인군에서 나타나는 상황을 말한다. 이 세 가지가 순기능을 해야 기능적인 인간으로 보았다.

자아존중감이 낮은 사람은 다음과 같은 특징이 있다.

- **자기 비하와 자책:** 자아존중감이 낮은 사람은 자기를 부정적으로 인식하고 자기 비하를 하는 경향이 있을 수 있다. 자신을 몰라주거나 자기 자신에게 지나치게 부정적인 평가를 하며, 이로 인해 자존감이 낮아지고 내적으로 자신에 대한 불안감과 자책감을 느낄 수 있다.

- **외부 인정에 의존**: 자아존중감이 낮은 사람은 자신의 가치나 능력을 외부의 인정에 지나치게 의존할 수 있다. 다른 사람의 평가나 승인을 받지 않으면 자기가 가치 있는 존재가 아니라고 느끼는 것이다. 그러므로 상대방의 의견이나 인정을 따르고 자기주장을 하지 못하고 의존하는 경향이 있다.
- **자기성취감 부족**: 자아존중감이 낮은 사람은 자기에 대한 성취감이나 만족감을 어렵게 느끼는 경향이 있다. 성공을 경험해도 자신의 능력과 공헌에 대해 인정하지 않고 자신의 능력을 과소평가하는 경향을 보인다. 즉, 이들은 자아를 인정하고 긍정적으로 인식하는 것이 어렵기 때문에 성취에 대한 자신감을 갖기 어려워하며, 성공적인 결과에도 자신의 기여를 적절하게 평가하지 못하고 자신을 과소평가한다.
- **대인관계에서 소심함**: 자아존중감이 낮은 사람은 대인관계에서 소심하거나 내적인 불안을 느낀다. 자기를 표현하거나 자신의 의견을 주장하는 것에 어려움을 느끼며, 다른 사람들에게 지나치게 의존하거나 쉽게 양보하는 경향이 있다.

(2) 의사소통 및 대처유형

사티어는 상담경험에 준거하여 사람들이 긴장할 때나 스트레스 상황에서 자신을 보호하고 방어하기 위한 방법으로 역기능적으로 대처하는 의사소통 유형으로 회유형, 비난형, 초이성형, 산만형, 일치형으로 분류하였다.

자아존중감의 3대 요소로 자기, 타인, 상황에서 역기능적 의사소통에 관심을 두어 그것을 경험적 기법과 연결하였다.

① 회유형(placating)

회유형은 자신의 내적 감정이나 가치를 무시하고, 타인의 비위에 맞추려는 성향을 나타낸다. 이 유형의 사람들은 자신의 감정보다 타인의 감정에 집중하며, 타인과의 상호작용에서는 타인을 존중하려고 노력하지만 자기 자신의 감정을 존중하지 않고, 타인의 의견을 무조건적으로 수용하는 경향을 보인다. 이로 인해 사과나 변명과 같은 행동을 한다. 이로 인해 소화기관의 장애나 두통과 같은 신체적인 증상을 호소할 수도 있다. 이러한 성향으로 인해 심리적으로는 자기의 가치를 무가치하게 여기거나, 신경과민이나 우울증과 같은 내적 감정을 경험할 수도 있다.

예시

1. "모든 게 내 탓이야."
2. "난 아무거나 괜찮아 네가 하고 싶은 대로 하자."

② 비난형(balming)

비난형은 회유형과는 반대로 타인을 무시하는 성향을 보이며, 타인의 행동이나 말을 비난하고 환경을 탓하는 경향이 있다. 비난형은 자신을 힘이 있는 강한 사람으로 타인이 인식하도록 노력하며 타인의 말이나 행동을 통제하며 공격적인 행동을 보이지만 내면적으로는 자신이 소외되고 외로운 은둔자라고 생각한다. 비난형은 자신을 굴복시키는 것보다는 타인의 발견하고 상대방의 요청을 거부하는 경향을 가지며, 이로 인해 신체적으로는 혈압 상승, 근육 긴장, 요통, 두통 등의 신체적 증상을 경험할 수 있다. 심리적으로는 과대망상, 편집증, 반사회성, 적대감, 분노를 느낄 수 있다. 다시 말해, 비난형은 타인을 무시하고 비난하는 성향을 가지며, 자신을 강하고 힘 있는 사람으로 인식하려는 노력을 한다. 이러한 태도로 인해 타인의 행동이나 말을 비판하고, 외부 환경을 탓하는 경향이 있다.

예시

1. "너는 도대체 제대로 하는 게 없네."
2. "네가 매사에 그런 식이니까 애도 똑같이 저런 행동을 하지"
3. "넌 항상 그런 식이었어. 그래서 우리가 헤어지게 된 거야."

③ 초이성형(super-reasonable)

초이성형은 자신과 타인 모두 무시하고 상황에만 주의를 기울이는 성향을 보인다. 규칙이나 옳고 그름을 강조하여 상황에 맞추는 경향을 가지며, 논리적이고 합리적인 사고에 중점을 둔다. 초이성형은 완고하고 냉담한 자세를 보이며 독재적인 행동을 할 수 있지만, 내면적으로는 상처를 쉽게 받아 소외감을 느끼기도 한다. 의사소통할 때 초이성형은 결함 없이 완벽하게 전달하기 위해 길고 자세한 설명과 상세한 내용에 주의를 기울이는 경향이 있는데 이때 듣는 사람을 고려하지 않고 자신의 견해를 증명하기 위해 힘쓴다. 이러한 성향으로 인해 공감력 결핍, 강박, 사회적 철회 등을 경험하고 심리적으로는 지나친 긴장감, 사회적 위축, 우울 등을 느낀다.

예시

1. 주말 아침에 바다수영 동호회를 나가는 남편과의 대화상황
   "여보, 내가 매주 일요일 아침에만 잠깐 나가는데 이렇게 화를 낼 일이 아니야. 내가 집안을 내팽개치는 것도 아니고 단지, 일요일에 운동 동호회 가서 건강을 위해서 운동 좀 하는 것이 그렇게 화를 낼 일이야. 운동을 하는 거 당신도 알잖아. 내가 건강해야 우리 모두가 행복한 거잖아."
2. 가족이 외식을 하게 되었을 경우 자녀가 집에 있고 싶다고 할 때의 상황
   "지금 네가 안 가겠다고 하면 전체 계획이 어긋난다. 우리는 이미 예약했고, 계획된 일정을 따라야 한다. 감정으로 움직이면 안 된다. 우리는 가족이고, 가족은 함께 행동해야 한다"

④ 산만형(distracting)

산만형은 자신, 타인, 상황 전부를 무시하는 성향을 보인다. 주제나 상황에 알맞지 않은 말을 하며 불안정하게 행동한다. 이로 인해 말이나 행동의 중심이 없고, 의미나 내용이 흩어져 있어 혼란스러울 수 있다. 기능적이며 현실적인 문제를 제대로 해결할 능력을 갖추지 못한 사람은 의사소통에 어려움을 느낄 수 있다. 이러한 성향으로 인해 산만형은 위장장애, 두통, 신경성 질병 등을 경험하고 심리적으로는 고독감, 무가치함, 혼돈을 느낄 수 있다. 즉, 상황을 적절하게 파악하고 행동하는 능력이 부족한 산만형은 의사소통에 어려움을 겪으며, 이로 인해 심리적인 어려움을 겪을 수 있다. 자신과 타인, 그리고 상황을 조화롭게 고려하여 의사소통하는 능력을 향상시키는 것이 산만형의 성장과 심리적 안녕감을 도모하는 데 도움이 될 수 있다.

예시

1. (자신의 잘못으로 문제가 생긴 상황에서) "무슨 일이냐, 누가 당신을 화나게 했어."
2. 회의 중에도 갑자기 다른 주제로 넘어가거나, 대화 중에 떠오르는 생각을 바로 이야기하는 등 주제에 맞지 않는 말을 하는 경우
3. 엄마: "요즘 공부는 잘되고 있니?" 물을 때 아들의 반응
   아들: "엄마, 오늘 학교 급식에 진짜 이상한 음식 나왔어. 김치랑 피자가 같이 나왔어. 웃기지 않아?"

⑤ 일치형(congruent)

일치형은 기능적인 유형으로, 의사소통하는 내용과 내적인 감정이 일치하는 성향을 가지고 있다. 그들은 자신을 중심으로 다른 사람과 관계를 형성하며, 필요한 때에는 긍정적이고 기능적인 상호작용을 할 수 있다. 일치형은 자신의 감정을 잘 알아차리고 이를 정확하고 적절하게 표현하는 능력을 갖추고 있다. 또한, 생동감이 넘치며 창의적이고 독창적인 행동 양식을 보인다. 일치

형은 다른 사람을 조정하거나 상황에만 집중하는 것이 아니라, 타인과의 관계를 원만하게 유지하며 스스로에 대한 자아존중감을 높게 갖고 있다. 그들은 자기와 타인의 감정을 존중하며, 상호작용에서 상대방의 의견과 요구를 적극적으로 고려한다. 이를 통해 상호 간의 조화를 이루며 의사소통을 원활하게 진행할 수 있다.

사례

■ **의사소통 및 대처방식에 관한 사례**

새벽에 잠이 깨어 집안일을 하는 아내에게 화를 내는 남편에게 보인 아내의 반응이다.

- 회유형: "어머나 미안해요, 내가 잘못했어. 당신이 자는데 조금 더 조심했어야 했는데 내가 생각이 없었던 거 같아. 난 왜 이러지"
- 비난형: "잠 안 오면 그럴 수도 있지. 별것도 아닌 일로 이렇게 화를 내니까 내가 아무것도 못 하겠어. 이런 식으로 항상 우리 사이를 망치는 건 당신이야."
- 초이성형: "화부터 내지 말고 내가 왜 새벽부터 일어나서 집안일을 하는지에 대해서 생각을 좀 해봐."
- 산만형: "당신 화났어? 왜 화 난거지? 무슨 일 있어? 피곤해 보이네."
- 일치형: "잠이 일찍 깨서 일어난 김에 집안일을 했는데 내가 당신 생각을 못 했네. 다음엔 조심할게"

(3) 가족규칙

사티어는 기능하는 가족을 위한 방법으로 가족규칙을 제시하였다. 가족의 문제점을 개별 가족 구성원에게 돌리는 것이 아니라, 문제는 융통성 없고 일관성이 없는 가족규칙에 있다고 생각했기 때문이다. 따라서 사티어는 가족 구성원들 간의 상호작용에 영향력을 가질 수 있도록 행동을 규제하고 행동의 지침을 만들어야 한다고 주장했다. 이를 통해 사티어는 가족 구성원들이 일관성 있는 가족규칙을 따르면서 상호작용할 수 있도록 하는 것이 중요하다고 강조했다. 이는 가족 구성원들이 서로를 이해하고 존중하며, 더 나은 가족관계를 형성하는 데 도움을 줄 수 있다는 것을 의미한다. 사티어의 방법은 가족의 상호작용을 개선하고 가족 구성원들의 행동을 조율하는 데 있어서 유용한 도구로 활용될 수 있다.

사티어에 따르면 대부분의 사람들은 비합리적인 규칙에 얽매여 살아가고 있으며, 이러한 규칙은 자아존중감에 나쁜 영향을 미친다고 설명하였다. 규칙은 합리적이고 융통성이 있으며 인간적인 특성을 고려한 규칙이 있을 수도 있지만, 도움이 되지 않는 규칙도 존재한다고 언급하였다. 부모는 자라면서 자신의 부모로부터 배운 규칙을 현재의 가족에게 적용하는 경향이 있다. 그러나 부부는 각기 다른 가정에서 태어나고 자라면서 서로 다른 규칙에 익숙해져 있기 때문에 상호 간에 갈등을 경험할 수 있다. 또한, 부부의 규칙이 서로 어긋나면 현재의 가족에서 자녀를 키울 때 자녀에게 혼란과 갈등을 줄 수도 있다고 설명하였다.

이러한 상황에서는 부부간의 소통과 타협, 상호이해가 중요하며, 가족 구성원 모두가 협력하여 새로운 가족규칙을 형성하고 적용할 필요가 있다. 이를 통해 서로 다른 규칙 속에서 자란 부부가 조화롭게 상호작용하고 자녀를 키우는 데에도 혼란과 갈등을 최소화할 수 있다는 것을 의미한다. 자녀가 어릴 때는 규칙을 비교적 잘 지키게 되므로 갈등을 일으키는 일이 적으나 자녀가 성인이 되면서부터 비합리적이고 비현실적인 규칙에 적용하려 들지 않기 때문에 가족규칙의 수정이 필요한데 이때 상담자의 도움이 필요하다.

가족규칙에 있어 기능적인 가족규칙과 역기능적인 가족규칙을 살펴보면 다음과 같다.

① 기능적인 가족규칙

- 가족규칙으로 인하여 가족성원들이 일상생활에 대처하며 어려움을 극복

하는 데 행동지침이 된다.

- 가족규칙은 경험한 사건들로 인하여 변화 있고 융통성 있게 해야 한다.
- 가족규칙은 부모가 일방적으로 정하는 것이 아니라 가족 전체가 인정하고 받아들일 수 있는 범위 내에서 상호 의견을 나누어 결정해야 한다.
- 가족규칙의 가족이 지킬 수 있는 범위 내에서 정해야 한다.

② 역기능적인 가족규칙

- 자녀는 부모가 정한 규칙을 무조건 따라야 한다고 생각한다.
- 무조건적인 가족규칙은 개인의 자아존중감을 낮추게 된다.
- 비합리적인 가족규칙은 가족성원들 간의 갈등을 초래하는 기회를 만들 수 있다.
- 성장발달에 저해되는 가족규칙은 피해야 한다.
- 한번 정한 가족규칙은 끝까지 고수하려는 것은 역기능적이다. 가족 상황에 따라 융통성 있는 규칙을 정해서 가족성원의 불만이 제기되는 일을 피해야 한다.

예시

게임을 하루에 4시간씩 하는 5학년 아들을 위한 가족규칙을 정하기도 하였다. 이때 강압적으로 이제부터 게임은 주말에 한 시간만 허용한다는 가족규칙을 정하고 규칙을 어기면 용돈을 주지 않겠다는 규칙을 정하면 아들의 자율성은 물론이고 규칙을 지키고 싶은 의지가 약해져 역기능적인 가족규칙이 된다. 그러나 게임을 하는 시간을 서로 의논하여 줄이고 아들이 이 규칙을 잘 지켰을 때 아들이 좋아하는 농구를 같이 한다든지 함께 외식을 하는 규칙을 정한다면 아들은 가족규칙에 대해 만족감을 느낄 것이고 또한 가족규칙을 지키기 위하여 노력하게 될 것이다.

3. 상담목표

사티어의 가족상담의 목표는 성장이다. 자아존중감을 높이고 자기 인생에 대한 선택권을 가짐으로써 개인이 성장할 수 있다고 보았다. 감성적 경험, 느낌의 표현, 창의적 사고, 자율성, 경험의 다양성, 내면적인 경험과 외면적인 행동의 일치에 의한 개인의 통합력 증진이 주요목표이다. 가족이 표현하는 고통 증상은 하나의 징후이고 본질적인 문제는 정서적 황폐감이다(이화자, 김순옥, 2010). 사티어는 자아존중감을 강화하고 자기 인생에 대한 주체적인 선택권을 키워 개인의 성장과 발전을 목표로 삼는다. 이는 가족규칙을 합리적이고 현실적으로 조정하고, 내면의 경험과 조화를 이루며 의사소통하는 개인과 가족을 지향한다.

1) 감정적 연결 강화

가족 구성원들 사이의 감정적 연결을 강화하여 가족 구성원들 간에 조화능력을 향상시킨다. 서로의 감정을 이해하고 수용하는 공감적인 관계를 형성하도록 돕는다. 이를 통해 가족 구성원들은 감정적으로 안정되고 안전한 환경에서 상호작용할 수 있다.

2) 소통 및 해결 전략 개발

가족 구성원들 사이의 소통과 해결 전략을 개발하는 것이 목표이다. 이때 상담의 초점에 관해서는 내담자와 함께 결정하며 내담자가 변화를 위해 노력하겠다는 의지를 확인한다. 상담과정에서 가족 구성원들은 서로의 의견과 요구를 표현하고, 갈등 상황을 조율하고 해결할 수 있는 방법을 배우게 된다. 목표는 가족 구성원들이 적절한 소통과 해결 전략을 사용하여 상호작용할 수 있도록 하는 것이다.

3) 가족 시스템의 유연성과 조정 능력 강화

가족규칙과 부모의 규제를 구성원들이 변화에 유연하게 대처하고 조절할 수 있는 능력을 강화하는 것이 목표이다.

4) 가족 구성원들의 개인적 성장과 강화

사티어의 경험적 가족상담은 가족 구성원들의 개인적인 성장과 강화에도 초점을 둔다. 가족 구성원들은 자기 인식을 높이고 자기 존중감을 향상시키며, 개인적인 목표를 달성하고자 하는 데 도움을 받을 수 있다.

5) 변형체계적 치료상담의 단계적 목표

변형 체계적 치료는 인간은 무한 성장의 힘을 지닌 긍정적인 존재로 여기며, 내담자의 경험과 행동을 체계적으로 변화시키는 데 초점을 둔다. 이를 통해 긍정적인 방향으로 변화를 이끌어내어 자아존중감을 향상시키는 치료 방법이다. 이러한 치료는 내담자의 성장과 발전을 도와주는 큰 변화를 가져다준다. 사티어의 변형 체계적 치료는 내담자의 자존감을 새롭게 구축시키고,

어려운 상황에서 마음의 부담을 감소시키고, 극한의 피로를 줄이기 위해 내담자와 함께 상담과정을 거치는 것을 전문가로서 확인하는 것이다. 초기에는 내담자가 혼돈과 혼란 분열, 방향감각을 상실한 불명확한 상태에서 성장하게 되는 것이며 이 과정은 내담자의 다른 부분에 대한 성장이 진행되면서 재경험되고 순환적으로 다시 진행되어 재통합되어 간다고 하였다(최진태, 황경애, 2011).

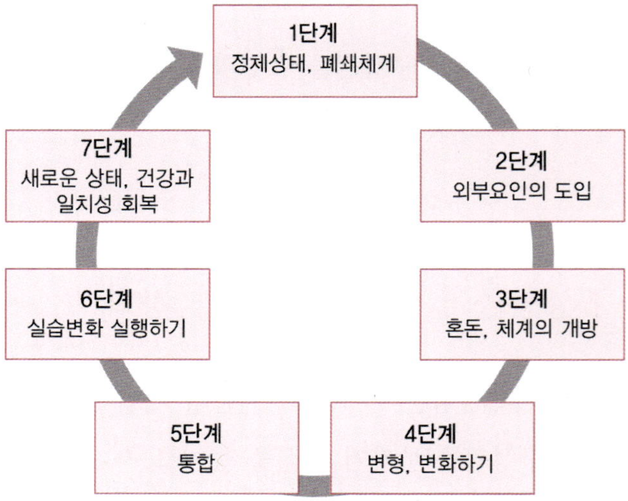

그림 6-1 **치료적 변형의 순환적 단계**

1단계: 고통 증상 등을 통해 변화의 필요성이 제기되는 단계
2단계: 문제의 탐색 및 긍정적 목적 설정 단계
3단계: 성장과정에서의 혼란과 진실한 의사소통의 시작
4단계: 긍정적으로 설정된 목표를 향하여 변화하기 시작하는 단계
5단계: 자아의 변화와 조화를 이루며 새로운 모습으로 성장하는 순간
6단계: 변화를 실습하고 새로운 감각을 느낌
7단계: 건강, 평등, 조화, 일체감, 균형감을 가지며, 악순환보다 편안함을 느낌

4. 상담과정 및 치료기법

1) 상담과정

사티어의 상담과정은 경험적 가족치료의 일환으로, 인간의 성장과 변화를 돕기 위한 단계별 접근을 특징으로 한다. 이 과정은 주로 정체 상태에서 시작하여 새로운 상태에 도달하는 것을 목표로 하며, 각 단계마다 구체적인 상담기법과 전략을 적용한다. 상담과정은 다음과 같다.

(1) 정체 및 고착 상태(Stagnant and Fixed State)

가족 구성원들은 현재의 방식에 익숙해져 있어 문제를 자각하지 못하거나, 변화의 필요성을 느끼지 못한다. 반복되는 갈등과 정서적 고립 속에서도 기존의 익숙한 상호작용과 규칙에 머무르며, 외부로부터의 개입을 거부하거나 방어적인 태도를 보이기도 한다.

(2) 변화의 자극 요인 등장(Introduction of Change Stimulus)

상담자나 외부 자원이 개입하면서 가족 내부의 고정된 패턴에 균열이 생긴다. 이 시점에서 가족은 처음으로 자신들의 문제를 인식하기 시작하며, 변화에 대한 동기와 목표를 설정할 수 있는 기반이 마련된다.

(3) 혼란과 불안의 시기(Disorganization and Uncertainty)

기존의 사고방식이나 행동 방식이 흔들리기 시작하면서 심리적 혼란이나 갈등이 일어난다. 변화에 대한 기대와 불안이 교차하며, 상담자는 이 과정을 안정적으로 이끌어주며 가족이 새로운 가능성을 모색할 수 있도록 지지한다.

(4) 인식과 시도의 단계(Emergence of Insight and Experimentation)

가족 구성원들은 이전보다 더 자발적으로 자신과 가족을 바라보며, 새로운 행동과 관계 방식을 시도한다. 긍정적인 상호작용을 경험하면서 정서적 유대와 이해가 깊어지고, 변화에 대한 가능성이 실질적으로 체감된다.

(5) 재구성과 수용(Reconstruction and Internalization)

새롭게 형성된 행동 패턴과 관계 방식이 가족 내에서 의미 있게 받아들여지기 시작한다. 각자는 자신과 타인을 더 깊이 이해하고, 기존의 부정적인 감정이나 상처를 치유하며 새로운 방식의 상호작용을 받아들인다.

(6) 반복 실천과 안정화(Reinforcement through Practice)

상담을 통해 경험한 변화와 통찰을 실생활에서 반복하고 적용하면서 행동의 일관성을 만들어간다. 변화가 일시적인 시도가 아닌 안정적인 습관과 관계 방식으로 자리 잡도록 돕는다.

(7) 새로운 적응 상태(Establishment of a New Balance)

가족은 변화된 의사소통 방식과 정서적 유대 속에서 보다 건강하고 조화로운 관계를 유지하게 된다. 자아존중감이 향상되고, 상호 간의 이해와 배려를 기반으로 한 삶의 방식이 정착되며, 성장지향적인 가족 시스템으로 발전하게 된다.

2) 치료기법

(1) 빙산치료 상담

빙산치료상담은 인간의 특성은 심리적 존재라고 전제하고 이러한 심리적 내면을 빙산체계로 비유하고 있다. 사티어의 빙산체계는 개인의 행동에 들어 있는 심리내적 역동이다. 빙산 탐색은 내담자와 상담자의 상담에 따른 내면의 변화를 관찰하기 위한 것으로 매 회기별 탐색하며, 내담자의 감정과 행동탐색에서 기대와 열망까지 빙산탐색이 이루어진다(Satir et al., 한국버지니아연구회 역, 2004).

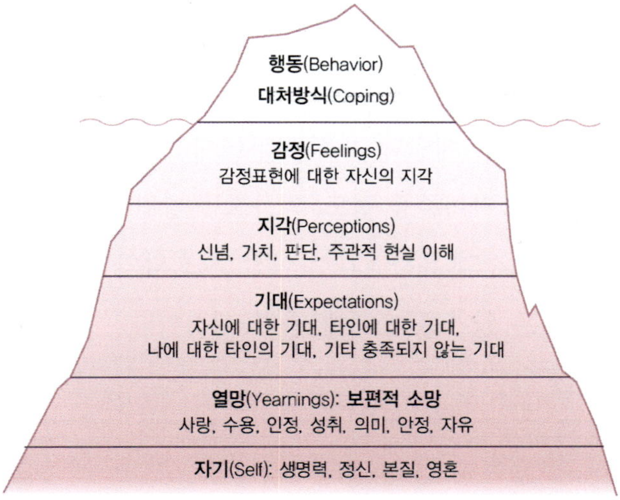

그림 6-2 사티어의 빙산탐색

다음의 표 6-1은 사례연구를 진행하는 상담자가 느끼는 자기 감정에 대한 빙산탐색에 관한 것이다.

표 6-1 중년여성의 자존감 향상을 위한 사례연구를 진행하는 상담자 빙산 탐색

	1회기 진행	11회기 진행
행동	내가 잘해야지 하는 부담감 느끼면서 상담 시작	자신의 생각과 마음을 표현
대처방식	회유형	일치형
감정	부족한 나를 발견, 걱정, 염려	자신감 있는 나, 기쁨, 감사, 대견
지각	내가 잘 할 수 있을지 모르겠음	상담으로 인해 성장함을 느낌
기대	내담자가 자신의 얘기를 잘 들어주기 바라고 도움을 요청하기를 기대함	내담자가 자신을 돌보며 가족의 변화가 있기를 바람
열망	상담가로서 잘했다는 인정받고 싶음	나는 나 자신을 잘했다고 인정
자기	상담자로서 작고 위축되어 있는 상태	상담하는 자신에 대해 자기가 커져 있는 상태

출처: 최진태, 황경애(2011).

(2) 원가족 삼인군

이 도표는 가족 내에서 개인과 가족 모두에게 도움이 되는 접근법이다. 가족 구성원의 개인성향, 자아존중 정도, 의사소통 방법, 가족규칙, 가족 역동성, 가족 간의 관계, 세대 간의 유사점과 차이점, 사회와의 연결수준을 파악할 수 있다. 다음 그림 6-3은 원가족 도표에 관한 예시이다.

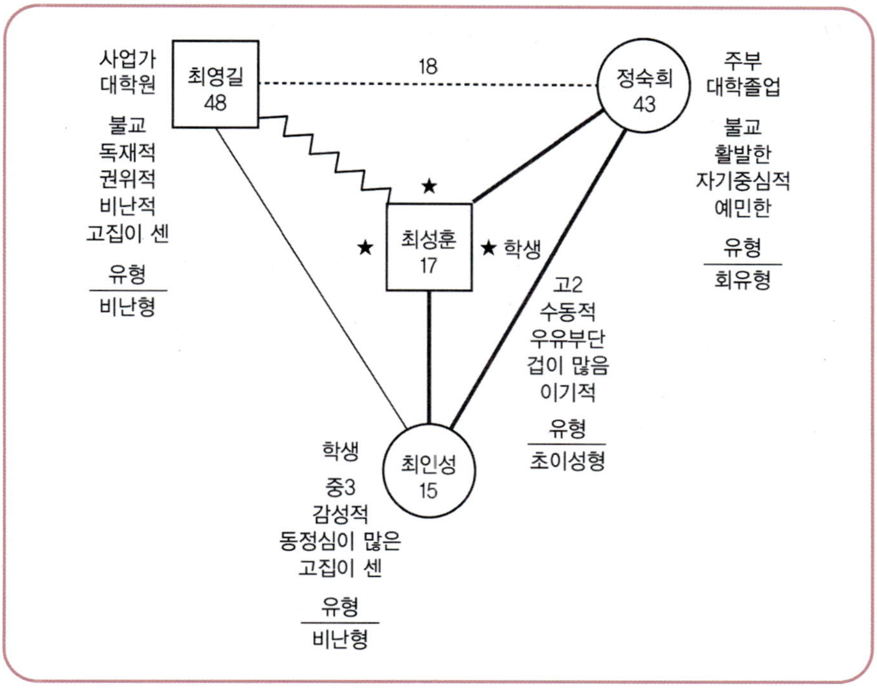

그림 6-3 **원가족 도표**

(3) 나의 생활 연대기(life chronology)

출생 후 현재까지의 나의 주요 생활사건을 연대별로 나열한 것은 자신의 인생 경험을 되돌아보고, 자신에게 영향을 미친 사건들을 인식하며 재구성하는 과정을 제공한다. 이를 통해 우리는 성장할 수 있는 기회를 얻게 된다.

나의 생활연대기를 통해 가족 구성원의 행동, 태도, 관계, 갈등, 문제 등을 직접적으로 비판하지 않으면서도 문제점에 대한 인식을 공유할 수 있다. 이는 우리가 문제를 감정적인 터널 안에서만 바라보는 것을 벗어나게 하고, 외부적인 시선을 통해 문제를 이해하고 접근할 수 있도록 도와준다. 이러한 과정은 우리가 감정적인 편견에 사로잡히지 않고, 객관적으로 문제를 바라보며 해결책을 모색할 수 있도록 돕는다. 또한, 가족 구성원들 간의 상호작용을 이해하고 개선할 수 있는 기회를 제공하여 가족관계를 향상시키는 데 도움을 줄 수 있다. 이를 통해 우리는 자신의 인생 경험을 반추하고 성장할 수 있는 기회를 얻게 된다. 우리의 삶에서 중요한 사건들을 다시 조망하고, 그에 따른 영향을 인식하며, 자신을 재구성하고 성장할 수 있는 발판을 마련할 수 있다.

현재 나이까지의 중요생활 사건을 기억한다 → 그 사건들을 시간 여행을 하듯 수평선 위에 연대별로 나열한다 → 그 사건들이 나에게 미치는 영향의 정도를 긍정 또는 부정적 차원에서 점으로 표시한다 → 점과 점 사이를 잇는다 → 나의 생활연대기를 상담자와 함께 공유하며 이야기 나눈다. **그림 6-4**는 나의 생활연대기에 대한 예시이다.

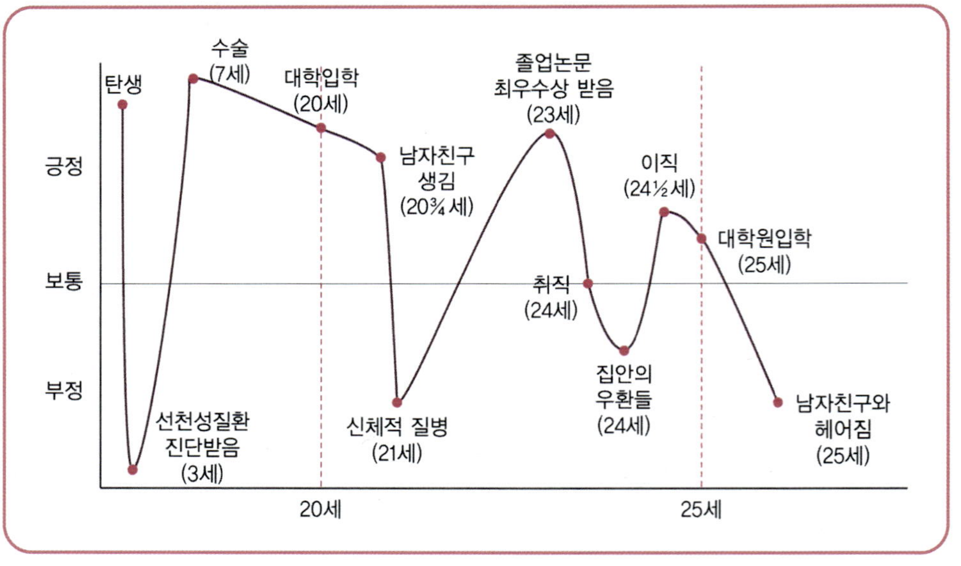

그림 6-4 나의 생활연대기

출처: 정문자 외 공저(2007). 가족치료의 이해.

(4) 가족조각(family sculpture)

가족조각은 가족 구성원들이 경험한 감정이나 느낌을 비언어적으로 표현하기 위해 동작과 공간을 활용하는 기법이다. 가족이 경험했던 과거의 사건을 재조명하기 위해 사용하는 기법이다. 조각은 몸동작, 표정, 내적 감정의 시각화 등을 외현화한다. 가족 구성원은 서로에게 감정적 상태와 자세, 동작, 소도구를 사용하여 공감하며 이를 통해 가족 구성원들의 상호작용을 시각적으로 표현한다. 이는 특정 사건을 기억하고 재경험하며, 개인이 느낀 감정을 가족 구성원들을 배치하여 현재 시간과 공간에서 재구성하는 것을 의미한다. 다시 말해, 가족조각은 개인이 사건을 통해 경험한 다양한 감정을 현재 시간과 공간에 재창조하여 표현하는 방법으로서, 사티어의 가족조각 기법으로 알려져 있다.

가족구성원에 대한 자신의 감정을 말로 표현하지 않고도 가족의 문제에 대한 자신의 견해를 자유롭게 표현할 수 있다는 장점이 있다. 가족 조각상담은 가족 구성원들에게 자신들의 행동과 태도를 다른 시선으로 바라보는 기회를 제공할 수 있다. 이를 통해 각 구성원의 개인성을 존중하고 서로를 이해하는 데 도움을 줄 수 있다. 또한 가족 구성원들에게 현재의 문제를 다른 각도에서 바라보고, 창의적인 사고와 해결능력을 키우는 데에 도움을 줄 수 있다.

07 Chapter

미누친의 구조적 가족상담 및 치료

| 살바도르 미누친(Salvador Minuchin, 1921~2017) |

아동에게서 나타나는 생물학적 증상은 가족관계의 맥락 안에서 봐야만 한다. 즉 아동심리치료는 곧 가족치료이다.
– Salvador Minuchin –

정신분석 훈련을 받은 아르헨티나 출신의 정신과 의사
뉴욕시의 학교에서 비행 소년을 치료하면서 가족치료에 관심을 가짐
1967년 빈민가의 가족에서 구조적 가족치료를 발전시킴
가족의 부분/하위체계가 어떻게 존재하는가에 관심을 가짐
가족치료의 필요성을 절감, 가족구조를 바꾸기 위한 개입방법 개발
1974년 "가족과 가족치료(families and family therapy)"을 출판
청소년 비행 가족, 거식증이 있는 가족, 약물남용 가족, 사회경제적 수준이 낮은 가족, 알코올중독자 가족구성원 등에게 성공적으로 사용되고 있다

1. 개요

구조적 가족치료는 사회적 체계로서의 가족에 대한 견해를 고정적인 관점으로 보거나, 너무 좁은 시각에서 바라보게 되는데, 가족은 가족의 안과 밖의 세계와 상호작용하며, 세상의 규칙과 원칙을 정하여 공유한다.

첫째, 가족은 변화하는 사회와 문화에 적응하며 개방적으로 구조를 형성한다.

둘째, 가족은 성공적인 발달을 위해 재구조화 단계를 거쳐 나아간다.

셋째, 가족은 가족 구성원들의 성장과정을 지속적으로 유지하고 발전시키며 환경에 적응한다. 이러한 기본전제를 기초로 미누친은 정상적인 가족은 내적이나 외적 압력에도 견디며, 사회적 압력으로 인한 긴장을 극복하면서 조화롭게 지낼 수 있으며, 가족구성원들 사이에 상호 지지, 조화, 협조가 있어서 새로운 상황에 적응하며 긴장 없이 편안하고 조화로운 상태를 유지하는 경우라고 개념화하였다.

미누친의 가족치료이론 모델은 가족문제를 가족구조 내에 문제가 존재하는 것으로 보았고 세 개의 주된 가정을 기초로 하고 있다.

첫째, 인간은 자신의 운명의 주체가 아니다. 미누친은 개인의 심리적인 측면뿐만 아니라 사회적 상황과 타인과의 상호작용이 개인의 경험과 행동에 영향을 미치는 것을 강조하였다. 내면과 외면의 상호작용이 끊임없이 진행되는 것을 강조하는 것이다.

둘째, 사회적 상황은 규칙, 제도, 기관, 문화 등으로 구조화되어 있다.

셋째, 어떤 구조가 부적절하다는 것은 구조 속에 문제가 있거나 불균형이 발생한다는 것을 의미한다.

정상적인 가족은 명확하고 안정된 경계를 가지고 있으며, 강한 부모 하위체계의 위계질서와 유연성을 보여준다. 유연한 체계조정은 독립성과 협력성, 자아발전과 안정성, 개인적인 성장, 개인과 체계 간 상호의존성과 유연성에 반응하기 위한 연속적이고 명확한 재구조화 측면에서 볼 때 이것은 융통성을 의미한다. 반면, 가족 구조의 불균형이 증상을 유발하는 원인으로 작용한다. 이는 가족 구조에서의 갈등, 상호작용의 어려움, 역할의 충돌 등이 증상을 발생시키거나 악화시키는 요인으로 작용할 수 있음을 의미한다.

2. 이론 및 주요개념

1) 이론적 배경

미누친은 아르헨티나에서 태어나고 자랐다. 그는 이스라엘 군대에서 군의관으로 복무했고, 그 이후 그 후 여러 분야의 심리적 훈련을 받기 위해 미국으로 건너갔다. 그 중에 하나가 아동정신과 의사로서의 훈련이었다. 훈련과 연구를 마친 후에 미누친은 1952년에 유기된 아동들을 위해서 이스라엘로 돌아갔으며 그곳에서 가족의 중요성을 절박하게 알게 되었다. 그는 정신분석훈련을 받기 위해 다시 미국으로 돌아가서, 1950년대 말에 가족의 면담을 위하여 아동시설에서 상담을 시작하였으며, 임상가로서 독보적이며 빠르고 활기찬 기술을 연구하였다. 그의 중요한 업적은 가족구조에 있어서 체계적인 이론을 발전시킨 것과 치료기술을 구체화하여 지침을 제시한 것이다.

그는 가족치료를 받으러 오는 가족들이 어려움을 이겨나갈 수 있는 대안이 모자라는 것을 발견하였다. 이로 인해 그는 오래된 습관에서 벗어나서 새로운 구조를 생성할 수 있는 기회를 제공하는 치료적 접근법을 개발하는 데 관심을 두었다. 이러한 접근법의 성공은 1970년대에 가족치료분야에서 눈에 띄는 주목을 받았다. 1950년대 다른 가족치료자들은 중산층의 가족을 대상으로 일했다. 그런데 이때 미누친은 대부분의 경우 복합적이고 다양한 문제를 가진 빈곤 가족의 아동에게는 적합하지 않은 접근 방법이 있다는 것을 발견했다. 이에 그는 빈곤 가족에게 실행 가능한 새로운 개념과 기술을 발전시키기 시작했으며, 이 중 하나가 실연기법이다. 미누친의 대부분의 기술들이 아주 구체적이고 행동 중심적인 것이 특징인데 실연기법이 대표적인 예가 된다(송성자, 1999).

미누친은 60년대 초반 애커만(Ackerman, 1966)의 정신분석적 형태로 이루어진 가족치료를 보면서 매 치료마다 상호교류를 분석하는 것에 반박하여 나름대로의 가족치료의 개념적 틀을 찾아냈다. 그 결과, 그는 가족을 체계적으로 바라보고 체계 내 개인의 문제는 가족의 가능적인 면이 제대로 작동하지 못한 결과로 이해했다. 따라서, 그는 가족구조의 변화를 통하여 가족의 기능을 회복하고 더불어 개인의 문제를 해결하려는 치료자의 위치를 확립하였다. 이에 따라 그는 가족 구성원들이 작은 그룹으로 상호작용하는 것을 강조하며, 가족이 자신의 역할을 수행하기 위해 하위 그룹들 사이의 경계를 명확하게 유지하면서도 다른 그룹들과도 소통해야 한다는 주장을 펼쳤다. 치료기법에서 명확한 경계설정을 가장 중요한 요소로 간주하고 있다. 미누친은 증상 자체를 문제로 보지 않고 현재의 언어적 · 비언어적 관계유형에 중점을 두고 행동을 변경하거나 관계를 평가하는 것과 같은 재구조화 방법을 치료 목표로 삼았다.

2) 주요개념

미누친의 구조적 가족치료이론은 체계론적 관점에 근거한다. 가족성원들은 하위체계라는 개념으로 이해되며, 그들 사이의 경계설정이 중요하다. 가족구조의 경계를 설명하고 제휴, 세력, 결탁 등 상호교류 유형에 주목한다. 이를 다른 방식으로 표현하면, 가족 구성원들 간의 상호작용을 보여주는 실연기법, 긴장고조, 과제부여 등의 기법이 있다.

(1) 하위체계(subsystem)

가족을 하나의 시스템으로 간주할 때, 가족 내에서는 다양한 하위체계로 구성된 하나의 체계이다. 동시에 가족을 둘러싼 사회적 네트워크나 사회적 관계 등이 외부체계의 하위체계로 작용한다. 여기서 개인은 가족의 하위체계로 본다. 하위체계는 세대, 성별, 관심, 기능에 따라 분류될 수도 있다. 여성의 경우, 딸, 며느리, 언니, 누나, 아내, 어머니, 이모, 고모가 될 수 있고 남성은 아들, 형, 남편, 삼촌, 고모부, 사위, 아버지 등이 될 수 있다. 그리고 가족관계로 본다면 부부, 부모, 모녀, 부자, 형제, 자매 등 가족관계도 하위체계이다. 가족구성원은 여러 가지 하위체계에 동일한 시기에 속할 수 있으며, 각각 다른 역할과 기능을 가지고 일정한 위계질서 속에 행동한다. 아내와 남편과 부부 하위체계를 이루고 또 딸과는 모녀 하위체계, 아들과의 관계는 모자 하위체계를 이루며 또 시어머니와의 관계는 고부 하위체계를 이루는 등 각기 다른 권력과 역할을 가지게 되며 고유의 기능을 수행하면서 상보적인 관계를 형성하게 된다. 즉, 가족구성원은 동시에 여러 하위체계에 속하며, 각각 다른 역할과 기능을 수행하면서 상호보완적인 관계를 형성한다.

① 부부 하위체계

두 사람이 결혼함과 동시에 부부 하위체계가 형성하게 되는데 원가족과 독립적이고 자율적으로 적절히 분화되어야 한다. 만일, 원가족과 결혼 후에도 밀착되어 있거나 원가족 고유의 규칙이나 가치를 주장하면 부부 하위체계는 취약해진다. 이는 부부관계를 유지하면서 원가족과의 연결을 끊지 않고 친밀한 관계를 유지해야 한다는 의미한다. 동시에 원가족의 규정, 유형, 기능을 존중하면서 독립적인 부부체계를 발전시켜야 한다는 것을 강조한다.

부부 하위체계의 주요 임무는 협상과 타협이다. 부부간의 문제가 발생 시 협상과 조정은 부부관계에 커다란 영향을 미친다. 예를 들어, 외식할 때 서로의 식습관이 다른 경우, 취미생활에 대한 견해가 다른 경우, 휴식을 취할 때의 방식이 다른 경우, 잠자리 습관이나 애정표현의 방법 등의 크고 작은 일들이 존재하는데 그 속에서 부부가 어떤 방법으로 협상과 조정을 하느냐에 따라 부부관계는 달라진다. 협상과 조정에 있어 어느 한쪽의 희생이나 강요가 아니라 서로의 욕구가 충족될 수 있도록 하는 것이 중요하다. 서로의 가치를 존중하고 지원함으로써 개인의 자아실현과 성장을 상호 도모해야 한다. 부부 하위체계는 서로가 지지하고 조정하면서 자녀를 양육하기 위한 적절한 균형을 마련해야 하기 때문이다.

부부간의 주요과제는 애정과 성적기능, 친밀감과 연관된다.

이를 위해서는 자녀나 혹은 원가족의 부모가 부부 하위체계를 방해하면 부부만의 영역을 확보할 수 있어야 한다. 전통적인 우리 사회는 부부 하위체계에 대한 기능이 미비했지만 현대사회에서는 평균 수명이 길어짐으로 인해 자녀가 독립한 후에 부부만 남는 시간이 증가하게 되었다. 이에 따라 부부는 적절한 협상과 조정으로 부부 하위체계의 기능을 강화하여 보다 나은 삶을 영위할 필요가 있다.

② 부모 하위체계

부모 하위체계는 아버지와 딸 등 다른 세대가 구성되며 위계구조의 확립이 중요하다. 부모 하위체계의 주요한 과업은 자녀의 발달과 성장을 지원하고 육아지도, 행동관리, 감정지원 등을 제공하는 것을 말한다. 이러한 과업은 자녀의 연령이나 발달단계, 개인적인 특성에 따라 달라진다. 부모는 자녀의 연령과 발달단계에 알맞은 양육과 지도규칙을 수립하고 애정과 훈계의 균형 잡힌 부모의 역할을 하는 것이 중요하다. 어린 자녀의 경우 건강과 심신발달을 위한 지원이 필요하고, 사춘기에 접어들면 부모는 자녀가 자율성을 존중하는 방향으로 재조정 되어야 한다. 자녀가 결혼을 하게 되면 부부는 독립적이고 건강한 부부체계를 확립할 수 있도록 독립적으로 지원해야 한다. 이 과정에서 부부는 자녀의 양육에 대해 다른 견해를 보일 수 있는데 이때 서로 협상하고 조정하여 자녀 양육에 일치된 지원을 제공할 필요가 있다. 자녀의 성장 발달은 지원하는 과정에서 부모는 적절한 애정과 통제를 하는 권위 있는 부모역할을 가장 이상적인 양육태도로 제시하였다(Buumrind, 1991).

③ 부모–자녀 하위체계

부모와 자녀로 형성되는데, 세대가 다른 사람들로 구성된다는 특징이 있어 이 하위체계의 핵심은 위계구조를 성립하는 것이며 이를 성취하지 못할 경우 부정적인 결과가 나타나 날 수 있다. 부모가 자녀에게 적당한 권위를 수행하지 못하거나 한 자녀와의 관계에서 지나치게 밀착된 관계를 유지하면 오히려 배우자와 소원한 거리를 유지하면서 가족 시스템에 역기능적인 영향을 미칠 수 있다.

이러한 상황에서는 다음과 같은 역기능적인 결과가 나타날 수 있다.

- **자녀의 불안과 의존성 증가**: 부모가 적절한 권위를 행사하지 못하거나 한 자녀와 지나치게 밀착된 관계를 형성하면, 자녀는 안정된 권위 구조를 경험하지 못하고 불안감이 높아질 수 있다. 이로 인해 자녀는 부모의 의지와 지원에 지나치게 의존하거나 자신의 감정을 제대로 표현하는 데 어려움을 겪을 수 있다.
- **부부 간 갈등과 소외**: 한쪽 부모가 자녀와 지나치게 밀착된 관계를 형성하면, 다른 한쪽 부모는 소외감을 느낄 수 있다. 이는 부부간의 갈등을 일으킬 수 있으며, 가족 구성원 간의 의사소통과 상호작용이 저해될 수 있다.
- **자녀의 사회적 발달 저해**: 부모와의 밀착된 관계로 인해 자녀는 사회적 발달에 제약을 받을 수 있다. 다른 사람들과의 관계 형성, 독립적인 결정과 행동, 갈등 해결능력 등이 제한될 수 있다. 이는 자녀의 사회적 적응과 자립성 발달에 부정적인 영향을 미칠 수 있다.
- **부모–자녀 간의 건강한 경계 설정 어려움**: 적절한 권위 행사와 건강한 경계 설정이 이루어지지 않을 경우, 부모와 자녀 간의 관계가 지나치게 불

균형하고 경계가 모호해질 수 있다. 이는 부모가 자녀의 행동을 제어하거나 자녀에게 적절한 규칙과 구조를 제공하기 어렵게 만들 수 있다.

④ 형제자매 하위체계

이 하위체계는 동일세대로 형성되지만 성별이나 역할 혹은 권력의 위계구조를 이루고 있으며, 그 안에서 협력, 자기주장과 경쟁, 양보와 협의, 갈등조정, 우애 등을 배우고 사회성을 기르는 것이 핵심이다. 형제자매 체계에서 경험적으로 학습한 대인관계 기술은 이후의 대인관계에서 자연스럽게 나타난다. 형제자매 체계가 기능적이기 위해서는 다음과 같은 조건들이 필요하다.

- **부모의 자녀 편 가르기와 비교 제거**: 부모는 자녀들을 공평하게 대우하고, 어느 한 자녀를 편애하거나 비교하는 일이 없어야 한다. 이를 통해 형제자매들은 자신의 개인적인 가치를 인정받고 자신감을 갖게 된다.
- **형제싸움에 중재하지 않기**: 부모는 형제자매들 간의 갈등이나 문제에 대해 과도한 중재를 하지 않아야 한다. 형제자매들은 갈등 상황에서 자율적으로 문제를 해결하고, 상호 간에 소통과 협력 능력을 발전시킬 수 있는 기회를 갖게 된다.
- **친밀감과 유대감 강화**: 부모는 형제자매들 간의 친밀감과 유대감을 높이기 위해 시간을 함께 보내는 기회를 주고, 형제자매들끼리의 상호작용과 협력을 장려한다. 이를 통해 형제자매들은 서로에 대한 이해와 존중을 키우게 되며, 형제자매 간의 관계가 더욱 강화될 수 있다.
- **공평한 대우**: 부모는 형제자매들 간의 공평한 대우를 지향해야 한다. 양자의 필요와 가치를 존중하며, 각자의 역할과 책임을 분담하고 균형을 유지할 수 있도록 도움을 준다. 만약에 형제자매 하위체계가 밀착된 경우, 외부 사람과의 관계 형성에 어려움이 생길 수 있다. 형제자매 간의 지나치게 소원한 관계는 상호 간의 영향력이나 유대감을 약화시킬 수 있으며, 외동이처럼 독립적인 개인이 아닌 상태가 되기 쉽다. 따라서 형제

자매 간에는 적절한 경계와 독립성을 유지하는 것이 중요하다.

(2) 경계선

경계선은 가족 구성원과 하위체계를 둘러싸는 보이지 않는 테두리로, 타인과의 접촉의 양과 질을 결정한다. 경계선은 개인과 개인 사이, 또는 하위체계와 하위체계 사이의 상호작용 과정에서 누가, 어떤 방식으로 관여하는지를 규정하는 규칙이라고 할 수 있다.

구조적 가족치료는 경직된, 명확한, 밀접한 혹은 모호한 경계선이라는 세 가지 범주를 제시한다. 경직된 경계는 가족 구성원들이 지나치게 독립적인 태도를 가지며 서로 간에 거리감과 소외감을 느낄 수 있다. 이러한 상황에서는 가족 간의 의사소통이 어려워지고 보호 기능을 수행하기 힘들어진다.

하위체계의 경직된 경계의 표현은 다음의 결과를 가져온다.

- **상호 간의 감정적인 연결 부족**: 경직된 경계가 형성되면 가족 구성원들 간의 감정적인 연결이 제한되고 상호 간의 이해와 공감이 부족해질 수 있다. 각자의 개인적인 경계가 침범되지 않도록 자신을 보호하는 경향이 강해지기 때문이다.
- **의사소통의 어려움**: 경직된 경계는 가족 구성원들 간의 의사소통을 어렵게 만들 수 있다. 개인들이 자신의 생각과 감정을 솔직하게 표현하기보다는 자기방어를 우선시하는 경향이 있기 때문이다.
- **보호 기능의 저하**: 경직된 경계는 가족 내에서 보호 기능을 제대로 수행하기 어렵게 만들 수 있다. 각 구성원이 자신의 개인적인 경계를 중시하며, 가족 구성원들을 보호하고 지원하는 데 어려움을 겪을 수 있다. 따라서, 구조적 가족치료에서는 경직된 경계를 유연하고 건강한 경계로 변화시키는 작업을 통해 가족 간의 의사소통과 상호작용을 개선하고, 보호

기능을 강화하는 것을 목표로 한다.

모호한 경계선은 가족 구성원 개인의 정체성이 모호하고, 가족구성원들 간에 거리감이 없으며, 강한 소속감 때문에 개인의 자율성이 방해를 받는 상황을 말한다. 이러한 상황에서 가족 구성원들은 서로를 지지하고 협동하며, 상대방의 생활에 늘 관여하기 때문에 자율적으로 문제를 탐색하고 해결할 수 있는 능력을 발전시키는 기회가 부족하게 된다.

하위체계의 모호한 경계선은 다음과 같은 결과를 초래한다.

- **개인의 정체성의 모호성**: 모호한 경계선이 형성되면 가족 구성원들의 개인적인 정체성이 모호해질 수 있다. 각자의 역할과 책임이 불명확하거나 상호 간의 경계가 모호하기 때문에 개인들은 자신의 정체성을 명확하게 구분하기 어려워진다.
- **경계선의 부재**: 모호한 경계선은 가족 구성원들 간에 구분이 없어지는 결과를 초래할 수 있다. 가족 구성원들은 상호 간의 경계를 구분하지 않고 서로의 생활에 늘 관여하며, 강한 소속감을 갖게 된다. 이로 인해 개인의 자율성과 독립성이 제한될 수 있다.
- **자율성의 부족**: 모호한 경계선이 형성되면 가족구성원들은 자신의 문제를 자율적으로 탐색하고 해결할 기회가 제한된다. 가족 구성원들이 서로를 지지하고 협동하며 상호 간의 관여가 지나치게 높아지면, 개인들은 자신의 의견과 선택을 자율적으로 표현하거나 행동할 수 있는 여유가 부족해지게 된다. 따라서, 모호한 경계선을 해소하고 건강한 경계를 형성하기 위해서는 개인의 정체성과 역할, 상호 간의 거리감, 개인의 자율성을 존중하고 강화하는 노력이 필요하다. 이를 통해 가족 구성원들은 자신의 개인적인 경계를 존중하면서도 상호 간의 지원과 협력을 발전시킬 수 있다.

(3) 위계구조

가족 내에서의 권한과 책임은 하위체계 간의 경계와 역할 기반으로 형성된다. 올바른 위계구조는 부모 하위체계와 자녀 하위체계에 대해 권위와 영향력을 행사하며 하위체계 간의 경계선이 명확하게 구분된다. 만약 이 위계구조가 달라지면 가족구성원 간에 제휴라는 역기능이 발생한다. 제휴란 가족구성원이 서로 연결되는 방법으로 지지나 협력 또는 반대나 대립하는 것을 말한다 (Goldenbery, 2001).

위계구조에는 연합과 동맹이 있다.

연합(coalition)은 두 사람이 제3자에게 맞서기 위해 협력하고 연결되는 제휴를 맺는 것을 말한다. 안정적 연합은 다툼의 대상이 되는 가족구성원과 심리적인 거리를 두고 두 사람이 연합하고 밀착된 관계를 유지하는 상태를 말한다.

- **부모의 연합**: 가족의 부모가 함께 연합하여 자녀의 교육에 대한 관심과 지지를 나타내는 경우가 있다. 예를 들어, 한 부모가 자녀의 학업에 더 관여하고 다른 부모는 사회적인 활동이나 취미에 더 관심이 있을 수 있다. 이때, 두 부모가 서로 협력하여 자녀의 교육과 사회적인 발달을 동시에 지원하고자 할 때, 부모의 연합이 형성될 수 있다. 이를 통해 자녀는 양쪽 부모로부터 균형 잡힌 지지를 받으며 성장할 수 있다.
- **형제자매의 동맹**: 형제자매 사이에서 동맹이 형성되는 경우도 있다. 예를 들어, 형제자매가 학교에서 친구들과의 사회적인 상호작용이나 동료 간의 경쟁에 어려움을 겪을 때, 형제자매 간에 동맹이 형성되어 서로를 지지하고 협력하여 어려움을 극복할 수 있다. 형제자매가 함께 문제를 해결하고 자신들 간의 관계에서 합리적인 동맹을 형성함으로써, 자신들의 사회성과 대인관계 기술을 발전시킬 수 있다.
- **가족 구성원의 연합**: 가족 구성원들이 함께 문제를 해결하기 위해 연합하

는 경우도 있다. 예를 들어, 가족성원 중 한 사람이 질병이나 중독 문제로 인해 어려움을 겪을 때, 가족 구성원들이 함께 모여 이 문제를 해결하려는 의지를 나타내고, 서로의 지지와 협력을 통해 가족 구성원의 회복과 변화를 돕는 연합이 형성될 수 있다. 이를 통해 가족 구성원들은 서로를 지지하고 서로에게 힘을 실어주며, 문제를 협력적으로 해결할 수 있는 기회를 갖게 된다. 이러한 사례들은 구조적 가족치료에서 연합과 동맹이 어떻게 형성될 수 있는지를 보여준다. 연합과 동맹은 가족 구성원들 간의 상호작용에서 발생하며, 문제해결과 변화를 위한 중요한 도구로 사용된다.

3. 상담목표

구조적 가족치료의 목표는 가족구조를 재구조화하는 것이다. 문제나 증상은 역기능적 가족구조에서 비롯된다는 관점을 가지고 있다.

재구조화를 위한 지침은 다음과 같다.

- 부모와 자녀 간의 명확한 위계질서를 확립하고 권위를 통해 가족 위계질서를 적절히 구축한다. 부모는 권위와 책임을 맡고 이를 기반으로 부모-자녀 간이나 세대 간의 차이를 인정하는 구조를 확립한다.
- 부부는 상호연대와 상호 의존적인 양육 방식으로 자녀에게 일관된 모습을 보여주며, 자녀와의 연합에 부정적인 영향을 방지할 수 있다.
- 부모의 연합된 모습으로 인해 자녀들은 동등한 형제자매 체계를 형성할 수 있도록 한다. 자녀들끼리 협상하고 갈등 또는 차이를 해결하며 서로를 존중하도록 지원한다.

- 경계선이 경직되거나 분리된 가족을 대상으로 한 치료과정에서, 가족 구성원들 간의 상호작용 빈도를 증가시킴으로써 명확한 경계선을 형성할 수 있도록 지원하는 접근방식을 적용한다.
- 밀접하게 결속된 가족을 대상으로 한 치료적 개입에서 우리는 개인 하위 시스템 간의 차별화를 촉진하여 상호 자율성과 개성을 향상시켜야 한다. 자녀의 발달 수준에 따른 다양성을 존중하고 자녀의 연령에 맞는 자율 활동을 맞춤형으로 지원한다.
- 가족구성원들의 적절한 역할과 책임감을 조성하며, 기능적인 의사소통과 상호교류를 활발하게 한다.
- 가족구성원 중 희생양에서 벗어나 가족의 결속력을 구축하고, 가족체계의 상호교류 규칙을 재구조화한다.

4. 상담과정 및 치료기법

1) 상담과정

(1) 상담단계

- 상담 초기 단계
  - 가족 문제의 이해 및 진단
    가족 간 상호작용의 흐름과 문제 발생의 맥락을 면밀히 탐색하고, 구조적 문제나 역할 혼란, 불균형한 관계 패턴을 평가한다.
  - 상담의 방향 설정
    가족 구성원들과 협력하여 현실적이며 공동의 동의를 얻을 수 있는 상담의 목표를 수립한다.

– 관계 형성과 신뢰 구축

상담자는 가족과 정서적 라포를 형성하고, 가족이 안전하고 개방적으로 참여할 수 있는 환경을 조성한다.

- 상담 중기 단계

– 가족 구조의 재정비

기존의 비효율적인 구조를 확인하고, 건강한 상호작용이 가능하도록 가족 내 하위체계, 경계, 역할을 재구성하는 개입을 시행한다.

– 상호작용 방식의 조정

부정적인 상호작용 패턴을 인식시키고, 보다 기능적인 소통 및 행동 방식으로 전환할 수 있도록 실습과 피드백을 제공한다.

– 경계의 재구성 및 강화

지나치게 융합되었거나 단절된 관계에 대해 적절한 심리적 거리와 경계를 설정하여 각 하위체계의 기능을 회복하도록 돕는다.

– 새로운 관계의 틀 형성

과거의 반복된 부적응적 규칙을 벗어나 가족이 공동으로 수용 가능한 새로운 관계 규범과 소통 방식을 수립하도록 지원한다.

- 상담 후기 단계

– 변화의 정착과 유지

상담을 통해 형성된 긍정적인 구조와 상호작용 패턴이 일상생활에 자연스럽게 유지되도록 강화 전략을 제공한다.

– 문제 재발 방지 전략 마련

과거의 문제상황에 다시 빠지지 않도록 가족 스스로 효과적으로 대처할 수 있는 자기조절 능력과 대응 전략을 훈련한다.

– 자율성과 기능의 확립

상담 종료 이후에도 가족이 외부의 도움 없이 스스로 관계를 조율하고 문제를 해결할 수 있는 독립적인 기능 수준을 갖추도록 마무리한다.

(2) 가족구조의 확인

상담자가 가족과 합류한 다음 가족구조를 확인해야 한다. 가족과의 상담과정에서 상담자는 가족구조를 확인하기 위해 다음 단계로 진행해야 한다. 하위체계의 원활한 기능 여부, 위계 구조의 상태, 각 가족 구성원 간의 경계선 등을 가정하여 파악하는 것이 필요하다. 이를 위해 상담자는 가족 구성원의 일반적인 특성에 대해 질문하여 정보를 수집한다. 이는 가족의 구성원 수, 성별, 연령, 종교, 직업, 소속, 교육 수준, 현재 문제, 스트레스 상황 등을 포함한다. 또한, 상담자는 가족구조를 파악하기 위해 가족 구성원들 간의 상호작용 과정을 관찰하며 다음과 같은 영역에 주의를 기울여야 한다.

가족 구조는 상담자가 가족 구성원들의 상호작용을 관찰하여 파악할 수 있다. 가족 구성원들이 나타내는 행동과 표정, 상담 시간 동안 각자의 자리에 차지하는 우선순위, 누구의 의견이 존중받고 누구의 의견이 무시되는지와 같은 실제적인 의사소통 행동은 가족 구조에 대한 정보를 얻는 중요한 요소가 된다. 가족구조는 실연(reenactment)을 통해 검토할 수도 있다. 실연은 상담자가 가족 구성원들에게 가족의 상호작용을 설명하는 대신 실제 행동을 통해 보여주도록 요청하는 것이다. 이와 같이 구조적 가족 상담은 상담자가 사전에 개입을 하지 않고, 가족 구성원들의 상호작용을 관찰하고 실제로 상호작용하도록 유도하여 가족의 유형과 구조를 파악하는 것을 강조한다.

가족의 구성원들이 상담실에 참석했을 때 상담자는 가족 구성원들에게 다음과 같은 지시를 줄 수 있다. “가족 구성원 중 한 명은 다른 가족 구성원에게 자신의 고민이나 요청사항을 표현해 보세요. 이를 받아들이는 다른 가족 구성원은 그에 대한 반응을 보여주세요”, “가족이 함께 문제해결을 할 때 서로 다른 의견을 가지고 있을 때 다른 가족구성원은 어떻게 반응하는지 보여주세요. 그리고 그때 다른 의견에 대해 어떻게 조율하는지 보여주세요”라고 할 수 있는데 이 지시를 통해 상담자는 실제 상호작용을 통해 가족 구성원들의 관계와 구조를 파악할 수 있다. 가족 구성원들이 서로 소통하고 상호작용함으로써 가족 구조의 특징이나 문제점을 관찰하고 이해할 수 있게 된다. 예를 들어, 어떤 가족 구성원이 말을 끝까지 듣지 않거나 중요한 의견을 무시하는 경우, 이는 가족 구조에서 통제 또는 권력이 불균형한 상태를 시사할 수 있다. 이를 통해 상담자는 가족의 동적이고 특정한 구조를 파악하여 문제를 식별하고 적절한 개입 방안을 모색할 수 있다.

(3) 가족의 재구조화 확인

미누친은 가족구성원 개개인의 경험과 가족 시스템의 발전단계에 따른 변화나 가족을 둘러싼 사회의 전반적 체계에 적응하기 위하여 재구조화가 필요하다고 하였다. 다음의 상황에서 가족의 재구조화가 필요한 상황이다.

- **가족 구성원의 이별 또는 사망**: 가족 내에서 이별이나 사망과 같은 상실을 경험하면 가족 구조와 상호작용에 큰 변화가 발생할 수 있다. 가족 구성원들은 새로운 현실에 대응하고 재조정을 필요로 할 수 있다.
- **가족 구성원의 건강 문제**: 가족 구성원 중 누군가가 심각한 질병이나 장애 등의 건강 문제를 겪는 경우, 가족의 재구조화가 필요할 수 있다. 이는 새로운 역할 배분, 지원 체계의 재조정, 의료 및 간호 도구의 도입 등을 통해 가족의 새로운 행동을 형성하는 것을 의미한다.
- **가족 구성원의 발달적 변화**: 가족 구성원들 중 누군가가 성장과 발달 과정을 겪는 경우, 가족의 재구조화가 필요할 수 있다. 예를 들어, 임산과 출산, 사춘기나 자녀 독립과 결혼, 은퇴 등 가족 구성원의 신체적, 정서적 변화 등은 가족 구조와 상호작용을 조정하고 재조정할 필요성을 제기할 수 있다.
- **가족의 사회적 변화**: 가족이 사회적인 변화에 직면하는 경우, 가족의 재구조화가 필요할 수 있다. 이는 코로나바이러스 감염상황, 이주, 이혼,

결혼, 직장 전환 등과 같은 사회적 변화에 따라 가족 구성원들이 새로운 역할, 책임, 의사소통 방식을 적용하고 조정하는 것을 의미한다.

2) 치료기법

구조적 가족치료의 기법으로 합류를 위한 기법, 구조적 지도, 가족의 재구조화의 기법이 있다.

(1) 합류를 위한 기법

합류는 가족치료사가 가족체계 내의 성원과 같은 편이 되어 상호관계를 형성하는 것을 말한다. 이 과정에서 치료자는 진실되고 공감적인 이해와 존중이 필요하다. 합류를 위한 네 가지 기법을 살펴보면 다음과 같다.

① 유지(maintenance)

유지는 기존의 가족 구조를 인식하고 존중하며, 그에 따르려는 의지를 가지는 것을 의미한다. 이는 가족의 위계적 구조나 가족 구성원 간의 상호작용을 파악하고, 가족 구조를 그대로 유지하면서 가족 구성원들과 상호작용하며, 특정한 하위체계의 상호교류 유형에 접근하는 것을 포함한다. 예를 들면, 어머니가 자녀들을 위해서 토요일에는 특별한 요리를 해주는 경우에 어머니에게 '무척 사랑이 많으신 분이군요. 자녀들이 어머니에 대한 애정을 많이 느끼며 자라날 것 같군요'라고 가족구조를 유지하기 위한 피드백을 할 수 있다.

② 적응(adaptation)

적응은 가족에 개입하려는 경우, 현재의 가족 구조에 대한 적응이 중요하다. 치료자가 가족 시스템에 대해 이야기를 시작하면, 많은 가족들이 긴장하고 저항을 느낄 수 있다. 이러한 상황에서 치료자는 가족을 그대로 지지하고 존중하는 적응기법을 사용한다. 결과적으로, 가족 구성원들은 편안한 마음으로 치료에 참여할 수 있게 된다. 구체적으로 말하면, 적응은 언어와 행동뿐만 아니라 가족의 현재 존재하는 위계 구조와 경계선을 인정하는 것을 의미하며, 그들의 위치, 개인적인 특징과 강점, 전망을 지지하는 것을 의미한다. 예를 들어 가족 중 한 사람이 대화에 참여하지 않을 때 대화에 자연스럽게 참여하도록 기다려 주는 것이다.

③ 추적(tracking)

추적은 가족이 말하는 내용에 대해 명확하게 하기 위해 질문하고, 그에 대한 동의를 이끌어내고, 과장되었던 부분은 배제시키는 것을 말한다. 추적은 치료자가 비지시적으로 가족에 합류하여 가족 이야기를 들으면서 '음, 네. 그러시군요…'와 같은 반응을 보이면서 계속해서 말하는 것을 격려하는 것이다. 추적을 위해 치료자는 새로운 행동을 하지 않고 단지 따라가기만 하며 의심되는 것을 확실히 하기 위해 질문하여 정보를 유도해 낼 뿐이다.

이 과정에서 가족구성원은 문제를 확인할 수 있는 경험을 가지거나, 치료자가 가족구조를 이해하는 정보를 얻을 수 있다. 예를 들어, 부부상담 시 남편이 아내의 말하는 내용이 마음에 들지 않는다고 큰소리로 화를 내면서 이야기를 할 때 어떤 계기로 화가 났는지에 대해서 처음부터 세부적인 질문을 하여 각 단계를 추적하면서 평소에 부부 하위체계의 기능을 예측해 볼 수 있다.

④ 모방(imitation)

치료자가 가족의 언어패턴에 대한 모방과 감정적 모방, 행동적 모방, 상호작용 방식을 그대로 따라 하는 기법이다. 예를 들어, '우리 딸이 사춘기라 그런지 너무 예민해요'라고 말하면 '저도 자녀가 사춘기일 때 예민함 때문에 힘든 적이 있어요', '우리 남편은 청소도 안 하면서 집을 항상 어지럽혀요' '저도 집 청소 안 하는 남편과 살고 있지요'라고 말하는 것은 모방을 통한 합류다. 모방기법은 치료자가 가족과 합류를 촉진하는 기회를 제공한다.

⑤ 구조적 지도(structural map)

가족 간의 상호작용에 대한 구조를 그림으로 나타낸 것이다.

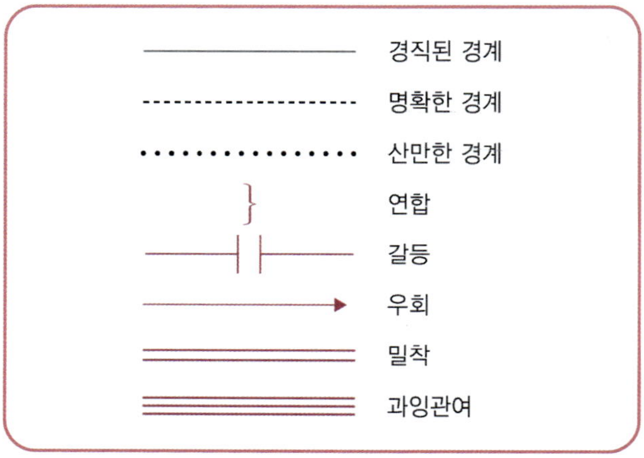

그림 7-1 구조적 가족지도에 사용되는 기호

(2) 가족 재구조화 기법

가족의 역기능 구조를 변화시키기 위하여 치료자는 긴장 고조, 재정의, 경계선 설정, 강점인식 과제주기 등의 기법을 사용한다(Minuchin, 1974, 김종옥 역, 1988).

① 긴장고조기법

긴장고조기법은 가족 안에서 계속해서 나타나는 문제 행동을 알아차리고,

문제가 되는 상황을 일시적으로 약간 어려운 상황으로 만들어서 가족 구조를 바꾸도록 도와주는 방법이다. 이를 통해 가족은 문제를 해결하고 새로운 균형을 찾아갈 수 있게 된다. 치료자가 가족 구성원들의 긴장을 증폭시키기 위해 가족체계의 경계선, 제휴, 연합, 권력 등에 직접 개입하여 가족구조를 재구성하는 것이다.

예시

가족상담 중 상담자의 질문에 아들이 대답하지 않고 항상 어머니가 먼저 아들을 대신해서 대답을 한다면 상담자는 '잠깐만요. 어머니 전 아들에게 질문을 했어요. 어머니는 아들에게 말할 기회를 주셨으면 좋겠어요. 저는 아들의 답을 듣고 싶네요.'

② 증상활용기법

개인이나 가족의 문제 또는 증상을 활용하여 변화와 해결을 이끌어내는 방법이다. 이 기법은 증상이나 문제가 개인이나 가족의 내면적인 의사소통이나 조화를 방해하는 요소로 작용할 때 특히 효과적이다.

- **증상 초점 맞추기(focusing on symptoms)**: 가족 구성원 개개인의 증상이나 가족 전체의 증상이 어떤 의미나 목적을 내포하고 있는지 이해하는 것이다. 증상은 개인이나 가족이 어떤 감정, 욕구, 혹은 의사소통을 전달하는 수단으로 사용될 수 있다.
- **증상 과장하기(exaggeration of symptoms)**: 증상을 과장하기는 개인이나 가족의 증상이나 문제를 고의로 과장하여 표현하는 것을 말한다. 이 기법은 주로 인지행동치료 및 가족치료에서 활용된다. 증상 과장하기는 개인이나 가족의 자원과 대안적인 해결책을 찾기 위해 사용될 수 있다. 증상이나 문제를 과장하여 표현함으로써, 개인이나 가족은 더 나은 대안과 새로운 자원을 모색하게 된다. 예를 들어, 싸움을 자주 하는 부부가 있다면 매일 하루에 2시간씩 싸우도록 하는 것이다. 그럼 매일 2시간씩 싸우

는 것은 너무 힘든 일이라는 것을 깨닫고 부부는 싸우는 것에 대한 다른 방법을 모색하게 된다.

- **증상 재명명하기(reframing symptoms)**: 개인이나 가족의 증상을 새로운 용어나 표현으로 대체하여 다른 시각과 이해를 제공하는 것을 말한다. 이 기법은 증상이나 문제를 과도하게 강조하거나 부정적인 의미를 부여하는 것보다는, 보다 건강하고 긍정적인 관점에서 증상을 이해하고 접근하는 데 활용된다. 증상 재명명하기는 개인이나 가족의 증상을 새로운 용어나 표현으로 대체하여 새로운 의미를 부여한다. 이를 통해 개인이나 가족은 증상을 고정된 개념이나 부정적인 관점으로 바라보지 않고, 다양한 가능성과 해석을 허용하는 방향으로 관점을 바꿀 수 있다.

③ 과제부여(task assignment)

내담자에게 특정한 과제나 작업을 부여하는 기법이다. 이 기법은 내담자의 자기조절 능력을 향상시키고, 새로운 행동 패턴을 학습하며, 문제해결에 도움을 주는 데 활용된다. 내담자에게 특정한 과제를 부여함으로써, 자기관찰과 인식을 촉진시키고, 과제를 수행하면서 내담자는 자신의 생각, 감정, 행동에 대해 더욱 깊이 고찰하고 이해할 수 있게 된다.

08 Chapter

전략적 가족상담 및 치료

1. 개요

전략적 가족치료모델은 가족의 반복적인 문제에 대하여 역기능적인 행동에 직접적으로 개입하여 변화를 시도하는 접근으로 단기적이며 효율적인 개입이 필요하다. 문제의 원인에 대한 통제와 이해를 증가시키기보다 증상을 유지하려는 가족의 역기능적 연쇄적 과정을 끊어 단기적으로 증상 해결을 시도한다.

전략적 가족치료는 일반적으로 짧은 기간 동안에 진행된다는 특징이 있다. 가족의 문제를 빠르게 해결하고자 하는 데 초점을 둔다. 그리고 목표와 전략을 세워 가족이 원하는 변화를 이룰 수 있도록 돕는 것이다. 이때 전략적인 방법으로 합리적인 접근과 가족문제를 해결하기 위한 창의적이고 유연한 방법을 활용한다는 것이다.

상담사는 가족의 변화를 촉진시키기 위해 적극적으로 개입하고 간섭하여 논리적이고 간결한 전략을 제공하여 가족 구성원들이 세운 목표로 변화를 이루는 데 초점을 두는 것이다. 과거의 문제보다는 미래의 목표와 변화에 집중하여 가족이 성장하고 발전하도록 하는 것이다. 이 전략적 접근법은 가족 시스템 내의 상호작용과 동적화를 강조하며, 문제를 지속시키는 가족의 구조와 상호작용을 파악하여 해결 방안을 제시하는 것이다.

이 장에서는 MRI의 상호작용 모델, 헤일리의 전략적 구조주의 모델, 밀란의 체계적 모델의 등 전략적 가족치료 접근의 주요이론 및 개념에 대하여 살펴보도록 하겠다.

2. 이론 및 주요개념

1) 이론적 배경

(1) MRI 모델

미국에서 가족치료 운동은 1950년대와 1960년대에 걸쳐 전국적으로 확산되면서 의사소통에 대한 혁신적인 연구가 활발히 진행되었다. 특히 1959년에 잭슨(Don Jackson)이 설립한 캘리포니아에 위치한 정신건강연구소(Mental Research Institute: MRI)에서는 정신분열증과 관련한 가족연구팀을 중심으로 정신건강과 가족의 상호작용에 관한 연구가 진행되었다. 이 연구는 가족 구성원 간의 의사소통과 상호작용이 정신분열증의 치료와 예방에 어떠한 영향력을 미칠 수 있는지를 탐색하는 것을 목표로 하였다.

MRI 가족연구팀인 베이트슨, 잭슨, 헤일리, 바츨라비크 등은 가족이 문제를 해결하기 위한 시도가 오히려 문제를 악화시킬 수 있는 경향을 관찰하고, 건강하고 지속 가능한 가족 상호작용에 주목했다. 그들은 해결 방식을 조정하고 적절한 의사소통과 상호작용을 강조하여 가족의 복잡한 문제를 해결하는 데 초점을 맞췄다.

이들은 문제가 잘못된 의사소통 과정에 있다고 판단하여, 의사소통의 내용보다는 의사소통 방식을 중요시했다. 이러한 발견은 순환적 인식론을 기반으로 하며, 이로 인해 가족치료 분야의 관심은 개인의 심리적 역동이 아닌 문제를 유지시키는 상호작용으로 전환되었다. 이러한 변화는 가족치료 분야에서 중요한 전환점이었다(Jackson & Warzlawick, 1963).

이후 MRI 가족연구팀은 에릭슨의 임상기법과 자체적인 의사소통 연구를 융합하여 단기전략적 접근모델을 개발했다. 이 전략적 개입은 반복적이며, 부정적인 가족 상호작용의 영속적인 패턴을 깨는 것을 목표로 했다. 이 모델은

10회 미만의 단기치료 세션으로 이루어지며, 가족의 문제를 효과적으로 해결하기 위해 활용되었다.

문제에 대한 MRI의 접근방식은 단순하였다. 첫째, 문제에 있어 항상 같은 해결방식에 고착되어 문제를 더욱 유지시키는 정적 피드백 고리를 확인한다. 둘째, 이러한 역기능적 상호작용을 유지하는 가족 규칙을 파악한다. 셋째, 가족규칙을 변화시킬 수 있는 전략을 찾는다(Nichols & Schwartz, 2002).

바츨라비크와 바벨라스, 잭슨(Watzlawick, Bavelas, & Jackson, 2011)이 1967년에 발표한『인간의 의사소통 실용론(Pragmatics of Human Communication)』은 의사소통 분야에서 고전적인 저작으로 인정받고 있다. 이 책은 의사소통에 관한 원리와 공리를 제시하여 큰 호평을 받았다. 그러나 1990년대 이후 가족치료 분야에서는 전략적 모델보다는 협동적인 치료가 우선되며, 행동적인 모델보다는 인지적 변화에 주목하는 추세가 지속되었다. 이러한 흐름에 따라 MRI 모델은 포스트모더니즘의 치료적 방법을 통합하며 계속해서 발전하고 있다. 최근에는 MRI가 반항적인 청소년과 성인의 문제에 전략적 접근을 훈련하는 데 집중하고 있다.

(2) 전략적 구조주의 모델

헤일리(Haley)는 MRI 연구팀의 일원으로, 가족 내의 의사소통, 역할, 권력과 관련된 관심을 가지고 연구를 수행했다. 그는 가족 구성원들 사이의 의사결정 주도권과 말하는 자와 듣는 자의 관계형성에 주목하여 가족 역동을 관찰하였다. 헤일리는 에릭슨의 임상방식 중 '저항에 대한 대처방식', '지시와 은유 사용', '역설적 개입' 등에 영향을 받아 독자적인 전략적 치료모델을 개발하였다. 이를 통해 헤일리는 가족치료 분야에서 효과적인 전략적 치료모델의 발전에 기여하였다.

헤일리는 1967년에 MRI를 떠나 필라델피아에 위치한 아동지도센터로 이동하여 미누친(Minuchin)과 협력하여 구조적 가족치료를 수행했다. 그는 가족의 계층구조와 구조적 맥락에 관심을 가지고 문제를 유지시키는 요인을 파악하여 전략적 치료를 시행했으며, 이러한 접근으로 구조적 치료모델의 발전에 기여했다.

헤일리는 가족의 위계구조와 세대 간 연합으로 인해 문제해결을 하는 방식이 반복적인 과정에 갇히게 되어 증상이 유지되고 악화될 수 있다는 점을 강조했다. 이에 따라 헤일리는 가족의 위계와 권력의 역할을 중요하게 여겼다. 그는 문제가 역기능적인 가족 위계구조에서 비롯된다고 판단했으며, 따라서 문제해결을 위해서는 역기능적인 연쇄 과정을 촉진하는 가족의 위계와 경계 문제를 개선해야 한다고 주장했다. 이를 위해 헤일리는 역설적 개입을 사용하여 가족 구성원이 자발적으로 증상을 포기하도록 유도하는 방법을 적용했다.

헤일리는 1976년에 매더네스와 함께 워싱턴에서 가족치료연구소를 설립하여 운영하였으며, 이 기간 동안 의학대학에서 강의를 맡기도 했다. 1995년에 은퇴한 이후에도 캘리포니아에서 가족치료 임상 연구와 훈련을 계속하였으며 2007년에 사망하기 전까지 가족치료 분야에서 중요한 업적을 남겼다.

(3) 밀란 모델

미국에서 MRI 모델이 확산되고 있는 사이 이탈리아 밀란(Milan)에서는 마라 실비니-파라졸리(Mara Selvini-Palazzoli)를 중심으로 앞서 소개한 가족항상성과 가족규칙에 대한 체계적 모델이 발전되었다.

1971년에 정신분석가였던 파라졸리를 포함하여 보스콜로(Boscolo), 체친(Cecchin), 프라타(Prata) 등 네 명은 이탈리아 밀란 에 '밀란 가족연구센터'를 설립하였으며, 이들을 밀란 학파라 불린다. MRI 모델과 헤일리의 모델이 에릭슨의 전략적이며 역설적인 방법에 영향을 받아 발전되었다면, 밀란 모델은 그 개념이나 방법에 있어 좀 더 순수한 체계적 가족치료(systemic family therapy)

모델을 선호하게 되었다.

밀란 모델은 가족의 증상을 유지시키는 '게임규칙'에 주목하고, 그 규칙에 갇힌 가족들에게 역설적인 접근을 시도했다. 이 모델은 주로 남녀가 함께 참여하는 공동 치료를 실시하며, 치료팀은 상담장면을 관찰하면서 진행한다. 상담은 일반적으로 한 달에 한 번씩 이루어지며, 세션은 최대 10회로 제한된다.

상담회기 간격에 있어 시간적인 여유를 두는 것은 내담자 가족이 역설적 처방의 효과를 충분히 체감하고 그에 대한 반응을 충분한 시간 동안 보일 수 있도록 하는 데에 있다. 한 회기의 시간은 비교적 오래 걸릴 수 있다. 밀란 모델에서는 네 명의 치료자가 한 팀을 이루어 한 회기를 다섯 단계로 구성하는 '장시간 단기치료(long brief therapy)'라는 독특한 치료방식을 채택하였는데, 이를 통해 내담자 가족은 짧은 기간 내에도 집중적인 변화를 경험하며 그에 필요한 지원을 받을 수 있다.

하지만 후기모델인 밀란 모델은 2차 사이버네틱스의 핵심이라고 할 수 있는 '정보'에 더 집중하면서, 가족의 상호작용 유형보다는 가족의 신념 체계 변화에 더욱 주목하였다. 밀란 체계론자들은 역기능적인 가족들이 '인식론적 오류'에 빠져 있는 것으로 판단하고, 이러한 그릇된 신념 체계에 개입함으로써 가족 시스템에 새로운 정보를 주입하여 역기능적인 가족관계 유형을 변화시키고자 했다. 치료자는 중립한 입장에서 가족게임의 규칙을 이해하고, 순환질문을 활용하여 가족 구성원들이 자신의 인식을 살펴보고 새로운 신념 체계를 수용하도록 도움을 주었다.

주요 전략적 모델에 대한 비교는 다음과 같다.

표 8-1 주요 전략적 모델 비교

	MRI의 상호작용 모델	헤일리의 전략적 구조주의 모델	밀란의 체계적 모델
일차적 관심	의사소통 유형	연계과정 및 구조적 위계	역기능적 가족게임
관심행동 지속성	단기적 상호작용	수개월에서 수년간 지속된 만성적 구조적 문제	장기적인 연속행동
연구/치료단위	이인 또는 삼인	가족 또는 사회관계망 전체	삼인
주요개념	의사소통, 가족항상성, 이중구속, 피드백고리, 가족 규칙	권력, 통제, 역설적 지시, 위계	가족게임, 가설설정, 순환질문, 중립성
이론적 근거	의사소통이론		일반체계이론
치료자 역할	지시적, 역설적		중립적, 치료동반자
치료적 개입방법	증상처방, 치료적 이중구속, 역설적 지시, 재명명 등		긍정적 의미 부여, 순환질문, 의식 불변의 처방 등
치료목표	증상제거 및 현재의 행동 변화		파괴적 가족게임의 중지 의미변화로 가족체계 변화

2) 주요개념

(1) 의사소통(communication)

의사소통의 공리와 이중구속은 초기 MRI에서 발전된 개념으로, 가족치료 분야의 초기 단계에서 MRI 연구팀이 연구한 역기능적인 가족의 의사소통에 대한 공리는 아래와 같다(Goldenberg & Goldenberg, 2001).

- 인간의 모든 행동은 의사소통의 한 방식이다.
- 모든 의사소통은 정보와 관계의 두 가지 측면을 포함하고 있다.
- 의사소통은 개인의 인식 과정에서 발생하는 상호작용의 연속이다.
- 역기능적 의사소통의 지속 이유는 대화 참여자들이 자기중심적인 마침표에 집착하기 때문이다.

- 의사소통의 메타 수준은 관계적 측면에 영향을 끼친다.

(2) 이중구속(double bind)

MRI 가족연구팀의 '이중구속' 개념은 권위나 권력을 가진 자가 의사전달 시 의사소통과 그의 말의 의도가 일치하지 않는 모순된 메시지를 전달하는 역기능적인 의사소통 형태를 의미한다.

어느 상황에서는 부모나 윗사람들로부터 이중구속 메시지가 전달될 수 있다. 특히 우리나라와 같은 유교사상 문화를 가진 나라에서는 이런 일이 흔하게 발생할 수 있다. 가정 안에서 부모와 자녀와의 관계 속에서의 끊임없는 반복되는 이중구속 상황이 자녀를 갈등과 불안에 빠뜨려 결국 사회적 판단력을 저하시키고, 정신분열과 같은 역기능을 유발한다고 지적하였다.

이중구속으로 인해 자녀는 상반된 메시지를 동시에 받아들여야 하며, 어느 메시지에 반응해야 할지 판단하기 어려워 정서적 혼란에 빠질 수 있다. 이는 어느 한쪽의 메시지에 반응하면 다른 쪽의 메시지를 위반하는 상황이기 때문에 어떤 선택을 하든 결국 실패로 이어질 가능성이 있다. 일반적으로 언어적 메시지와 비언어적 메시지 간에 상반되는 경우가 많다.

예시

"공부가 인생의 전부는 아니지, 너의 성적에 대해 너무 실망하지는 마" 부모가 자녀에게 말하지만 막상 자녀의 시험성적을 보고 나서 자녀에게 실망하는 비언어적인 메시지를 주는 것이다.

(3) 피드백 고리(feedback loop)

피드백 고리 개념은 MRI 연구팀의 의사소통 사이버네틱스의 연구에서 도출된 가장 중요한 개념 중 하나다. 가족은 의사소통을 통해 상호작용하고 서로의 행동을 조절하며, 부정적인 피드백과 긍정적인 피드백을 통해 변화와 평형을 유지하거나 찾아간다. 일부 역기능적인 가족들은 문제를 해결하기 위해 새로운 접근 방식을 시도하지만, 문제가 악화되는 경험을 하고 당황하여 이전의 의사소통 방식으로 되돌아가는 경향이 있다. 이러한 행동은 문제를 더 악화시키며, 결과적으로 비생산적인 순환을 유발할 수 있다. 이 두 피드백 고리는 규칙에 따라 조절되고 제어된다.

(4) 가족항상성(family constancy), 가족규칙(family rules)

가족항상성은 변화에 대한 저항으로 인해 원래의 상태를 유지하려는 성향을 의미하며, 가족규칙은 가족 구성원들 간의 의사소통과 행동을 조절하는 포괄적인 기준과 지침을 의미한다.

MRI연구팀은 모든 가족이 평소 일상에서 어려움을 겪지만, 이 문제가 외부 개입이 필요한 문제로 여겨지는 방식은 가족 구성원들의 반응과 대처 방식에 따라 결정된다는 점을 강조하였다. 역기능적인 가족에서는 어려움이 발생할 때, 가족항상성으로 인해 종전의 반응 방식을 유지하려는 경향이 있어 문제가 악화될 수 있다. 이러한 상황에서 가족의 상호작용이 정적 피드백 고리인지 아니면 부적 피드백 고리인지는 가족의 규칙에 따라 결정된다.

가족은 안정과 변화를 동시에 추구하는 기능을 가지고 있다. 그러나 역기능적인 가족은 안정을 위해 가족 구성원 간의 강한 유대를 유지하며 기존의 방식에 고집하며 변화를 위협으로 인식하는 경향을 보인다. 특히 심각한 문제를 가진 가족은 기존체제의 안정을 유지하기 위해 더 많은 노력을 기울인다 (Fisch, 1965).

가족규칙은 시간을 가지고 가족행동을 제한하거나 규제하는 것으로 서로 합의를 하게 되는데 이때 가족항상성을 지속하는 기능을 하게 된다. 대부분의 규칙은 어느 가족 성원에게 '~해야만 한다' 혹은 '~하지 말아야 한다'는 유형을 갖고 있어 가족구성원의 행동에 영향을 미치지만 이에 대해 거의 의식하지 못한다. 왜냐하면 이미 가족들에게 그것은 익숙한 방식으로 적용되어 있기 때문이다(Gakin & Beommel, 2001).

가족규칙에서 핵심 개념은 상위규칙의 존재이다. 상위 규칙은 일반적인 규칙들을 통제하고 지배하는 규칙으로써 중요한 역할을 수행한다. 가족 규칙의 중요한 개념은 가족이 규칙을 유지하거나 변화시키는 방법에 대한 규칙을 의미한다. 역기능적인 가족은 일반적인 상위 규칙이 부재하여 가족 규칙의 변화 방향에 대한 명확한 지침이 없다. 그들은 보다 경직되고 현상 유지에 집착하는 경향을 가지며, 가족 규칙의 언급이나 변경을 강력히 금지하는 상위 규칙을 가진다(김유숙, 전영주, 김수연, 2003).

(5) 위계구조(hierarchical structure)

전략적 구조주의 모델의 가족상담 이론에서는 위계구조라는 개념이 중요한 역할을 한다. 이들에게 기능적 가족은 가족 내에서 적절하게 정립된 계층적 체계를 가진 가족이다.

가족 내에서 부모는 자신들의 역할과 위치를 존중하고, 자녀들은 각자의 역할과 위치를 적절히 이행해야 한다. 할아버지와 할머니는 부모 세대보다 더 상위의 위치를 갖고 있으며, 부모들은 자녀들의 세대보다 여러 가지 측면에서 우위에 있어야 한다. 위계구조는 부모 세대가 자녀 세대에 대해 권한과 통제력을 가지며, 부모들은 자녀들을 책임지고 보호하는 역할을 수행해야 한다는 개념을 포함하고 있다.

헤일리는 위계질서를 '권한과 통제'의 관점에서 설명하고, 마다네스는 '돌봄과 관심'의 측면에서 접근한다. 헤일리에 따르면 가족 구성원은 각자의 위치에 알맞은 권한과 통제력을 가져야 하며, 한쪽이 지나치게 많은 권한을 가지거나 적은 권한을 갖는다면 가족의 위계질서가 붕괴될 수 있다. 마다네스에 따르면 부모들은 주로 자녀들의 돌봄과 보호에 대한 책임을 갖고 있으며, 동시에 자녀들도 자신의 위치에 맞게 서로 돌봄과 보호에 기여하는 책임이 따른다. 부부는 서로에게 돌봄과 보호의 역할을 기대하고, 이를 상호 간에 적절하게 실천해야 한다. 그러나 가족의 항상성을 유지하는 과정에서 보호하는 기능이 지속적으로 실패를 거듭한다면, 가족 구성원 중 누군가는 증상을 발현하여 돌봄과 보호의 기능을 회복하려고 할 것이다.

가족 구조의 안정을 위해서는 권력의 측면과 돌봄의 측면이 조화롭게 조정되어야 하는데, 가족이 건강한 구조를 유지하기 위해서는 '힘과 통제'와 '돌봄과 보호'의 측면이 상호작용하여 균형을 이루어야 한다.

(6) 역설적 개입(paradoxical intervention)

헤일리는 전략적 구조주의 모델에서 가족 구성원이 특정 증상을 '힘과 통제'의 수단으로 사용하는 것으로 간주하고 있다. 다시 말해, 가족 구성원이 문제를 통해 가족 구조를 조절하려는 의도가 있다고 보는 것이다. 그래서, 헤일리는 상담자와의 상호작용에서 내담자가 자신의 통제를 유지하기 위해 '치료적 · 상담적 통제'를 사용하는 것을 제안했다. 가족 구성원들은 상담자의 지원이 필요하지만, 실제로 상담자가 지원을 제공하려고 하면 저항하는 경향이 있다. 그 이유는 내담자가 자신이 통제하는 방식에 가족상담자가 개입하면 자신이 가족 내에서 행사하는 힘이 약화될 것을 두려워하기 때문이다. 이로 인해 상담자와 내담자, 그리고 가족 간에는 권력에 대한 미묘한 갈등이 발생할 수 있다고 판단했다.

상담자는 가족의 저항에 대응하기 위해 상담치료적 이중구속 상황을 사용하여 내담자가 자신의 행동을 포기하도록 유도해야 한다. 이 접근 방식은 다른 상담 방법이 효과가 없다고 판단되는 경우에 활용되며, 상담 초기부터 적용하는 것보다는 그 후에 적절히 활용하는 것이 좋다.

(7) 가족 게임(family game)

밀란 모델은 헤일리의 영향을 받아 가족 내에서 권력과 통제에 초점을 두며, 가족 구성원이 힘을 확보하고 항상성을 유지하기 위해 밀란 학파는 이러한 가족의 규칙을 유지하기 위한 다양한 가족 상호작용을 가족 게임이라 이름 붙였다.

가족 내에서 비밀스럽게 진행되는 상호작용은 장기간에 걸쳐 의사소통과 관계 측면에서의 규칙을 진화시킨다. 역기능적인 가족일수록, 가족구성원들은 상호 간에 영향력을 얻기 위해 가족 게임을 더욱 발전시키는 경향이 있다.

초기 밀란 학파는 가족 게임을 중단시키기 위해 역설적이고 지시적인 개입을 시도했지만, 후기 밀란 모델은 이차 사이버네틱스의 중요한 개념인 '정보'에 주목하며, 가족 상호작용의 변화에 초점을 두기보다 가족의 신념 체계를 변화시키는 데 초점을 두게 되었다. 이를 통해 가족 내부에서 발생하는 동적인 변화와 함께 가족 구성원들의 신념과 가치를 재평가하고 새로운 상호작용 모델을 형성하는 것을 목표로 하였다. 따라서 가족 게임은 가족 내부에서 은밀하게 진행되며, 발전된 일련의 의사소통 규칙과 관계규칙으로 나타나는 것이다. 이는 역기능적인 가족의 상호작용 과정에서 발견되는 현상이다.

(8) 중립성(neutrality)

중립성은 가족과 관련된 상담자의 태도와 행동 양식을 묘사하는 개념으로, 모든 가족 구성원과 현재 상황을 편견 없이 수용하며 순수한 호기심과 개방적인 태도를 가지는 것을 의미한다.

상담자는 모든 가족 구성원이 체계유지에 기여한다고 인식하고, 가족을 위한 목표를 설정하지 않으며, 구체적인 행동결과에 대해서도 편견을 갖지 않는 태도를 의미한다. 상담자는 구체적인 가족의 행동을 규정하지 않고, 대신 가족의 치유 능력과 문제해결을 촉진하기 위해 돕는다. 이를 통해 다양한 문제와 관계맥락에 대한 가설을 개방적으로 조사할 수 있게 된다.

(9) 순환질문(circular questioning)

순환질문은 상담자가 가족 구성원 전체에게 순환적으로 돌아가며 가족상호작용 및 가족관계에 대해 자유롭게 이야기하며 질문하는 방법이다. 순환질문은 가족 구성원들의 인식에 대한 견해를 확인하고, 구체적인 가설설정을 할 때 유용한 정보를 얻을 수 있다. 더 나아가, 가족 구성원들은 증상 행동이나 문제를 순환적인 관계맥락에서 바라보게 되면서 가족 문제를 새롭게 인식하게 되는데, 이는 가족 변화와 해결을 위한 접근 방식을 개선하는 데에 도움이 된다.

3) 상담목표

MRI 연구팀은 주요 상담목표로 가족 문제의 해결을 설정하고 있다. 그러나 증상 행동의 제거는 초기적인 변화에 불과하며, 실제 치료목표는 해당 증상 행동을 규제하는 가족체계의 변화를 포함하고 있다.

MRI 연구팀은 주요 상담목표로 가족 구성원들의 사고와 신념을 재구성하여 가족 내에서 발생하는 증상에 대한 변화를 끌어내는 것을 중요시한다. 이러한 재구성은 상황 속에서 가족 구성원들이 가진 사고방식과 감정적인 관점을 다른 시각으로 변화시킴으로써 새로운 해결 방법을 모색하고 가족관계를 개선하는 것을 의미한다. 즉, 상담을 통해 가족 구성원들은 이전에 갖고 있던 증상에 대한 이해와 해석 방식을 벗어나 새로운 시각으로 바라보고 수용할 수 있도록 도움을 받게 된다. 이러한 변화를 위해서는 가족 내의 항상성이 변화해야 하며, 증상의 단순 제거뿐만 아니라 가족체계 전반에 이차적인 변화가 이루어져야 한다.

헤일리와 마다네스는 모두 가족의 잘못된 위계 구조에 주목하며, 이러한 잘못된 위계질서를 변경하는 것이 일차 상담의 주요목표다. 헤일리의 '힘과 통제' 개념에 따르면, 부모, 자녀 및 부부 사이에서 적절한 힘의 균형을 형성하고, 각각의 역할과 위치에 맞게 힘을 행사할 수 있도록 지원하는 것을 돕는다. 이를 위해 상담자는 가족 구성원들에게 적절한 자원과 도구를 제공하여 가족구조의 변화를 촉진한다.

마다네스의 '돌봄과 보호' 개념에 따르면, 가족 구조에서 문제가 발생하는 이유는 자녀가 부모의 돌봄과 보호를 받아야 할 시기에 부모의 역할을 해야 하는 상황이 되기 때문이다. 이에 따라, 상담의 목표는 가족 내의 위계구조를 조정하여 자녀가 부모로부터 적절한 돌봄과 보호를 받을 수 있도록 하는 것이다. 상담자는 가족 구성원들에게 자녀의 역할과 부모의 책임에 대한 이해를 도모하고, 필요한 지원과 정보를 제공하여 가족구조의 균형을 조정하는 데 도움을 주어야 한다.

밀란 모델의 상담목표는 가족 구성원들이 진행하는 부정적인 가족 게임을 조정하여 건강하고 기능적인 상호작용을 촉진하는 것이다. 가족 내에서 비밀스럽고 강력하게 진행되는 이러한 게임은 부정적인 체제를 유지하는 경향이 있다. 상담을 통해 가족 구성원들이 이러한 게임을 변화시켜 더욱 건강하고 기능적인 상호작용을 형성할 수 있도록 도와준다.

상담자는 가족 구성원들의 은밀하고 무의식적인 게임을 명확하게 드러내어 그 힘을 약화시키는 역할을 수행한다. 이를 통해 가족 구성원들은 게임에 대한 인식과 이해를 높이며, 부정적인 게임의 영향을 더 이상 받지 않도록 돕는다. 이는 변화된 상황 안에서 가족 구성원들이 서로의 역할과 상호작용을 새롭게 인식하고, 건강하고 기능적인 관계를 이어 나갈 수 있도록 지원하는 것을 의미한다.

3. 상담과정 및 치료기법

1) 상담과정

전략적 가족상담의 치료과정은 MRI 이론, 전략적 구조주의 모델, 밀란 모델과 같은 접근 방식과 관계없이 구조화된 방식으로 진행되며, 세 단계로 일반적으로 진행된다. 이러한 세 단계는 다음과 같은 방식으로 진행된다.

① 평가 및 문제 명확화

상담자는 가족의 문제와 목표를 명확히 이해하기 위해 평가를 수행한다. 가족 구성원들의 관점과 상호작용을 탐색하고, 문제의 본질을 파악한다.

② 전략 수립 및 변경

상담자는 가족의 목표 달성을 위해 전략을 개발하고 제시한다. 이는 가족 구성원들이 문제를 해결하고 변화를 이루기 위해 실제로 수행하는 행동 및 상호작용의 변경을 의미한다.

③ 변화의 유지 및 평가

변화가 이루어지면, 상담자는 그 지속성과 가족 구성원들의 발전을 지원하기 위해 후속 조치를 취한다. 이 단계에서는 변화가 지속되며 문제의 재발을 방지하기 위한 자원과 전략을 개발한다. 또한, 가족 구성원들의 변화와 성장을 평가하고 필요한 조정을 수행한다.

MRI 이론, 전략적 구조주의 모델, 밀란 모델 각각의 치료과정 단계는 표 8-2와 같다.

표 8-2 주요 전략적 모델의 상담과정

MRI 이론	전략적 구조주의 모델	밀란 모델
• 치료과정에 대한 소개 • 문제에 대한 질문과 정의 • 문제를 유지하는 행동 평가 • 치료목표의 설정 • 행동적 개입의 선택과 실행	• 친화단계 • 문제규명단계 • 상호작용 단계 • 목표설정 단계 • 개입의 선택과 실행	• 치료 전 단계 • 치료 단계 • 치료 간 단계 • 개입단계 • 치료 후 논의 단계

2) 치료기법

(1) 역설적 개입(paradoxical intervention)

문제가 심각한 가족의 경우, 가족 구성원들은 안정을 유지하기 위해 엄중한 연쇄과정을 유지하면서 기존의 가족이 사용한 방식에 집착하는 경향이 있어 문제를 유지시키는 가족 순차과정을 변화시키는 것이 위협으로 인식될 수 있다. 따라서 전략적 모델에서는 기존의 가족이 사용한 해결 방식과는 전혀 다른 전략을 계획하여 개입하는데, 이를 역설적 개입이라 한다. 이는 상담자가 가족에게 예상치 못한 효과를 유도하기 위해 의도적으로 모순적인 방식을 사용하는 것을 의미한다. 이러한 역설적 개입은 가족 구성원들의 사고와 행동 패턴을 뒤집어 짚어 변화를 유발하고 문제해결을 돕는 역할을 한다. 이것은 전략적 모델의 특징 중 하나로, 가족 구성원들이 새로운 시각과 행동 방식을 채택하여 문제를 극복할 수 있도록 돕는 전략적 접근 방식이다. 이러한 접근

방식은 세련되고 효과적인 방법으로 문제해결을 지원한다.

역설적 개입은 치료자가 동시에 '변화하라' 혹은 '변화하지 마라'라는 상반된 메시지를 가족에게 전달하는 상황을 조성하는 것을 의미한다. 이는 치료자가 가족 구성원들에게 예상치 못한 변화와 결과를 유도하기 위해 의도적으로 모순적인 방식을 사용하는 것이다. 역설적 개입은 문제상황을 극복하기 위해 가족 구성원들의 사고와 행동 패턴을 뒤집어 변화를 유발하고 문제해결을 돕는 역할을 한다. 재정의, 증상처방, 제지, 고된 체험, 지시, 가장 등의 다양한 기법이 사용되며 이러한 기법들은 가족의 사고방식과 행동 패턴을 재구성하고 변화를 유도하기 위해 적극적으로 활용된다. 이러한 접근 방식은 전략적 모델에서 중요한 요소로써 사용되며, 가족 구성원들이 새로운 시각과 행동 방식을 채택하여 문제를 극복하고 변화할 수 있도록 돕는 역할을 한다.

(2) 증상처방(symptom prescription)

증상처방은 역설적 개입 중 하나로, 내담자에게 증상 행동을 자발적으로 유지하도록 격려하거나, 증상을 과제로 주는 기법이다. 앞서 소개한 역설적 개입의 세 가지 방식은 모두 넓은 의미에서 증상 처방에 해당한다. 이러한 기법은 내담자의 증상에 대한 새로운 시각을 제시하고, 증상을 유지하면서도 새로운 행동과 관점을 개발할 수 있는 기회를 제공한다. 증상 처방은 내담자의 증상에 대한 이해와 자각을 촉진하며, 변화와 성장을 위한 도전과제로 활용될 수 있다. 이는 전략적 모델의 핵심 개입 방법의 하나로, 내담자가 자신의 증상을 통해 문제를 인식하고 변화를 끌어낼 수 있도록 돕는 역할을 한다.

증상 처방을 받은 내담자는 상담자의 지시를 거부하고 증상을 버리거나, 상담자의 지시에 따라 순종하여 증상을 자신의 통제하에 조절할 수 있는 가능성이 생긴다. 이는 내담자가 증상을 더 이상 자신을 제압하는 것이 아니라 적극적으로 조절하고 통제할 수 있다는 사실을 깨닫게 된다. 이렇게 증상을 처방

받고 조절하는 과정을 통해 내담자는 자신의 능력과 자기통제를 강화하게 되며, 문제를 스스로 해결하고 가족의 변화를 끌어낼 수 있는 자신감을 얻을 수 있다.

예시

"너무 많은 시간을 컴퓨터 앞에서 보내는 것이 문제라고 생각하시죠? 그렇다면, 매일 컴퓨터 앞에 가서 최소한 5시간을 보내보세요."

(3) 지시적 방법

치료자로서의 관심은 전략적 구조주의 모델에서 주로 가족 내 잘못된 위계질서를 조정하는 것에 있다. 이를 위해 치료자는 가족 구성원들에게 특정한 행동을 하도록 지시하거나, 하지 않도록 지시하는 방식으로 영향을 미친다. 이런 접근 방식은 가족 구성원들이 상호작용하고 있는 동안에 직접적인 개입을 통해 가족 시스템을 변화시키는 데 중점을 둔다. 치료자는 가족 구성원들에게 명확하고 구체적인 지시를 내리거나, 원하는 행동을 강조하여 가족 시스템의 상호작용을 개선하는 데 도움을 주는 역할을 한다. 이러한 방식은 가족 구성원들이 새로운 상호작용 패턴을 경험하고 문제를 해결하는 데 도움을 줄 수 있다.

첫 번째 방식은 증상과 관련하여 위계질서를 조정하기 위해 특정한 행동을 권고하고 지시하는 것이다. 예를 들어, 치료자는 자녀들에게 부모님께 존대어를 사용하도록 권고하고 지시할 수 있다. 이는 가족 구성원들 간의 상호작용에서 존중과 예의를 강조하며, 부모와 자녀 간의 관계에서 적절한 위계질서를 유지하는 데 도움을 준다. 치료자는 자녀들에게 명확하고 구체적인 가이드라인을 제시하여 가족 시스템 내의 상호작용 패턴을 개선하고, 증상과 관련된 문제를 해결할 수 있도록 한다.

두 번째 방식은, 증상과 관련하여 특정한 행동을 하지 않도록 권고하는 것이다. 예를 들어, 치료자는 자녀에게 폭력을 가하는 부모에게 상담 기간 동안 절대로 자녀를 때리지 말라고 지시할 수 있다. 그러나 모든 가족 구성원이 치료자의 충고나 지시를 따르지 않을 수도 있다. 따라서 지시적인 방법을 사용할 때에는 가족의 상황이나 배경을 충분히 고려하여 가족 구성원들이 치료자의 지시를 잘 따를 수 있도록 지원해야 한다. 이를 위해 가족의 의견과 욕구를 존중하고 협력적인 관계를 구축하여 가족 구성원들이 변화를 수용하고 참여할 수 있도록 돕는 역할을 수행한다.

헤일리는 제시한 지시나 과업을 줄 때 주의해야 할 점과 과업을 구상하는 지침을 각각 제시하였다. 이러한 지시와 과업 구상은 전략적 구조주의 모델에서 가족 시스템의 변화를 끌어내는 데에 중요한 역할을 한다. 지시를 줄 때 주의점은 다음과 같다(원혜경, 1984).

- **명확한 지시:** 과업은 명확하고 구체적으로 주어야 한다. 가족 구성원들이 과업의 내용과 목표를 명확히 이해할 수 있도록 지시해야 한다.

예시

예: 상황-부부가 사소한 일로 자주 말다툼을 하는

지시: "이번 주에 두 분이 함께 시간을 보내는 데이트 시간을 정해서 저에게 알려주세요. 단, 그 시간 동안 갈등이나 불만 이야기는 절대 하지 않기로 하세요. 오직 즐거운 활동만 하도록 해보세요."

상담자의 의도: 긍정적 상호작용을 통해 감정적 유대를 회복하고 갈등의 고착화된 패턴을 일시적으로 차단.

- **전 구성원의 참여:** 모든 가족 구성원이 과업에 참여하도록 지시한다. 가족 시스템의 모든 구성원이 과업에 기여하고 협력하여 변화를 이룰 수 있도록 돕는다.

예시

예: 상황–고등학생 아들이 자주 화를 내고 방문을 쾅 닫으며 가족과 대화하지 않음. 부모는 자녀의 분노 조절 문제만을 상담 주제로 삼고 있음.

지시: "이번 주에는 매일 저녁 식사 후, 가족 모두가 10분간 서로에게 오늘 좋았던 일을 한 가지씩 이야기해 주세요. 어머니, 아버지, 여동생, 그리고 아들 모두 포함입니다. 대화가 끝나면 그에 대해 반응은 긍정적인 말로만 해주세요. 어떤 가족도 빠지면 안 됩니다."

의도: 자녀만의 문제가 아닌 전체 시스템의 상호작용 변화를 유도

- **결과 재검토와 이해도 향상**: 가족 구성원들이 자신의 과업 결과를 재검토하고, 과업에 대한 이해도를 높일 수 있도록 유도한다. 개인적인 성과와 학습경험을 통해 가족 구성원들이 자신의 역할과 과업의 중요성을 인식하도록 돕는다.

예시

상담 후 재검토 질문(과정질문 형태):

"누가 어떤 역할을 맡았고, 그 과정에서 느낀 점은 무엇이었나?"

"과업을 수행하면서 누구와의 상호작용이 가장 편안했나, 혹은 불편했나?"

"이 경험이 평소 가족 간의 관계나 대화 방식에 대해 어떤 생각을 하게 했나?"

"앞으로도 이렇게 함께 할 수 있을 것 같은가? 어려움이 있었다면 무엇이었나?"

과업을 지시함에 있어 다섯 가지 지침은 다음과 같다.

- **간단하고 실행 가능한 과업**: 과업은 가족 구성원들이 쉽게 실행할 수 있도록 아주 간단하게 구성되어야 한다. 복잡하거나 실행이 어려운 과업은 가족의 참여와 집중을 저해할 수 있다.
- **가족 특성과 환경에 적합한 과업**: 과업은 가족의 특성, 시간 및 경제적 상황과 부합해야 한다. 가족 구성원들이 쉽게 참여하고 수행할 수 있는 과업을 선택하는 것이 중요하다.

- **깊이 있는 사례를 바탕으로 한 과업**: 과업은 조직 내 변화를 가져오기 위해 더 깊이 있고 세심한 사례를 바탕으로 제시되어야 한다. 가족 구성원들이 과업을 통해 진정한 변화와 발전을 경험할 수 있도록 한다.
- **현재 문제에 초점을 맞춘 과업**: 과업은 가족이 가장 중요하다고 생각하는 현재 문제를 다루고 제시해야 한다. 헤일리는 최선의 과업이란 현재 문제를 활용해 부부나 가족 시스템에 구조적인 변화를 가져올 수 있는 과업을 의미한다고 언급하였다.
- **현재 문제와 연쇄반응을 고려한 과업**: 과업을 구상할 때에는 현재 문제뿐만 아니라 가족 내의 연쇄적인 반응과 과정을 함께 고려해야 한다. 과업이 가족 구성원들의 현재 문제와 연쇄적인 과정을 동시에 변화시킬 수 있는 효과를 가져야 한다.

이러한 지침들을 고려하여 과업을 구상하고 수행함으로써 가족 구성원들은 현재 문제에 대한 변화와 함께 가족 시스템 전반에 걸친 변화와 성장을 경험할 수 있다.

(4) 고된 체험 기법(ordeal technique)

고된 체험 기법은 내담자의 증상이 나타날 때마다 내담자가 힘들어하는 일을 수행하도록 지시하는 직접적인 처방적이며 개입방법이다. 이 기법의 원리는 내담자가 자신의 증상을 포기하는 것보다 증상을 유지하는 것이 더 고통스럽다는 것을 알게 될 때 내담자는 자신의 증상을 포기할 수 있다는 전체를 가지고 있는 기법이다. 고된 체험의 과제로는 운동이나 독서, 다이어트 등 다양하다. 이러한 과제들은 내담자가 괴로워하는 증상을 직면하고 극복하는 데 도움을 주는 역할을 한다. 이는 내담자가 증상을 통제하고 변화를 이끌어내는 데에 전략 중 하나로 활용된다.

예시

1. "스트레스로 화가 치밀어 오를 때마다 집 안 청소를 3시간씩 해보세요"
2. 사회적 불안을 겪는 내담자에게 "주말에 친구와 약속을 잡아 함께 외식을 해보세요"

내담자에게는 증상을 유지하는 것보다 더 고통스러운 경험을 제공하여 증상을 포기하는 선택을 할 수 있게 한다. 그러나 고된 체험의 처방은 내담자가 원하는 것과 일치하고, 건전하며 해를 입히지 않는 것이 중요하다. 또한, 이러한 고된 체험은 내담자가 치료자와의 치료적 약속과 스스로의 변화에 대한 헌신이 필요하며, 그럴 경우에 성공할 수 있다(양승은, 1995).

(5) 위장기법(pretend technique)

위장기법은 전략적 상담기법 중에서 비교적 부드럽고 간접적인 방법으로 볼 수 있다. 이는 내담자가 '증상을 가진 척하고', 다른 가족 구성원들이 '도와주는 척하는' 연기자 역할을 하는 연극을 연출하는 것과 비슷한 방식이다.

예를 들어, 자녀가 가정에서 충돌로 인해 분노 발작을 일으키는 상황이 있다고 가정해 보자. 상담자는 이러한 분노 발작에 대해 가족 내에서 연극적인 방법을 도입한다. 자녀에게는 분노 발작을 일으키는 '영웅'의 역할을 맡기고, 부모는 '도와주는 역할'을 연기한다.

즉, 자녀가 분노 발작을 일으키는 상황에서, 부모는 자녀를 이해하고 도와줄 준비가 되어 있다는 것을 표현하는 것이다. 이렇게 함으로써 가족은 분노와 긴장감이 존재하는 상황에서 게임적인 요소를 도입하여 더 쾌활한 분위기로 전환될 수 있다. 이를 통해 자녀는 부모의 관심과 돌봄을 경험하게 되어 자신의 원하는 '부모의 돌봄과 걱정'을 얻을 수 있다.

이러한 접근은 가족 내에서 부모-자녀 관계의 느슨함으로 인해 자녀가 충분한 돌봄을 받지 못하고 항상 분노를 느끼는 문제를 가족의 위계질서를 재구조화하여 해결하는 원리이다. 이를 통해 가족은 증상을 유지하는 연쇄적인 과정을 포기하게 되는데, 이는 가족 구성원들이 서로에게 더 많은 이해와 관심을 보여주며 변화에 헌신할 기회를 제공한다.

(6) 은유기법(metaphor technique)

은유기법은 가족이 자신들의 문제를 부끄러워하거나 토론하기 꺼리는 상황에서 비유나 이야기를 통해 변화를 유도하는 전략이다. 먼저, 가족의 목표로 설정한 행동과 유사하지만, 자신이 할 수 있거나 상상할 수 있는 행동(은유적 행동)을 선택하여 실행하도록 안내한다. 이 실행과정에서 은유적 행동에 대한 가족 구성원의 사고방식을 이야기하고, 이에 대한 과제를 제시한다. 이 방법은 가족 구성원들이 자신들의 문제를 직접 언급하거나 토론하기 어려울 때 효과적으로 사용된다.

예를 들어, 부부간의 신뢰 문제로 갈등을 겪는 가족이 있을 때, 치료자는 신뢰를 건설하는 데 도움이 되는 비유나 이야기를 활용할 수 있다.

예시

"부부가 함께 하나의 건물을 짓는다고 상상해보세요. 서로를 믿고 협력하여 기반을 다지고 벽돌을 쌓는다면 어떨까요?"
"신뢰가 높아질수록 건물이 안정적으로 세워질 것입니다. 서로를 지지해주고 옆에서 도와주는 모습을 상상해보세요."
"건물을 짓는 동안 어떤 어려움이 있을 수 있을까요?"

그러나 은유기법에 과하게 진행하는 것은 바람직하지 않다. 왜냐하면 치료자는 은유를 사용하지 않고 직접적이고 명확한 언어를 사용하여 치료 계약에 대한 관점을 분명하게 전달해야 하기 때문이다. 이렇게 하면 내담자가 치료

과정과 목표를 더 잘 이해하고 혼란을 최소화할 수 있다. 치료자는 은유를 통해 변화를 유도하고 자극할 수 있지만, 이는 치료자와 내담자 간 상호작용의 일부로서 활용되어야 한다. 은유기법은 내담자의 이해와 공감을 돕고, 새로운 관점과 자기인식을 개발하는 데 도움을 줄 수 있다. 그러나 치료자는 내담자와의 관계를 기반으로 치료적 계약을 명확하게 설정하고, 은유기법을 포함한 다양한 접근법과 기법을 유연하게 조합하여 사용해야 한다.

따라서, 치료과정에서 은유기법을 사용할 때에는 치료자가 은유의 목적과 의도를 명확히 전달하고, 내담자와의 상호작용을 통해 계약을 형성하며 진행해야 한다. 이를 통해 은유기법이 치료과정에서 효과적으로 활용될 수 있다.

(7) 긍정적 의미부여(positive connotation)

긍정적 의미 부여란 가족 내에서 나타나는 부정적인 증상이나 행동을 가족이 가진 긍정적인 동기와 연결하여 설명해 주는 것을 의미한다. 이를 통해 증상이 가족체계의 균형을 유지하고 가족의 응집력을 촉진하는 긍정적인 역할을 한다는 의미를 부여하여 그동안 진행되던 파괴적인 가족 게임을 무력화하는 기법이다.

일반적으로 가족 구성원은 자신들의 행동이 가족 구성원의 증상과 관련되어 있음을 암묵적으로 알고 있으며, 가족 시스템의 동적인 상호작용이 증상을 유지하는 의미를 어느 정도 이해하고 있다. 그러나 증상을 나타내는 가족 구성원만이 변화를 경험하는 것이 일반적이기 때문에, 다른 가족 구성원들은 변화를 위한 의지를 갖지 않는 경우가 많다.

이러한 경우, 상담자는 가족들이 통제하기 어렵다고 느끼는 증상 행동에 대해 실제로는 자발적이며 긍정적인 의도를 가진 것으로 이해하고 공감하는 방법을 사용하여 상담을 진행한다. 이를 통해 가족 구성원들은 상담자의 이해와 공감을 받으면서 변화에 대한 저항을 줄일 수 있다. 이에 따라 상담자는 가족들의 변화 동기를 강화하고, 그들이 스스로 변화를 이끌어가도록 돕는다.

예시

"남편의 일자리 손실은 새로운 경력 기회를 탐색하거나 자기 스킬을 향상시키는 계기로 받아들일 수 있을 거 같군요."

(8) 의식(ritual)

의식 기법은 밀란 모델의 접근법 중 하나로, 가족 게임을 과장되게 인식하도록 하는 기법이다. 예를 들어, 우울증이 있는 자녀, 지나치게 과보호하는 어머니, 그리고 어머니를 비난하는 아버지와 같은 가족 구성원들에게 이러한 가족 게임을 계속하도록 처방하면서 특정한 날에는 가족 모두가 모여 자녀가 증상을 계속 나타낼 수 있도록 도와준다. 치료자는 부모에게 자녀를 지나치게 보호하는 행동과 아버지가 아내를 비난하는 행동을 계속하도록 안내한다.

이런 접근을 통해 치료자는 가족 구성원들에게 가족 게임의 의미를 과장된 것으로 이해시킴으로써, 가족 게임이 가족구조와 상호작용에 미치는 효과를 명확하게 인식할 수 있도록 도움을 준다. 이러한 인식 변화는 가족 구성원들이 새로운 시각을 가지고 자신들의 행동과 상호작용을 조율하며, 변화를 위해 적극적인 노력을 기울일 수 있도록 도움을 주는 데 있다.

이는 가족 구성원들이 상호작용 패턴을 다시 구축하고 조화롭고 건강한 가족관계를 형성하는 데 도움을 주는 전략 중 하나이다. 이러한 접근법은 가족 구성원들에게 가족 게임의 의미를 과장된 것으로 인식시킴으로써 가족 구성원들이 게임의 효과를 더욱 뚜렷하게 인식하고 변화를 위해 노력할 수 있도록 도와준다. 이는 가족 구성원들이 자신들의 행동과 가족 구조에 대한 새로운 시각을 얻게 하여 변화를 추구할 수 있도록 돕는 전략 중 하나이다. 이와 같이 가족 구성원 모두가 참여하여 경직된 가족 규칙과 신화를 과장하는 의식을 진행함으로써 자신들이 얼마나 허황된 게임을 지속하고 있는지 깨닫게 하고, 게임을 중단하도록 유도한다.

(9) 불변처방(invariant prescription)

파라졸리(Mara Selvini Palazzoli)와 밀란 그룹(Milan Group)이 개발한 불면 처방 기법은 가족 내에서 진행되는 해로운 상호작용, 일명 '더러운 게임'을 종료시키기 위해 활용되며, 그 뒤로 일반적인 역기능적 가족 게임에도 적용할 수 있다는 사실이 알려져 있다.

불변 처방은 일반적으로 10회까지로 제한되며, 이전에 설명한 팀 접근법과 가족 게임을 중단시키기 위한 역설적 지시 등을 구조화하여 진행하는 방식을 채택한다. 부부가 함께 행동한 것에 대한 비밀을 유지함으로써 부모의 동맹은 처방에 의해 더욱 강력해지며 이전에 존재했던 동맹과 연합은 깨어지게 된다.

불변 처방은 기존의 가족 게임을 방해하는 역할을 한다. 치료적 요인은 나머지 가족 구성원으로부터 부모를 분리시킴으로써 기존의 가족 상호작용 패턴을 변경하고, 치료가 완료될 때 안정된 동맹 관계를 형성하여 가족을 다시 결합시킨다. 따라서 불변 처방은 가족 구성원이 함께 유연한 생활 방식을 개발할 수 있도록 경직되고 파괴적인 가족 게임을 깨뜨리는 기법으로 설명할 수 있다.

(10) 순환질문법(circular question)

순환적 질문은 가족의 증상에 초점을 두는 것이 아니라 가족게임에서의 가족 간 상호작용과 행동교환에 초점을 둔다. 순환적 질문들은 진실과 명명에 기초한 가족의 신념체계를 밝히는 데 활용된다. 다양한 형태의 순환적 질문들은 가족구성원의 체계적인 상호작용에 도움을 준다(Palazzoli et al., 1980).

예시

1. 상대방에게 질문하지 않고 물어보는 방식
   "네가 아빠랑 논쟁할 때 엄마는 어디서 무엇을 하셨니?"
2. 두 사람의 관계를 직접 당사자에게 묻지 않고 제삼자에게 묻는 방식
   "어머니 남편과 따님은 어떤 관계를 유지한다고 생각하시나요?
3. 가족들 간의 문제나 상황 혹은 관계성에 대한 지각의 차이를 묻는 방식
   "따님이 학교 가기 싫어하는 문제에 대해 가족들은 어떻게 생각하나요?"

09 Chapter

대상관계 가족상담 및 치료

1. 개요

대상관계(object relations)란 개인이 외부 세계의 타인과 관계를 이어가는 기본 방식을 결정짓는 심리적인 내면 구조를 의미한다. 이 개념은 출생 초기의 주요 양육자와의 관계에서 경험한 것들이 내면에 형성되어 정신적인 표상으로 작용하고, 이러한 표상들이 상호작용의 틀로 내면화된다는 것을 의미한다(Horner, 1982).

호너(Horner, 1984)의 대상관계이론은 우리가 성장하는 과정에서 부모와 주요 타인들과의 관계 속에서 형성되는 자아와 대상 사이의 내면화된 표상들이 자신과 타인에 대한에서 내면화된 표상들이 개인의 지각, 경험, 관계양식, 그리고 문제에 영향을 미친다고 주장하였다. 이에 따라 대상관계이론은 인간의 내면적인 무의식에 집중하면서도, 개인의 성장과 발달은 주요 대상과의 관계양식, 즉 상호작용을 통해 형성된 내면화된 대상관계에 영향을 받는다. 대상관계이론은 인간이 타인과 관계를 형성하려는 본능적인 욕구를 가지고 있다는 가정을 바탕으로 한다. 따라서 인간은 관계를 맺으며 살아갈 대상이 필요하다. 또한, 대상관계이론은 모든 인간이 관계 속에서 살아간다는 점을 강조한다. 대상관계이론은 많은 이론가들이 정신분석을 기반으로 구축했으며, 대상관계는 프로이트의 오이디푸스 콤플렉스 이론과 관련하여 중요한 개념으로, 실제적 관계와는 구별되며 개인의 정신적 발달과 정서적 성장에 영향을 미치는 것을 의미한다. 이는 태어나서 양육자와의 상호작용과 경험으로부터 내면화된 정서와 자기-타자 간의 상호작용을 가리키는 것으로 이해된다.

2. 이론 및 주요개념

1) 이론적 배경

프로이트의 정신분석에서는 자아구조의 발달에 있어서 본능적인 욕망의 영향을 매우 중요시한다. 이로 인해 프로이트의 관점에서는 개인의 내적 심리에 주로 초점을 맞추기 때문에, 실제적인 다양한 인물들과의 상호작용은 크게 강조되지 않았다. 반면에 대상관계이론에서는 오이디푸스 콤플렉스가 발현되기 이전 단계에 주목한다. 즉, 영아기에 양육자와의 관계 경험이 자아의 형성에 어떤 영향을 미치는지에 대해 중점을 둔 것이다. 대상관계이론은 아동의 초기 발달에 영향을 미치는 어머니와의 관계를 강조하며, 아동이 애초부터 타인과의 관계를 형성하고 조절하는 능력을 가지고 있다고 믿는다. 이러한 이론을 기반으로 아동과 어머니 사이의 상호작용을 중요시하며 아동의 정서적 안정과 성장을 촉진하는 데 초점을 둔다. 대상관계에서 중요한 것은 외부대상, 즉 어머니의 양육태도와 아동 자신의 타고난 성격이 결합하여 나타나는 특질을 규정하는 것이며 이것은 후에 성격의 틀을 이루게 된다(한성심, 2001 재인용). 대부분의 대상관계이론가들은 생후 36개월까지의 가족과의 관계에서 내적인 욕구를 어떻게 해결하였는가에 따라 대상관계의 질이 결정된다고 하였으며, 이 내적욕구의 해결과정에서 부모, 그 중에서도 특히 어머니와의 관계는 그 후 모든 인간관계의 원형이 된다고 보았다(임종렬, 2001 재인용). 대상관계이론은 영아기에 형성되는 관계가 개인의 발달에 큰 영향을 미친다고 강조하는 점에서 프로이트 정신분석의 핵심적인 개념인 오이디푸스 콤플렉스와 연관성을 가지고 있다. 따라서, 대상관계이론은 부모-아동 관계의 중요성을 강조하며, 초기 발달 단계에서의 상호작용과 관계 특성이 아동의 성장과 발달에 영향을 미칠 수 있다고 이론적으로 강조하였다. 그러나 이러한 공통점에도 불구하고 대상관계이론가들의 이론은 매우 다양하며 어떠한 요인이 개인의 성격 구조 및 정체성에 영향을 미치는가에 대해서 서로 다른 입장을 보였다.

(1) 해리 스택 설리번(Harry Sack Sullivan, 1892–1949)

설리번은 인간의 성격과 특성은 개별적인 측면뿐만 아니라 다른 사람들과의 상호작용과 관계에서 큰 영향을 받는다고 이론이다(민성길 외, 2001). 설리번은 불안을 대인관계, 특히 부모와 어린이 간의 관계 안전에 대한 위협으로 설명하였다. 인간은 기본적인 욕구를 가지고 있으며, 이러한 생물학적 욕구는 유아에게 긴장을 유발시킨다. 이 긴장은 다시 어머니에게 긴장을 유발하는데, 어머니가 유아의 욕구를 충족시켜 긴장을 해소하면 좋지만 그렇지 못하면 어머니의 긴장이 해소되지 않아 다시 유아에게 긴장과 불안이 전달된다고 설명한다. 어린 시절의 엄마와의 관계는 자아 개념에 매우 중요한 영향을 미치며, 만족스러운 관계가 형성되면 '좋은 나'라는 개념이 형성되고, 불안이 있을 때는 '나쁜 나'로 자아 개념이 형성되며, 극심한 상황에서는 '나 아닌 나'라는 개념이 형성된다고 말할 수 있다. 이를 극복하기 위해 설리번은 인격은 다양한 성격, 감정, 행동, 태도 등의 다양한 요소들로 이루어져 있다고 주장하였다. 대인관계의 경험은 세 가지 형태로 나타날 수 있는데, 첫째는 미숙한 타자 구별 능력을 가진 초기 발달 단계인 '원향형'이고, 둘째는 관련을 지을 수는 있지만 비현실적이고 비논리적인 '준향형'이며, 셋째는 논리적, 합리적이며 성숙한 형태인 '공향형'이다. 사람은 인격을 성숙시키고 불안을 극복하기 위해 다양한 방어기제를 사용하는 방법을 익히는데, 이를 설리번은 '안전작용(security operations)'이라고 불렀다(Greenberg, 1999).

(2) 멜라니 클라인(Melanie Klein, 1882-1960)

클라인은 오스트리아와 영국의 심리학자로 아동분석을 기반으로 대상관계이론을 창시한 인물로 1882년에 빈에서 태어났다. 오빠 엠마누엘(Emmanuel)은 20대 중반, 시도니(Sidonie)는 9살에 죽게 되어 이 두 형제의 비운의 죽음으로 인해 지속되었던 우울증에 적지 않은 영향을 주었다. 그후 페렌찌(Ferenczi)와 아브라함(Abraham)에게 분석을 받아서 많은 통찰을 통해 자신의 체계적인 이론을 만들게 되었다.

클라인은 환자들의 삶을 분석하는 과정을 통해 유아와 어머니 사이의 초기 상호작용을 이해하는 데 큰 기여를 하였다. 프로이트가 유아를 성적 욕구를 충족시키고 내적 갈등을 조절하려는 존재로 본 반면, 클라인은 유아가 처음부터 타인, 즉 '대상'을 적극적으로 추구하는 존재라고 보며 보다 근본적으로 다른 관점을 제시하였다.

유아들은 자신들을 돌봐 주는 엄마에 대해 좋은 대상이나 나쁜 대상으로 인식하고 상호작용한다는 것이다. 초기에는 유아들은 엄마를 부분적인 존재로 인식하다가 점차적으로 완전한 존재로 지각하게 된다. 이 과정에서 유아들은 엄마라는 구체적인 대상을 부분적이고 전체적으로, 그리고 좋은 대상과 나쁜 대상으로 인식하며 이를 내면화하는 과정을 거치게 된다(김용대, 2003). 즉, 유아는 어머니와의 관계를 통해 자신을 둘러싼 환경과 적극적으로 관련을 맺으려는 환상을 태어날 때부터 가지고 있다고 본다. 이러한 환상은 편집과 우울을 거치면서 성장한다고 설명한다. 그 과정에서 문제가 발생하면 분열과 투사와 같은 방어기제를 발달시키고, 이로 인해 유아는 타인과의 관계에서 자신과 상대를 있는 그대로 인식하는 것에 어려움을 겪게 된다. 이는 유아의 일차적 욕구가 돌봄과 양육을 받는 대상에 대한 애착을 드러내는 것임을 말할 수 있다.

클라인의 초기 발견은 오이디푸스 콤플렉스와 밀접한 관련이 있다. 예전에는 오이디푸스 콤플렉스의 시작이 네 살 이전이 아니라, 여섯 살쯤에 도달한다고 믿었다. 반면 클라인은 오이디푸스 콤플렉스가 더 어린아이에게도 나타난다는 것을 입증했다. 또한, 클라인은 초자아가 이전에 생각했던 것보다 더 일찍 형성되고, 더 복잡한 과정을 거쳐 형성된다는 사실을 발견했다. 초자아는 오이디푸스 콤플렉스의 맨 마지막 단계에서만 나타나는 '결정체'가 아니라, 본질적으로 오이디푸스적 콤플렉스의 한 부분이라는 것이다. 클라인은 아동의 삶이 부모의 성에 대한 무의식적이거나 의식적인 환상에 지배된다는 사실을 발견했다. 또한, 좌절감, 질투, 시샘 등은 오이디푸스 상황에서 발생되며, 폭력적 공격을 일으키고, 아동의 초자아를 형성하는 위협적인 상황을 형성한다는 것을 알게 되었다. 또한, 클라인은 오이디푸스 콤플렉스 자체가 전-성기기적인 형태를 가지고 있다는 것을 발견했다.

(3) 로널드 페어베언(W.R. Fairbairn, 1889~1964)

페어베언은 영국에서 철학을 전공하여 박사학위를 받은 후 나중에 의과대학에 들어가 에든버러(Edinburgh) 대학에서 학생들에게 프로이트이론을 가르치면서 정신분석에 발을 들여놓게 되었고, 초기에는 클라인의 영향을 받았다. 그러나 프로이트 이론에 대하여 몇 가지 의문점을 가지게 되면서 그것을 보충하기 위해 독자적으로 자기 이론을 개발하였다. 프로이트는 인간은 쾌락 원칙에 따라 삶을 살아가는 존재라고 이론을 제시하였으나, 페어베언은 인간은 쾌락보다는 대상을 추구하는 존재라고 다

른 관점을 제시하게 되었다.

페어베언은 인간은 과거의 초기 경험에 따라 형성된 개인의 이미지를 기반으로 현재의 인간관계를 형성한다고 보았다. 즉, 유아기에서 엄마와의 관계 경험이 성인기 성격 형성에 주요한 영향을 미친다고 이해한다. 또한, 페어베언은 좋은 어머니가 때때로 유아의 요구를 거절할 수 있다는 사실을 인지하는 것이 아이의 성장과정에서 중요하다고 생각했다.

예를 들어, 유아가 안락함이나 음식을 원하는 순간에 어머니가 곁에 없을 경우, 유아는 견딜 수 없는 불안과 유기감을 경험하게 된다. 이러한 불안감을 극복하기 위해 유아는 어머니의 존재를 마음속에 떠올리거나 상상 속에서 재구성함으로써 어머니가 여전히 자신과 함께 있다고 느끼려 한다. 이 과정에서 유아는 어머니의 이미지를 자기 안에 받아들이고 유지하는데, 이를 '함입'이라고 부른다. 페어베언에 따르면, 함입은 아이가 감당하기 어려운 감정이나 상황을 겪을 때 그것을 직접적으로 마주하지 않고, 대상을 자기 내부로 끌어들여 심리적 안정을 도모하려는 방어기제로 작용한다.

대상관계란 어떤 대상과의 관계에서 경험한 상호작용이 개인 내부에서 틀이 되어 적용되는 것을 의미한다. 개인이 외부 세계의 사람들과 관계를 맺는 기본방식을 결정하는 심리 내적 구조로 정의되기도 한다(Horner, 1982). 프로이트의 욕동구조이론(Drive-Structural Theory)은 인간의 행동과 정신세계가 기본적으로 생물학적인 본능적 충동, 즉 욕동에 의해 동기화된다고 보았다. 프로이트는 인간정신을 원초아, 자아, 초자아라는 세 가지 구조적 체계로 설명하고 이 세 구조가 서로 다른 욕동과 현실, 이상 사이에서 갈등을 일으키며 정신적 문제가 생긴다고 보았다. 반면, 페어베언은 내면의 갈등을 유아가 부모와의 관계로 인해 경험한다고 하였다. 이러한 갈등은 리비도적 자아와 흥분을 일으키는 대상, 거절하는 대상과 관련된 반리비도적 자아와 이상적인 대상과 관련된 중심적 자아가 나타낸다. 페어베언은 고통과 연결된 다른 어머니상은 지나치게 욕구를 흥분시키는 어머니와 연관된 부분 자아를 리비도적 자아로 정의했다. 또한, 좌절이나 거절하는 대상은 어머니에 대한 욕구를 거절했던 기억의 흔적과 거절하는 대상이 연관된 자아의 일부를 반리비도적 자아로 정의했다.

대상관계이론은 페어베언에 의해서 가장 일관적이고 중심적이며 논리적인 심리분석이론으로 전개되었다는 평가를 받고 있으며, 그의 모델은 무엇보다 자아의 건전한 성장에도 적용되었다(Scharff, 1996).

(4) 도널드 위니컷(Donald Woods Winnicott, 1896~1971)

도널드는 영국에서 태어나 케임브리지 대학에서 의학을 공부하였고 아동병원에서 40년간 일했다. 위니컷은 정신분석 훈련을 받았고 가장 가까운 동료로 클라인을 뽑을 수 있다. 그의 정신역동과 발달 관점은 기존의 클라인 이론과는 다르게 독립적이고 독창적으로 다가섰다. 위니컷은 엄마가 유아에게 행하는 역할에 대해서 질적으로 관심을 가지고 있었다. 엄마의 역할이 어떻게 이루어지느냐에 따라 유아의 발달이 다양하게 영향을 받는다는 것을 이해했다. 안전하고 긍정적인 영향을 주는 요소들 중에서, 엄마는 가장 중요한 환경적인 영향을 가진다고 여겨졌다. 이러한 긍정적인 영향을 가진 환경은 '충분히 좋은 환경(good enough environment)'이라고 표현되며, 엄마의 역할 또한 '충분히 좋은 엄마(good enough mothering)' 역할이 필요하다고 이해되었다. 충분히 좋은 엄마는 아기에 대한 적절한 반응을 통해 아기가 서서히 분리감을 인식하면서도 엄마와 함께할 수 있는 확신을 제공할 수 있는 엄마이다. 페어베언은 사랑이 없는 비인격적인 방식으로는 아기를 성장하고 자율적인 개인으로 발전시킬 수 없다고 말했다. 그는 어머니가 제공하는 환경에 주된 관심을 두었으며 이를 바

탕으로 환자와 분석자의 관계에 대한 새로운 정신분석에 대한 의견을 제시했다.

위니컷은 유아의 발달과정에서 손가락 빨기와 곰 인형과 같은 애착, 구강기에 나타나는 성과 관련된 대상관계, 일차적인 창조적 활동과 이미 학습된 것의 투사, 자신의 잠재력에 대해 인식 못 하는 상태와 이와 관련하여 깨달음 사이에 있는 중간영역의 경험을 설명하기 위해 '중간대상(transitional object)'과 '중간현상(transitional phenomena)'이라는 용어를 사용하였다. 유아의 경우 최초의 중간경험은 옹알이, 손가락 빨기, 고무젖꼭지, 유아컵 등과 같은 것들이다. 유아는 옹알이를 할 때 이것이 자신의 것인지 외부로부터 오는 것인지 명확하게 알지 못한다. 손이 어쩌다 입에 닿거나 빨아보게 되면, 그것이 자신의 것인지 아니면 자신의 일부가 아닌 것인지 알 수 없다. 배고플 때 젖꼭지가 보이면 이것에 대한 구별은 뚜렷하지 않지만, 이러한 접촉과 경험이 지속되고 인지 능력이 발달하면서 유아는 자신과 외부를 구별할 수 있게 된다. 이 구별이 명확해지는 시기에 유아는 자신의 존재가 연약하고 의존적임을 깨닫게 되고, 지배감과 통제력의 환상이 박탈되는 것을 거부하며 특정한 대상에 강한 집착을 보이게 된다. 이 대상은 곰 인형이나 담요와 같은 것일 수 있다. 이것은 유아에게 안정화 요소로서 강력한 힘을 지니며, 아이들이 분리불안이나 낯선 상황으로부터 안정감을 찾을 수 있도록 도와준다.

위니컷은 모두가 타고난 본성에 따라 핵심적인 부분을 갖고 있다고 믿었다. 이를 "진정한 자아"라고 부른다. 한편, "가짜 자아(false self)"는 자기를 지켜주는 역할을 하며 다른 사람과 어울릴 때 적응하는 면을 의미한다. 속인다거나 진실하지 못하다는 의미의 가짜를 말하는 것은 아니다. 유아가 자라나면서 타인의 욕구를 위해 자신이 희생하는 것은 진정한 자기와 가짜 자기 사이에 갈등을 초래할 수 있다는 것이다. 특히 문제상황에서는 가짜 자기가 스스로를 속이는 것과 같은 느낌을 줄 수 있다. 하지만 건강한 상황에서는 가짜 자기와 진정한 자기가 조화롭게 공존하며 타인과의 관계를 유지할 수 있다. 단지 이것은 진정한 자기 자신을 감추고 있는 것이다. 그것은 남들과 교섭하면서도 성공적으로 자신의 자기성을 보유하는 것이다(임종렬, 2001).

2) 주요개념

(1) 대상관계(object relations)

대상관계란 자아기능의 한 측면으로 개인이 외부 세계 사람들과 관계를 맺는 기본방식을 결정하는 심리 내적 구조를 의미하며, 출생 초기 주요 양육자들과의 관계에서 경험한 것이 정신적인 표상이 되어 상호작용의 틀로 내면화된 것을 말한다(Horner, 1982). '대상(object)'이라는 용어는 무생물을 의미하는 것이 아니라 본능을 만족시켜주는 환경 내의 사람이나 기억, 관념, 기억 등에 대한 정신적인 에너지(사랑, 외로움, 미움, 슬픔)가 주어지는 것을 나타낸다. 일반적으로 대상은 자기와 관계를 맺는 사람을 가리키지만, '대상관계'라는 용어는 한 개인이 타인과 혹은 다른 대상들과의 상호작용이나 관계뿐만 아니라 내면에 이미 형성된 대상들과의 관계와 그 대상들이 가진 심리적 기능을 밝히고자 하는 이론이나 이론들의 측면에서도 사용된다.

가정에서의 대상관계를 살펴보면, 아동은 초기 발달 과정에서 자기를 조절하고 안정시키기 위해 어머니와 같은 주요 양육자에게 깊이 의존하게 된다. 어머니는 아동의 삶에 방향을 제시하고, 보호적 환경을 제공하며, 특정 욕구는 충족시키고 다른 욕구는 조절해 주는 역할을 수행한다. 이러한 상호작용을 통해 아동은 점차 자기조절 능력을 내면화하게 되며, 초기에는 어머니가 담당하던 기능들이 시간이 흐르면서 아동에게 이양된다. 예컨대, 스스로 걷거나 밥을 먹는 등의 자율적 행동은 이러한 점진적인 기능 이양의 대표적인 예다. 이러한 지속적이고 반복적인 상호작용은 아동의 자아 형성과 초자아 발달에 핵심적인 영향을 미친다.

이와 관련하여 보울비(Bowlby)의 애착이론을 살펴보면, 아동의 정서적 안정과 정신 건강이 건강한 초기 관계에 달려 있다고 보며, "영아는 어머니 혹은 지속적으로 반응해주는 주요 양육자와 따뜻하고 안정적인 애착 관계를 형성해야 한다"고 강조하였다. 이러한 애착 관계는 단순한 보호의 의미를 넘어, 아동에게 정서적 안전기지를 제공하며 외부 세계를 탐색하고 자신을 이해하는 기반이 된다. 즉, 어머니와 아동 사이의 상호작용은 단순한 양육 행위를 넘어, 자아와 정체성, 감정 조절력의 토대를 형성해 나가는 심리적 기반이며, 그 속에서 아동은 만족과 기쁨을 경험하고 타인과의 관계 맺음에 대한 긍정적인 내적 표상을 만들어 간다.(Ross D. Parke et al., 2004).

(2) 자아(ego)와 자기(self)

위니컷은 우리 모두가 내부에 자신들의 생리학적 천성으로부터 파생된 핵심 부분을 갖고 있다고 믿었다. 그는 이를 진정한 자아라고 말했다. 가짜 자아(false self)는 자기를 돌보고 보호하는 부분으로서 핵심을 보호하고 다른 사람의 욕구에 적응할 수 있게 한다. 이것은 속임이나 불성실함을 의미하는 것이 아니라, 단지 진정한 자아를 덮고 있는 것이다. 건강한 상황에서는 가짜 자아는 진정한 자아와 분열되지 않는다. 오히려 남들과 소통하면서도 자신의 자아성을 성공적으로 유지하는 것이다. 가족 안에서 타인의 욕구를 위해 자신을 희생시키는 것을 강조한다면, 진정한 자아와 가짜 자아 사이에 모순이 생길 수 있다. 가짜 자아와 진정한 자아 사이의 조화는 성격의 활동적이고 통합적인 것을 위해 필수적인 것이다.

자아의 구조는 무의식의 영역에 존재하지만, 사람들의 행동과 삶의 방향을 이끌어내는 주체 또는 대변자 역할을 한다. 일부분은 의식적인 영역에서도 경험될 수 있다. 경험되는 자아 부분은 자기개념이라는 형태로 의식 속에서 나타날 수 있다. 자기 개념은 자기에 대한 가치관이나 신념들로 구성되며, 이러한 부분들은 정체성이라고도 불린다. 정체성은 "나는 누구인가" 또는 "나의 삶의 의미는 무엇인가?"와 같은 질문에 일정한 방식으로 대답할 수 있는 자아의 부분을 의미한다. 이는 무의식의 영역에 존재하는 자아가 의식적인 영역에서 나타난 형상을 의미한다. 자아는 개인의 정체성과 인지를 위해 외부 세계와의 상호작용을 주도하며, 외부 세계와의 상호작용은 내적 요구를 충족시키고 내적 갈등을 해소하는 역할을 한다. 또한, 외부 세계를 인지하고 판단하여 내적 세계와 외적 세계를 연결하는 역할도 한다. 자아는 실질적인 실행력을 가진 중추 기구이지만, 개인만이 전체적인 인간으로서 종합적인 관계를 맺을 수 있다는 사실을 강조해야 한다(최승희, 김수옥, 1996).

(3) 자기표상(self-representation)과 대상표상(other-representation)

표상이란 개인이 자기와 대상에 대해 형성하는 정신적인 이미지를 의미한다. 이러한 표상은 자신과 가장 가까운 양육자와의 관계에서 주로 형성되며, 자기와 양육자에 대한 주관적인 경험을 반영한다. 어린 시기에 충분한 애정과 관심을 받지 못하거나 부정적인 경험을 반복적으로 겪는다면, 표상들은 대체로 부정적인 성격을 갖게 된다. 이로 인해 자존감이 낮아지고 타인에 대해 왜곡된 지각과 부정적인 감정과 행동이 형성될 수 있으며, 이러한 영향으로 대인관계에서 어려움을 겪을 수 있다.

부모와의 관계 속에서 형성된 자기표상과 대상표상은 다음과 같은 특징을 갖고 있다.

첫째, 개인의 삶에서 중요한 다른 사람들과의 관계를 바탕으로 형성된 정신적 이미지를 대상표상이라고 한다.

둘째, 이러한 표상은 의식적이거나 무의식적일 수 있다.

셋째, 내재된 표상들은 단순한 사고라기보다 인지와 정서의 복합체로 작용하여 생각, 감정, 행동을 유발하는 독특한 방식을 가지게 된다. 정신 병리학적으로, 이러한 표상들은 종종 폐쇄적인 체계처럼 강직하게 내적 시스템에 영향을 미치는데, 때로는 성장과 변화를 촉진하는 치료적 시도에 저항을 일으켜 이러한 표상의 세계를 고착화시키기도 한다. 그러나 이러한 표상들은 치료를 통해 또는 긍정적인 경험을 통해 수정될 수 있음을 알 수 있다(Stadter, 1988 재인용).

(4) 내면화(internalization)

유아의 관계경험의 시작은 내면에 수용되고 변형되는 과정을 통해 각 개인의 독특한 대상관계로 형성된다. 이러한 내면화는 유아가 주변 환경이나 대상의 특성을 자기 자신의 내면으로 받아들여서 자신의 특성과 경험으로 만드는 심리적인 기제를 의미한다. 유아는 다양한 형상들을 내면화하는 과정에서 적절한 돌봄을 받지 못하면 방어기제를 사용하게 된다. 하지만 유아가 정상적으로 발달하면 좋은 대상과 나쁜 대상에 대한 구분을 하게 되고, 나중에는 이 두 가지의 대상에 대해 일정한 방식으로 자아 내에서 통합되며 안정된 자아를 형성하게 된다. 안정된 자아의 형성은 형상들이 내면화하는 과정 속에서 이루어진다. 이 과정에서 내적 투사라는 단계가 가장 기초적인 역할을 하게 된다. 내적 투사는 내면세계에서 일관성 없이 조직되거나 통합되지 않은 상태로 형상들을 내면에 던지는 현상을 말한다. 이러한 흩어진 형상들은 발달이 진행됨에 따라 일정한 방식으로 연관성을 갖게 되며, 이 과정을 통합이라고 한다. 여러 측면들이 내적 투사를 통해 분화되고, 유사한 것과 다른 것을 구분하는 방식으로 관련성을 형성하게 된다.

(5) 통합(integration)과 분화(differentiation)

자아기능에 있어서 통합과 분화는 상호보완적으로 작용한다. 통합은 인식,

기억력, 이미지, 감정상태, 사고, 행동양식 등 두 개 이상의 요소를 결합하는 심리적 과정이다. 한편 분화는 여러 가지 정신적인 요소를 개별적으로 구별하거나 분리하는 과정을 의미한다. 예를 들어, 유아는 어머니를 대표하는 대상의 특징을 구별하고 분화시킴으로써 완전한 대상 이미지를 형성하며, 이를 다양한 경험을 통해 통합시킴으로써 다양한 대상 이미지를 형성하게 된다. 그러나 통합과 분화 사이의 상호작용은 강한 정서적 요소인 갈망, 좌절, 흥분 등에 의해 방해를 받을 수 있으며, 이는 투사적 동일시나 분열과 같은 방어기제로 이어질 수 있다.

(6) 분열(splitting)

분열은 자기와 타인에 대한 상충되는 경험을 따로 떼어 분리하는 것을 말한다.

어린 시기에 부모와의 경험은 기쁨과 불쾌함을 동시에 내포하고 있다. 그러나 아직 자아 기능이 미숙하기 때문에 아이는 양면적인 측면들, 즉 서로 다른 정서가 함께 존재하는 측면들을 동시에 받아들이기 어렵다. 이로 인해 아이는 한 번에 한 가지 측면만 의식적으로 경험하고 다른 측면은 의식에서 배제하는 현상이 발생하는데, 이를 "분열"이라고 한다.

어머니라는 한 대상 속에 "좋은" 측면과 "나쁜" 측면이 모두 있다는 사실을 유아가 이해하고 수용하려면, 즉 분열된 내면 경험이나 지각이 통합되기 위해서는 다양한 경험들을 기억하고 비교할 수 있는 인지적 능력의 발달이 요구된다(Horner, 1984). 유아가 겪는 좌절 경험이 불안 수준을 지나치게 높이거나 지속적으로 발생하면, 자아의 통합 능력이 미발달한 채로 남을 수 있다. 이로 인해 대상이나 자기의 다양한 특성들이 서로 연결되지 못하고, 단편적인 상태로 남게 된다. 이러한 상태에서 유아는 자신과 주변을 일관되게 인식하는 데 어려움을 겪게 되고, 이후의 발달과정에서도 적응과 학습에 어려움을 겪을 수 있다. 따라서 어머니와의 경험이 대체로 만족스러워야 유아의 내적 평형을 유지할 수 있으며, 좌절 경험이 지나치거나 만성적이지 않도록 주의하는 것이 중요하다.

(7) 투사적 동일시(projective identification)

투사적 동일시는 자신이 수용하기 힘든 내적 상태나 특성을 다른 사람에게 투사하여 그들이 그와 동일한 상태나 특성으로 느끼고 행동하도록 유도하는 무의식적인 심리적 기제를 의미한다(Hamilton, 1988). 이는 자신의 내면 세계를 외부로 투사하는 것에 그치지 않고, 다른 사람이 특정한 방식으로 반응하거나 행동하도록 교묘하게 조작함으로써 투사에 참여하도록 압박을 가하는 과정이다. 예를 들어, 자신의 의존적 욕구를 수용하지 못하는 사람이 다른 사람에게 자신의 이런 욕구를 투사하여 상대방이 지속적으로 도움을 제공하거나 자신의 독립성을 좌절시키도록 함으로써 상대방과의 관계에서 의존성을 유지하려는 것이다.

3. 상담목표

대상관계치료의 궁극적 목표는 내담자의 역기능적인 개인 내적 역동에 대한 통찰을 얻고 온전한 대상관계(whole object relations)를 형성하고 자아기능을 강화하여 자신과 다른 사람들에 대해 좀 더 현실적이고 수용적인 태도를 갖게 하는 것이다. 대상관계 이론은 초기 발달 단계에서 충분히 좋은 양육자의 부재, 반영의 부족, 대상표상의 분열 등이 안정된 자아 형성과 온전한 통합을 방해하며 장애를 초래한다고 설명한다. 따라서, 치료의 궁극적 목표는 내담자가 개인 내적 역동에 대한 역기능적 이해를 얻고 자아 기능을 강화하여 현실적이고 수용적인 태도로 자신과 다른 사람들과의 온전한 대상관계를 형성하는 것이다. 성장 과정에서 미해결된 욕구나 갈등이 많은 사람들은 다른 사람들을 현재의 존재로 받아들이지 못하고, 과거 경험에서 내재된 대상으로 지각하고 반응하여 상대방에게 무의식적인 역할을 강요한다. 이런 점에서 대상관계 이론은 병리를 개념화할 때 현재의 대인관계 경험이 실제 상황이나 관계를 반영하는 것이 아니라 내담자의 내적 대상관계에 의해 영향을 받고 지배된다고 설명한다(Stadter, 1996).

따라서, 내담자가 자기와 다른 사람들 간의 관계에서 경험하는 내적 갈등과 감정들을 이해함으로써, 더 긍정적인 대인관계를 구축하고 더 나은 삶을 살아갈 수 있도록 돕는 것이 목표이다. 이러한 치료 과정은 내담자의 성장과 발전에 기여하며, 자기 인식과 자아기능을 향상시키는 데 도움이 된다. 대상관계 치료 기법은 주로 비지시적인 방식으로 진행된다. 행동 변화를 위한 구체적인 지침이나 방향 제시보다는 탐색과 통찰을 중점으로 하는 기법들이 사용된다. 주요 기법으로는 "버텨주기(holding)", 해석, "지금-여기의 경험" 다루기, 역전이의 활용 등이 있다(Scharff, Scharff, 1991).

4. 상담과정 및 치료기법

1) 상담과정

대상관계 이론은 원래 심각한 정신장애, 예를 들어 성격장애와 같은 경우에 깊이 있게 이해하고 효과적인 치료를 위해 수년에 걸친 회상적 대화 형태의 치료를 전제로 하였다. 그러나 현재 우리나라의 상담 현실을 고려할 때, 이러한 치료 접근은 다소 현실적이지 않다. 그럼에도 불구하고, 대상관계 이론은 내담자의 복잡한 심리 내적 세계와 문제를 깊이 이해하고 상담자와 내담자 관계에서 발생하는 역동을 분석하고 치료적으로 활용하는 데에 유용하며, 정교하고 유용한 개념적 틀을 제공한다. 또한, 한국문화권에서는 관계성을 강조하는 전통적인 문화적 배경 때문에, 대상관계 이론을 활용하여 유아의 관계 경험이 성격적 측면의 발달과 자아 형성에 미치는 영향을 강조하고, 상담자와 내담자 상담관계를 치유적인 매체로 활용하는 정도가 크다고 할 수 있다.

대상관계 가족치료(object relations theory)는 대상관계 이론을 기반으로 한 가족치료 접근법으로 가족 구성원들 간의 대상관계를 중심으로 한 상담과정을 통해 가족 시스템의 문제를 이해하고 해결하기 위해 사용된다.

대상관계 가족치료의 상담과정은 일반적으로 다음과 같은 단계로 구성해 볼 수 있다.

- **평가 및 문제 정의**: 상담자는 가족 구성원들과 함께 가족의 구조, 상호작용, 대상관계에 대해 평가하고 문제를 정의하는데, 이 과정에서 가족 구성원들의 의견과 경험을 수집하고 가족의 목표와 욕구를 이해한다.
- **대상관계 탐색**: 상담자는 가족 구성원들과 함께 대상관계에 대한 탐색을 진행한다. 이 과정에서 가족 구성원들의 상호작용, 갈등, 감정 표현, 의사소통 패턴 등을 관찰하고 분석한다. 대상관계의 문제와 갈등을 파악하고 가족 구성원들이 서로 어떻게 대상관계를 형성하고 유지하는지 이해해야 한다.
- **인식과 통찰**: 상담자는 가족 구성원들에게 대상관계에 대한 인식과 통찰을 제공하는 단계로 가족 구성원들에게 대상표상의 분열, 투사적 동일시, 투사 등과 같은 무의식적인 기제에 대해 이해하도록 알려준다. 이를 통해 가족 구성원들은 자신들의 행동이나 감정이 어떻게 상호작용과 대상관계에 영향을 미치는지 인식하고, 자기와 다른 사람들에 대해 더 현

실적이고 수용적인 태도를 가질 수 있다.

- **대상관계 재구성:** 상담자는 가족 구성원들과 함께 대상관계를 재구성하고 개선하는 방향으로 상담을 진행한다. 이를 위해 가족 구성원들은 자신의 대상표상을 탐색하고 투사나 분열된 부분들을 자신의 자아와 통합하는 과정을 거친다. 상담자는 가족 구성원들이 서로의 감정을 공유하고 이해하며, 대상관계를 형성하는 데 필요한 지원과 도구를 제공한다.
- **변화와 성장:** 대상관계 가족치료는 가족 구성원들이 대상관계를 재구성하고 조화롭게 상호작용하는 과정에서 변화와 성장을 이루도록 돕는다. 가족 구성원들은 서로를 이해하고 지지하며, 서로의 자아와 대상표상을 존중하고 수용하는 관계를 형성하게 된다. 이를 통해 가족 구성원들은 개인적인 성장과 가족 시스템의 조화로운 발전을 이룰 수 있다.

대상관계 가족치료의 상담과정은 가족 구성원들 간의 상호작용과 대상관계를 중심으로 하며, 개별적인 상담뿐만 아니라 가족 전체의 상호작용과 함께 이루어진다. 상담자는 상담과정에서 가족 구성원들의 의견을 존중하고, 공감적인 태도와 개입을 통해 가족 구성원들을 지원하며 변화를 유도한다.

2) 치료기법

대상관계치료는 주로 비지시적인 기법들을 활용한다. 이론을 바탕으로 내담자에게 구체적인 행동변화를 시키기보다 주로 탐색과 통찰을 중심으로 한 기법들을 적용한다.

(1) 정서적 연결(emotional connection)

정서적 연결은 가족 구성원들 간의 감정적인 교류와 연결을 강화하는 기법이다. 이 기법은 가족 구성원들이 자신의 감정을 표현하고 다른 구성원들의 감정을 이해하며 공감하는 과정을 통해 감정적인 연결을 형성하도록 돕는다. 정서적 연결은 가족 구성원들 간의 상호작용에서의 감정적인 표현과 응답을 중요시하며, 가족 구성원들이 감정을 더욱 자유롭게 나타낼 수 있도록 환경을 조성한다. 이때 상담자는 가족 구성원들에게 감정 표현을 유도하고, 서로의 감정을 들여다보고 이해할 수 있는 공간을 제공하고 상담자는 가족 구성원들의 감정을 수용하고 이해하며 공감한다. 정서적 연결을 통해 가족 구성원들은 서로에게 더욱 가까워지고 지지받는다는 느낌을 받게 된다. 이를 통해 대상관계가 강화되고 가족 시스템의 조화와 안정성을 증진시킬 수 있다.

예시

예시: "너는 왜 형처럼 못하니?"라는 말을 반복적으로 들으며 성장함.

내담자: "저는 뭘 해도 부족한 사람이라고 느껴요. 그래서 자꾸 뒤로 숨게 돼요."

상담자: "그런 말들을 계속 듣고 자라면서, 자신을 부끄러워하게 되는 건 너무 당연한 일이에요. 지금 이 자리에서 당신이 그렇게 느끼는 이유를 함께 이해하려고 하고 있어요. 제가 보기에는, 부족한 게 아니라 오히려 많이 참고 버텨낸 사람이에요."

(2) 감정적 공감(emotional empathy)

치료자는 가족 구성원들의 감정을 수용하고 이해하며, 그들의 경험을 공감한다. 또한, 구성원들에게 감정적 지지와 공감을 제공하며, 감정적으로 연결되어 있는 상태를 보여줌으로써 구성원들 간의 정서적인 연결을 강조하는 것이다. 감정적 공감은 내담자의 언어, 태도, 표현 방식 등을 주의 깊게 관찰하고 이해하는 것으로 시작한다. 치료자는 내담자의 감정 표현을 인식하고 이를 정확하게 이해하기 위해 주의를 기울이며, 말이나 비언어적인 신호를 통해 내담자의 내면 세계를 파악하려고 노력한다. 감정적 공감은 내담자와 상호작용하는 과정에서 매우 중요한 역할을 한다. 이를 통해 내담자는 자신의 감정과 경험을 인정받고 이해받는다는 느낌을 받을 수 있으며, 자신을 표현하고 이해하는 과정에서 심리적인 안정감을 얻을 수 있다. 이러한 감정적인 연결은 치료 과정에서 내담자의 성장과 변화를 촉진시키는 데 도움을 줄 수 있다.

(3) 버텨주기(endure)

가족 구성원들이 갈등이나 어려움을 겪을 때 상호 지원과 함께 어려운 상황을 견뎌내는 기술을 의미한다. 이 기법은 가족 구성원들이 서로를 돕고, 함께 협력하여 문제를 해결하고 강화하는 방식으로 작용한다. 버텨주기 기법은 가족 내에서 서로를 지지하고 힘을 발휘하며, 어려운 시기를 함께 극복하도록 격려한다.

버텨주기 기법의 목표는 가족 구성원들이 문제상황에서 효과적으로 협력하고 상호작용할 수 있는 능력을 키우는 것이다. 이를 위해 다음과 같은 방식들이 사용될 수 있다.

첫째, 버텨주기 기법에서는 가족 구성원들이 서로를 지지하고 힘을 발휘할 수 있는 지지 시스템을 구축한다. 가족 구성원들은 서로를 격려하고, 강조하고, 긍정적인 피드백을 제공하여 상호 간에 연결을 강화한다.

둘째, 가족 구성원들은 함께 문제를 해결하기 위해 협력하고 상호작용하는 방법을 배우고 강화한다. 이를 통해 문제에 직면했을 때 가족 구성원들이 함께 상황을 이겨나갈 수 있는 능력을 키울 수 있다.

셋째, 가족 구성원들 간에 긍정적인 대화와 상호작용을 촉진한다. 가족 구성원들은 서로에게 격려와 지지를 제공하고, 소통과 이해를 증진시키는 데 초점을 두는 것이다. 버텨주기 기법은 가족 구성원들이 어려운 시기를 함께 이겨내는 데 도움을 줄 뿐만 아니라, 가족 간의 관계를 강화하고 건강한 가정환경을 조성하는 데에도 기여할 수 있다.

(4) 분리-개별화(separation-individuation)

대상관계이론은 인간의 성격과 심리적 발달이 초기 아동기의 관계경험과 내적 자기표상 형성과 깊은 관련이 있다고 제시하였다. 분리-개별화란 가족 구성원 사이의 경계 설정과 각 개인의 독립성에 관련된 개념이다. 가족 구성원들은 각자의 개별적인 존재와 필요성을 인정하면서도, 너무 많은 간섭이나 의존을 피하기 위해 경계를 설정해야 한다. 요약하자면, 대상관계가족치료에서의 분리-개별화는 가족 구성원들이 서로의 독립성과 연결성을 존중하면서 상호작용하는 데 필요한 개념을 나타낸다. 이를 통해 가족은 건강한 관계와 상호작용 패턴을 구축하며, 문제를 해결하고 성장할 수 있다.

(5) 건강한 자기표상 찾기

좋은 자기표상 형성을 위한 치료기법에는(즉, 새로운 자기표상으로 바꾸어 주는 치료기법) 통찰과 성장, 명료화, 직면, 해석, 전이, 역전이 등이 있다(천성문, 2007).

- 통찰(insight)은 지적인 이해를 넘어서 자기와 대상 사이의 통합과 분화에 있어서 의식적이고 무의식적으로 큰 발전을 이루는 상태를 나타낸다. 통찰은 가족 구성원들이 자신과 다른 가족 구성원들 간의 패턴, 동적, 상호작용을 이해하고 깨닫는 과정을 촉진하는 기법이다. 이 기법은 가족 구성원들이 문제의 근본 원인을 파악하고, 새로운 관점과 통찰력을 얻으며 변화를 이끌어내는 데에 도움을 준다. 통찰은 환자(내담자)의 무의식적인 영역에 대한 의식화를 말하는데 자신이 처한 상황 또는 자기 문제의 본질을 이해하는 능력이나 행위를 의미한다. 통찰기법은 가족 구성원들은 행동, 응답, 반응의 패턴을 인식하고 어떤 변화나 상호작용이 문제를 유발하는지에 대해 깨닫게 된다. 즉, 가족 구성원들 간의 상호작용에 대한 내적 상태와 생각을 추측하는 것을 말한다. 이전에는 행동했던 것에

대해 자신이 왜 깨닫지 못했는지에 대해 알게 되며, 이제까지 힘들게 자신을 이끌었던 에너지에 대한 핵심적인 역동을 분명히 이해하게 된다. 그리고 자신의 대인관계 방식에 대한 이해를 하게 된다.

- 명료화는 내담자의 말에 숨겨져 있는 것을 명확하게 인식시켜 주는 것이다. 가족 구성원들 간의 의사소통과 상호작용을 명확하게 하기 위해 사용되는 기법이다. 명료화는 가족 구성원들이 말로 표현하거나 행동으로 나타내는 것을 명확하게 이해하고 해석할 수 있도록 돕는 것을 의미한다. 이를 통해 가족 구성원들은 갈등이나 문제를 다루는 데에 있어 오해와 혼동을 줄이고, 상호 간의 의사소통이 원활해질 수 있다.
- 직면은 치료자가 가족들을 통해 관찰된 사실을 직설적으로 말해주는 것을 의미하는데, 가족구성원들이 미처 모르고 있거나 인정하기 싫은 생각과 느낌에 대해서 주목하도록 하는 것이다. 직면은 가족 구성원들이 문제와 갈등을 직접적으로 대면하고 처리하는 과정을 의미하는데 이 기법은 가족 구성원들이 문제를 회피하지 않고 직면하며, 그 과정에서 상호 간의 의사소통과 이해를 촉진하고 문제를 해결하는 데 도움을 준다.
- 해석은 가족 구성원들의 행동, 상호작용, 의사소통 패턴 등을 이해하고 의미를 부여하는 것이다. 이 기법은 가족 구성원들이 자신과 다른 사람들의 행동과 상호작용에 대한 깊은 이해를 도모하고, 문제의 근본 원인을 발견하며 변화를 이끌어내는 데에 도움을 준다.
- 전이란 내담자가 어린 시절 자신에게 정서적으로 중요했던 인물과의 관계에서 가졌던 감정 반응을 치료자에게 전치(displacement)시켜서 표현하는 것으로 과거에는 타당했을지 모르나 지금의 상황이나 나이에는 적절하지 않은 퇴행된 반응이라고 할 수 있다(이민홍, 2007). 전이는 일상적으로 우리가 겪는 상황에서도 발생할 수 있다. 가장 흔한 예로, 개인이 일하거나 학교에서 경험한 스트레스나 갈등을 집에 가져와 가족 구성원들과의 관계에 영향을 주는 것이다. 이러한 전이 현상은 가족 구성원들

사이의 관계에서도 발생할 수 있으며, 대상관계 가족치료에서 중요한 주제 중 하나이다.

- 역전이는 내담자의 전이현상에 대한 치료자의 특정한 무의식적 반응으로 정의할 수 있다. 예를 들면, 내담자가 어린 시절 자신의 어머니에게 느낀 감정을 치료자에게 투사하여 전이에 따른 치료자의 반응하는 것을 뜻한다. 넓은 의미로 보면 내담자의 전이에 대한 치료자의 의식적, 무의식적 모든 반응을 뜻한다. 가족 구성원이 치료자를 다른 인물이나 과거의 인물과 혼동하는 현상을 인지적 역전이라고 한다. 이는 환자나 가족 구성원의 과거적인 관계 경험이 현재의 상호작용에 영향을 미치는 것으로 해석될 수 있다. 역전이는 대상관계 가족치료에서 중요한 표적으로 다루어지는데, 이는 환자나 가족 구성원의 감정과 태도에 대해 개인들이 자각하고 이해하는 데 도움을 주며, 그들이 더 건강하고 기능적인 상호작용을 개발하도록 지원한다. 역전이는 흔히 심리적인 방어 메커니즘의 하나로 볼 수 있으며, 대상관계 가족치료에서는 이러한 역전이를 통해 더 깊은 이해와 성장이 이루어질 수 있도록 함께 탐구하고 해결해 나간다.

10 Chapter

교류분석 단기 가족상담 및 치료

| 에릭 번(Eric Berne, 1910~1970) |

과거와 타인은 바꿀 수 없다.
하지만 자신과 미래는 바꿀 수 있다.
– Eric Berne –

1910년 캐나다 출생, 미국의 정신의학자
1935년 맥길 대학교 의과대학 박사학위 취득
1939년 미국인으로 귀화
1940년 코네티컷의 노워크에 개인 치료실 개원
1941년 뉴욕 정신분석연구소(New York Psychoanalytic Institute)에서 정신분석가로서 교육 및 훈련
1943년 에릭 레너드 번스타인(Eric Lennard Bernstein)에서 에릭 번(Eric Berne)으로 개명
1943~1946년 미육군 정신과 군의관으로 복무, 군에서 집단치료 실습을 하며 교류분석 개발의 기반 쌓는 계기를 가짐
1958년 자신의 정신치료이론을 샌프란시스코 사회정신의학세미나(The San Francisco Social Psychiatry Seminars)로 발전시킴
1968년 빈 집단심리치료 국제학술대회(The International Congress for Group Psychotherapy)에서 발표하며 교류분석을 국제적인 위치로 올림

1. 개요

정신과 의사였던 에릭 번은 처음에 정신분석가로서 교육을 받고 파울 페더른(Paul Federn)에게 분석을 받았다. 에릭 번이 군대에 입대를 한 1943년은 제2차 세계대전이 발발했던 시기로 이때는 심리치료, 상담 심리학이 비약적으로 발전한 시기이기도 하다. 전쟁이 지속됨에 따라 신체적 외상과 함께 심리적 장애를 호소하는 군인들이 속출하였고, 전쟁으로 인해 부모를 잃은 아이들도 허다했다. 국가적 차원에서 큰 손실을 막기 위해 대처를 해야 했고, 당시 심리학자들이 전쟁으로 피해를 입은 사람들에게 전문적인 도움을 제공할 기회가 많았다.

에릭 번 역시 심리적인 도움을 주는 전문가 중 한 명으로써 그들을 보면서 어떻게 하면 보다 효과가 빨리 나타나는 치료를 할 수 있을지를 고민하게 되었다.

다음으로 전쟁이 끝난 뒤 샌프란시스코 정신분석연구소(San Francisco Psychoanalytic Institute)에서 에릭 에릭슨(Erik Erikson)에게 교육을 받으며 연구를 하였다.

정신분석에 대한 연구를 계속하면서 에릭 번은 전통 정신분석에 대해 비판적인 입장에 서게 된다. 그로 인해 1956년 샌프란시스코 정신분석학회 가입 신청을 거부당하였다. 이에 자신의 이론을 완성하는 데 주력을 다 하였고, 정신분석을 대신할 수 있을 만한 새로운 이론을 구성하는 것에 힘을 기울였다.

2. 이론 및 주요개념

1) 이론적 배경

에릭 번은 치료가 시급한 사람들에게 기존의 방식대로 소파에 눕혀놓고 수십 회기를 걸쳐 무의식을 분석하는 것은 전쟁 상황과 맞지 않다고 판단되어 정신의학자로서 자신만의 철학을 가지고 새로운 개념의 치료방법을 연구하였다.

그는 만약 우리의 마음도 몸처럼 눈으로 관찰할 수 있다면 몸에 난 상처를 치료하듯 마음에 난 상처도 보다 빨리 치료할 수 있고, 나아가 심리치료 전공자가 아닌 일반 사람들도 몇 가지 방법만 익히게 된다면 어느 정도 스스로 치유가 가능할 테니 사람들이 겪는 고통을 조금은 줄일 수 있을 것이라고 판단하였다. 그러면서 탄생한 이론이 바로 교류분석이다.

에릭 번이 창안한 교류분석(Transaction Analysis: TA)은 성격의 인지, 합리, 행동적 측면을 모두 강조하고 내담자로 하여금 삶의 과정을 바꿀 수 있도록 새로운 결정을 하는 결단 치료이다. 교류분석의 목표는 자율적인 삶을 영위하고, 스스로 자각하며, 진실한 교류를 회복하게 하는 것이다. 기본적인 가치는 인간은 모두 OK라는 것을 주장하고, 스스로 성장에 대한 욕구와 잠재력을 가진 존재라고 본다(Woolams & Brown, 1979). 또한 교류분석은 인본주의적 접근을 하고 있고, 행동주의적 접근도 가지고 있다. 즉, 인본주의적 접근을 한다는 것은 상담자와 내담자 사이를 평등한 관계로 인식하고 인간의 가치를 강조한다는 부분에서 알 수 있다. 그리고 상담과정에서 정확한 계약을 체결하는 측면에서는 행동주의적 접근 방법의 특징을 보이고 있다. 하지만 가장 중심 개념은 바로 정신역동적 사고의 전통에서 유래되었다고 할 수 있다(Palmer, 2000).

정리하자면, 교류분석은 긍정적이고 건강한 인성을 발달시키고자 함이고, 이를 위해 내담자의 자아 상태를 변화시키는 데 효과적이라는 것이다. 또한 내담자 본인의 성향 또는 대인관계의 양식을 도식화하여 간단하게 진단 및 평가를 하기에 내담자의 동기를 유발시키고, 생활 속에서 실천할 수 있도록 도움을 준다. 그래서 상담과 심리치료와 더불어 경영관리, 교육 등의 영역에서 많이 적용되는 상담이론이다.

교류분석이 발전한 과정을 살펴보자면 총 4단계로 이루어지며 **표 10-1**과 같다.

표 10-1 교류분석의 이론적 발달 과정

발달단계	년도	발달 사항
제 1 단계	1955~1962	• 세 가지 자아상태 개념 정립 • 어버이 자아, 어른 자아, 어린이 자아 구분
제 2 단계	1962~1966	• 교류분석과 게임의 개념 정립 • 교류분석의 인기 시기
제 3 단계	1966~1970	• 에릭 번이 사망 • 생활각본 개념과 분석에 집중한 시기
제 4 단계	1970~	• 교류분석의 상담 방법과 응용에 따라 4갈래 학파 출현 • 고전 학파, 정신집중 학파, 재결단 학파, 절충 학파

에릭 번이 사망한 이후 1970년대 이후로는 이론이 계속 발전하지 못했다. 이론을 뒷받침할 만한 과학적으로 검증할 경험적 연구 사례가 많지 않아 교류분석이 사람들의 관심을 받지 못하는 상황이 지속되었다. 그러나 신속한 도움은 치료의 상황에서 누구에게나 매우 중요하고, 부부관계나 가족관계에서는 특히 더 중요하다고 할 수 있다. 가족 안에서 사람들은 그들 스스로 성장할 뿐만 아니라 서로가 성장하는 관계에 있고 서로의 상호작용을 통해서 성장한다. 그러한 상호작용이 기능적이고, 긍정적이지 않다면 관련된 모든 사람이 성장에 영향을 받을 것이다. 이것이 교류분석이 필요한 이유이다.

또한, 가족 및 부부간의 상호작용 패턴을 빠르게 수정하는 것은 교류분석뿐만 아니라 다른 가족치료 접근법을 통해서도 달성할 수 있다. 에릭 번은 이런 형태의 수정을 〈사회통제치료수준〉이라고 말했으며 "먼저 회복시키고 나중에 분석하세요"라고 말하는 것을 그는 좋아했다. 즉각적인 상호작용 패턴이 수정된 후, 가족 안에서 개인에 대한 정신적인 치료를 실시하면 더 이상 악화되지 않고, 주로 개인을 대상으로 하던 기존의 치료 계획에서 가족 또는 부부치료로 확장함으로써 훨씬 더 치료가 쉬워진다. 이런 부분에서 교류분석이 더 선호되어야 한다. 더 나아가 치료의 확장을 위해 전통적인 심리분석과 교류분석을 함께 사용하면 더 쉽고, 더 빠르고, 더 재미있을 수 있다.

2) 주요개념

교류분석은 정신분석적 접근을 기반으로 하나 인간에 대해 낙관적인 입장을 취하는 반결정론적(antidetemiistic) 철학을 토대로 인간을 조망한다. 당신과 나 모두는 인간으로서의 가치를 가지고 있고, 존엄성이 있으니 스스로의 삶과 환경을 재결정할 수 있고 그에 따른 사고나 감정, 그리고 행동방식을 재구조화할 수 있는 존재로 본다.

더군다나 인간은 자율적인 존재이며, 자유스러운 존재로 본다. 그리고 어린 시절 중요한 타인의 요구나 기대의 영향을 받고 자라며, 초기 결정을 내릴 때 타인에게 의존적인 상황에서 내리게 되지만 이전의 초기 결정이 적절하지 않을 경우 성장 후 재검토 및 수정될 수 있다. 그러므로 생산적인 행동을 선택하면서 실제적이고 연속적인 변화를 겪어 나가며 궁극적으로 최선의 선택을 하고 새로운 결정을 내리며, 자신의 삶에 책임을 질 수 있는 존재를 실천능력이 있는 인간으로 본다. 마음속에는 여러 가지 생각이 다르게 떠오를 수 있는데 이것을 '세 가지의 나'로 분류하여 성격의 구조를 형성하고 있는 자아 상태라고 한다. 크게 구분할 때 어버이 자아(P), 어른 자아(A), 어린이 자아(C)로 크게 나눌 수 있으며, 예를 들어 아이가 다쳤을 때 "그러게, 좀 조심해서 놀지. 다쳤잖아"라는 질책하면서도 근심하는 마음을 표현하는 방식인 어버이 자아(P)에 해당한다. 다음으로 "다친 부분을 빨리 소독해야겠구나."라며 냉정하게 분석하고 적절한 행동을 취하는 반응은 어른 자아(A)이다. "아이고, 다쳤네? 아프겠다. 뛰어다니니깐 다치지. 또 뛰어다닐 거니?"라며 방관하거나 소란 피우는 반응은 어린이처럼 느낀 그대로의 행동이며 이것을 어린이 자아(C)라고 한다. 다음에서 더 자세히 알아보자.

(1) 자아 상태와 자아 상태의 기능분석

자아 상태(ego-state)란 어떠한 자극이 인식될 때 행동하는 과정에서 일관되게 나타나게 되는 행동이나 사고, 감정이다. 이러한 것들이 모여서 개인의 고유한 성격적 특성으로 발현되는 것이다. 에릭 번은 인간의 마음을 P, A, C라는 3개의 원이 나란히 쌓여 있는 모양을 하고 있고, 이 3개의 원을 〈기억의 저장소〉라고 말하고 있다.

자아 상태의 그림을 보자면 그림 10-1과 같이 표현할 수 있다.

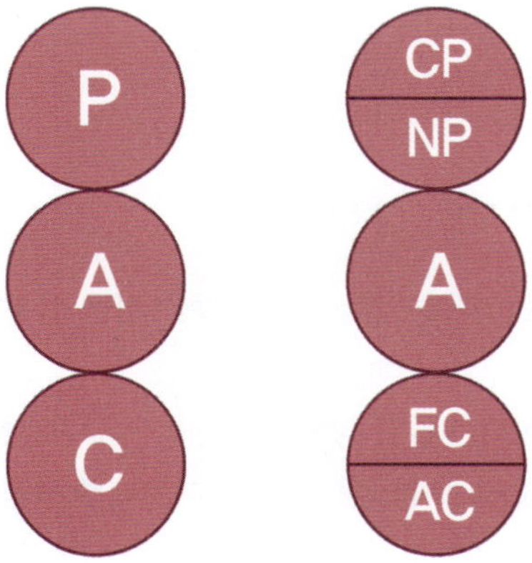

그림 10-1 자아상태(Berne, 1961)

인간은 모두 각 유형에 해당하는 행동을 할 가능성을 가지고 있다.

모든 인간은 어버이 자아(parent ego state: P), 어린이 자아(child ego state: C), 어른 자아(adult ego state: A)를 가지고 있다.

① 어버이 자아(parent ego state: P)

보통 부모로부터 경험한 것들로 저장되고, 만들어져서 행동으로 표출되는 것이 '어버이 자아'이다. 이는 정신분석의 초자아(superego)의 기능처럼 도덕 및 신념이나 가치체계를 표현하는 것으로 부모, 형제처럼 정서적으로 중요한 인물들의 행동이나 태도나 행동의 영향을 받아 형성되며, 기능적인 면에서 비판적 어버이와 양육적 어버이 자아상태로 나뉜다.

예시

불이 났을 때 "아니, 이 추운 겨울에 웬 불이야. 주의 좀 하지. 걱정이군"

② 비판적 어버이 자아(critical parent ego state: CP)

비판적이거나 양육적인 행동으로 표출되며 양심과 관련된 것으로 생활에 필요한 규칙을 가르치는 자아 상태이다. 평소 "해야 해", "하지 않으면 안 돼"라는 강압적이고, 강요의 표현을 자주 사용하며, 상대방의 장점보다 단점을 먼저 본다.

예시

1. 아빠가 자녀의 실수를 지적하면서 "너는 항상 이런 실수를 하는구나. 왜 제대로 하지 못하는 거야?"
2. 가족 구성원들이 일상적인 갈등 상황에서 엄마가 자녀의 행동을 비난하고, 자녀에게 잘못한 점을 강조하며 해결책을 찾지 않고 자녀를 책임질 수 없다고 여기는 것이다. "네가 자꾸 이런 식으로 같은 실수를 반복하니까 정말 너랑 함께 사는 것이 너무 힘들다"

③ 양육적 어버이 자아(nurturing parent ego state: NP)

격려하며 지지하고 보호적이고, 양육적 태도로 대체적으로 공감적이며 성장 촉진적인 자아 상태이다. 상대방의 입장에 서서 이해하고, 남을 잘 돌보는 등의 특징이 있다.

예시

1. 자녀가 엄마에게 자신의 의견을 말하면서 "나는 이렇게 생각해요"라고 말하면, 엄마는 "그래 너 생각은 엄마랑 다르구나. 너의 말도 존중해"
2. 자녀가 자신의 시간 관리를 위해 어떤 공부를 어떤 시간에 할지 결정하면, 아빠가 이를 존중하고 자녀가 스스로 선택한 결정에 따라 지지를 보여주는 것이다. 자녀가 "평일에는 숙제나 공부를 열심히 하겠지만 주말만큼은 나를 위해 시간을 쓰고 싶어요. 그러니 나의 주말을 인정해 주세요"라고 했을 때 자녀의 계획에 대해 인정해 주는 것이다.

④ 어른 자아(adult ego-state: A)

어른 자아가 하는 일은 한마디로 현실 검증이다. 문제를 해결하기 위해 정보를 수집하고 객관적인 평가를 내리는 일을 한다. 어버이 자아 상태와 어린이 자아 상태로 접근하는 정보를 근거로 객관적이고 이성적으로 판단한다. 따라서 어른 자아를 '사고하는 나'로 볼 수 있다. 이는 연령과는 무관하며 감정에 지배되지 않는다. 합리적, 조직적, 생산적, 적응적 기능을 하며 주로 "이해합니다." "~하려 합니다." "어떻게 하는 것이 제일 좋을까?"와 같은 표현을 한다.

예시

친구나 가족 간의 갈등상황에서 어른 자아를 활용하여 문제를 어떻게 다루는지를 파악하고 비교할 수 있다.

⑤ 어린이 자아(child ego state: C)

어린 시절 실제 경험했던 행동이나 감정 또는 그와 비슷한 느낌에 관한 성격의 일부분이다. 정신분석의 원초아(id)의 기능이라 말할 수 있는데, 내면에서 일어나는 본능적인 충동과 감정, 5세 이전에 경험했던 외적인 모든 일들에 대한 감정적인 반응체계를 말한다. 따라서 어버이 자아가 '모방하는 나'라고 한다면 어린이 자아는 '느끼는 나'라고 할 수 있다.

기능적인 면에서 자유로운 어린이와 순응하는 어린이로 나뉜다.

- 자유로운 어린이 자아(free child: FC)

  부모의 영향을 받지 않고 자기중심적이고, 본능적이며, 적극적인 성격의 부분으로써 즉각적이고 열정적이며 즐겁고 호기심에 차 있다. 창의적이고 직관적이며 비언어적인 메시지에 반응하고 공상이나 상상을 즐기는 특징이 있으나 지나치면 통제를 할 수 없고 경솔한 행동으로 나타난다. 지나치게 높을 경우 질서나 규범을 무시한 행동을 할 수 있다.

예시

"난 이게 좋아"
"내 맘대로 할 거야, 간섭하지 마"

- 순응하는 어린이 자아(adapted child: AC)

  스스로의 욕구나 감정을 억제하고 부모 또는 교사의 기대에 순응하려고 하는 성격의 일부분이다. 자연스럽게 스스로의 감정을 나타내지 않고, 자발성 없이 타인에게 의지하고자 하는 경향을 보이는 특징이 있다. 평상시에는 온순해 보이나 예기치 못한 반항이나 격한 분노를 나타내기도 한다. 공공장소에서는 규칙과 예절을 지키고 타인과의 상호작용에 적절한 행동을 한다. 혹은 부모나 어른의 권위를 존중하며 순응하는 자아 상태를 활용할 수 있고, 가족 구성원들과의 상호작용에서 예절을 지키고 가족의 기대에 부응하여 협력적인 태도를 나타낸다. 지나치게 높을 경우 죄책감이나 열등감을 경험하게 된다.

예시

"알겠어요. 그렇게 할게요"
"선생님이 말하는 것은 꼭 지켜야 해"라고 생각하는 것

⑥ 혼합(discounting)과 순응(compliance)

교류분석에서 혼합과 순응은 다른 사람들과 상호작용하는 방식을 설명하는 데 사용된다. 이들은 사람들이 자신의 감정이나 의견을 무시하거나 소홀히 하거나, 다른 사람들의 의견에 따르기를 너무 강조하는 것과 관련 있다.

- 혼합

혼합은 개인의 감정이나 경험이 다른 사람들의 의견에 따르지 않거나 무시되는 상태를 말한다. 예를 들어, 누군가 자신의 의견을 소중히 여기지 않고 "내 생각은 중요하지 않아" 또는 "내가 무엇을 말하든 상관없어"라고 생각할 수 있다. 이런 상태에서는 자신의 감정이나 생각을 자주 무시하거나 소홀히 하게 된다.

예시

회의 중에 팀원 중에 한 사람이 자신의 의견을 제시하였을 때 다른 팀원이 "그거 별로 중요하지 않아"라고 말한다면, 그 팀원은 자신의 의견이 혼합된 것으로 느낄 수 있다. 이런 상황에서는 자신의 감정이나 의견이 중요하지 않게 느껴지며, 자신의 참여와 기여에 소홀해질 수 있다.

• 순응

순응은 다른 사람들의 의견에 따르기를 너무 강조하는 상태를 말한다. 예를 들어, 누군가가 자신과 다른 의견을 제시하면, 자신의 의견을 무시하고 다른 사람의 의견에 따르는 것을 순응이라고 한다. 이러한 상태에서는 자신의 의견이나 필요를 억압하고 다른 사람들을 위해 자신을 희생하는 경향이 있다.

(2) 구조분석(structural analysis)

구조분석이란 개인의 사고, 감정, 행동을 자아 상태 모델 관점으로 이해하는 방법이며, 세 가지의 자아 상태(어버이, 어른, 어린이)가 어떻게 구성이 되었는지를 분석하는 것이다.

구조분석은 개인을 보다 객관적으로 관찰하여, 성격의 불균형이 발견되면 이를 회복하도록 돕는다. 이 방법을 통해 개인이 사용하고 있는 자아 상태를 판단하고, 조정하는 데 중점을 둔다. 교류분석에서는 특정 자아 상태만을 중요시하는 것이 아니라 필요에 따라 반응의 균형을 유지할 수 있는 능력을 중요시한다. 따라서 특정 자아 상태만을 계속해서 나타내는 사람은 효과적인 기능을 하는 사람이 아니며, 각 자아 상태의 유연한 전환이 가능하며, 상황에 따라 적절한 자아 상태를 선택하여 상호작용하고 조절할 수 있는 능력을 교류분석에서는 강조한다. 따라서 구조분석은 개인의 자아 상태의 구성과 성격의 불균형을 이해하고 조정하는 데 초점을 두며, 교류분석은 상황에 따라 다양한 자아 상태를 유연하게 활용하여 상호작용을 조절하는 능력을 중요시하는 접근 방법이다.

(3) 교류분석(transactional analysis)

교류분석에서 말하는 교류란 〈의사 교류〉를 말하는 것으로 대인관계의 가장 기본이다. 이는 사회적 상호작용의 단위로, 2명 이상의 사람들이 각기 자아 상태에 따라 서로에게 자극을 보내고 상대방의 자극에 반응하는 것을 말한다. 그리고 교류분석은 사람들 간의 상호작용 과정에서, 개개인의 내적 상태가 어떻게 작용하고 어떤 유형의 교류를 펼치고 있는지 분석하여, 내담자의 의사소통 능력 향상이나 대인관계 문제해결에 유용하게 적용할 수 있는 접근법이다. 두 사람이 서로 교류할 때의 반응과 자극에 따라 상보 교류, 교차 교류, 이면 교류로 나눌 수 있다.

① 상보 교류(complementary transaction)

상보 교류란, 자극한 자아 상태와 반응한 자아 상태가 평행을 이루며, 상대방이 기대한 자아 상태에서 반응이 오는 경우를 말한다. 이러한 상보 교류는 상호 이해와 수용이 이루어져 대화를 원활하게 지속시킬 수 있다는 장점을 가진다.

예시

1. "오늘 며칠인가요?" "8월 24일입니다."
2. "엄마, 장난감이 부러졌어요" "그래, 엄마가 고쳐줄게"

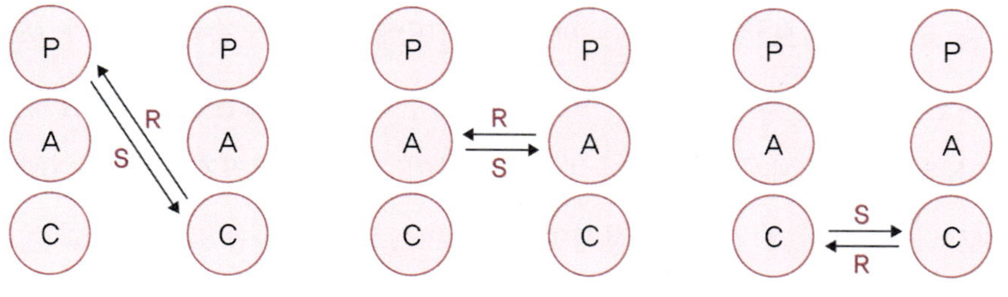

그림 10-2 상보 교류

② 교차 교류(crossed transaction)

교차 교류란 자극한 자아 상태에 대해 상대방이 예상하지 않은 다른 자아 상태로 반응하는 경우를 말한다. 이러한 교류는 의사소통의 단절을 초래하고, 상호 간 오해와 갈등을 유발하며, 인간관계에서 갈등과 고통의 원인이 될 수 있다.

예시

1. 상사: "이번 10월의 프로젝트는 우리가 더 집중해야 해요"
   직원: "여름휴가가 다 끝나가네. 놀러 가야겠네요"
2. 아들: "아빠 배가 아파요."
   아버지: "공부가 하기 싫은 모양이구나."

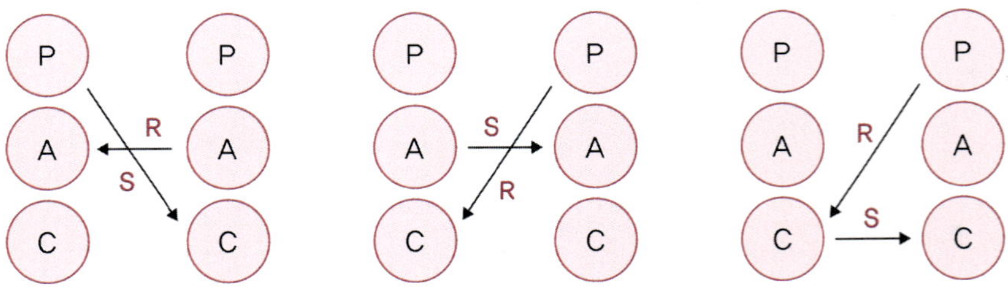

그림 10-3 교차 교류

③ 이면 교류(ulterior transaction)

이면 교류는 겉으로 드러나는 메시지 이면에 또 다른 숨은 의도가 포함된 복합적인 상호작용을 의미한다. 이러한 교류는 종종 상대를 심리 게임에 끌어들이기 위한 의도에서 비롯되며, 이는 개인이 자신의 심리각본을 재현하려는 시도로 나타난다. 그 결과, 부정적인 스트로크(정서적 반응)를 얻게 되는 경우가 많다.

예시

1. 초라한 행색을 하고 옷을 사러 가서 점원에게 "이거 얼마예요?" 물었을 때 점원이 "그거 비싸요."라고 하는 것이다.
2. 가족 모임에서 부정적인 반응 없이 조용하게 있지만, 눈빛과 태도로부터 불만이 느껴지는 경우

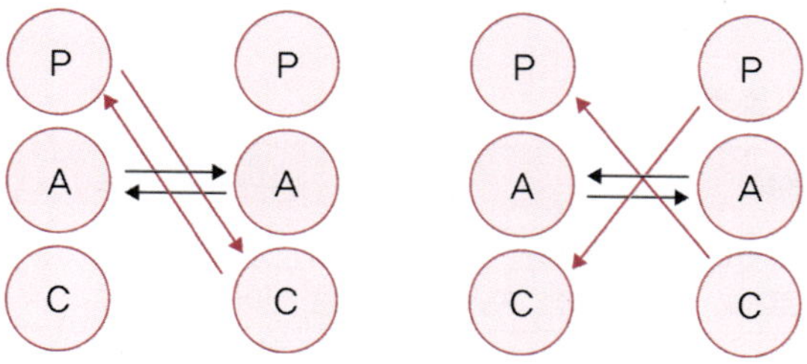

그림 10-4 이면 교류

(4) 스트로크

스트로크(strokes)는 사회적 행동의 동기를 제공하는 요소로써, 타인으로부터 인정과 자극을 받는 것을 의미한다. 모든 개인의 행동은 스트로크를 얻기 위한 추구 행위로 해석될 수 있다. 어린 시절에 받은 스트로크의 양과 질은 개인의 삶의 질에 영향을 미치는 역할을 한다. 이러한 스트로크에는 대표적으로 긍정적인 스트로크와 부정적인 스트로크가 포함된다.

① 긍정적 스트로크(positive strokes)

칭찬, 포옹 등의 표현적인 것부터 친밀도가 높은 성적 표현에 이르기까지의 모든 행동이 포함된다. "참 잘했구나" 등의 친근한 표현을 충분히 받는 사람은 인정을 받아들이면서 건강하게 성장할 수 있다.

② 부정적 스트로크(negative strokes)

긍정적 스트로크를 받지 못하고 타인을 걱정시키거나 불쾌하게 만드는 등

상대방을 상처 입히고 곤란하게 하면서 애정을 표현하는 것이다. "실망스럽구나" 등 차가운 표현의 부정적 스트로크는 자아 형성에 부정적인 영향을 주기는 하지만 전혀 없는 스트로크보다 부정적 스트로크라도 얻기를 원하는 것이다. 예를 들면 부모님의 관심을 받기 위해 집안을 어지럽히거나 동생을 괴롭히면서 스트로크를 얻는다. 스트로크의 종류를 살펴보면 표 10-2와 같다.

표 10-2 스트로크의 종류

	스트로크 종류	스트로크 내용
①	신체적 스트로크	신체접촉(안아주기, 손잡아 주기) 등
②	상징적 스트로크	얼굴 표정, 자세, 사용하는 언어 등
③	무조건적 스트로크	상대의 존재나 행동에 관계없이 주는 인정 자극
④	조건적 스트로크	"만약 네가 ~한다면 나도 ~하겠어"와 같이 조건이 붙는 인정 자극
⑤	긍정적 스트로크	"오늘 참 멋있구나." "잘 했구나" 등의 친근한 표현
⑥	부정적 스트로크	"실망스럽구나." "이 정도밖에 안 되니?" 등의 차가운 표현

(5) 라켓(rackets)

라켓은 게임을 통해 경험하는 불쾌한 감정으로, 초기 결정을 강화하기 위해 사용되며, 인생각본의 구성요소로 작용한다. 예를 들어, 어린 시절에 '가까이하지 마라'는 금지령이 있는 사람은 거리를 두기 위해 스스로를 방어하며 불쾌한 감정을 축적한다. 이때 내담자는 가족의 분노를 자극하는 특성이나 행동을 발견함으로써 스스로 가족과 가까워지지 않으려고 하며 이러한 과정을 반복하면서 자신의 초기 결정을 정당화하고 강화한다.

(6) 각본분석(script analysis)

인생각본은 어린 시절에 부모의 강화와 일련의 사건들로 형성되어 결국 정해진 미래적인 인생 계획을 의미한다. 각본분석은 개인이 자신의 자아 상태에 대한 통찰력을 얻어 자기 각본을 이해하고 그것을 벗어나는 데 도움을 주는 접근 방법이다. 각본 치료는 통찰력과 어른 자아의 활성화를 통해 재결정을 이끌어내어 근본적으로 어린이 자아 상태를 변화시키는 치료 방법을 의미한다.

(7) 인생 태도(life position)

인생 태도는 개인이 자신, 타인, 그리고 세상을 어떻게 바라보는지에 대한 기본적인 프레임이자 근본적인 자세이다. 이는 개인이 자기와 타인에 대한 기본적인 반응 태도와 자기 상태, 타인 상태를 나타낸다. 인생 태도는 개인의 인생각본을 형성하는 주요 요소 중 하나이고 다음과 같이 요약할 수 있다.

- 자기 긍정 (I'm OK, 나는 옳다)
- 자기 부정 (I'm not OK, 나는 틀렸다)
- 타인 긍정 (You're OK, 당신은 옳다)
- 타인 부정 (You're not OK, 당신은 틀렸다)

이 네 가지 인생 태도를 다시 네 가지로 조합해 볼 수 있다.

① **자기긍정 · 타인긍정**: I'm OK, You're OK

자신과 타인을 존중하며 긍정적인 시각으로 문제를 바라보는 자세이다. 이러한 인생 태도는 건강하고 성장 가능한 인생 태도이며, 상호 간의 긍정적인 관계 형성과 세상을 더 호의적인 시각으로 바라볼 수 있는 인생 태도이다.

② **자기부정 · 타인긍정**: I'm not-OK, You're OK

나는 틀렸고, 당신은 옳다는 자세는 자신을 무시하고, 자신의 능력과 자신감을 의심하는 태도로 이어질 수 있다. 이런 생각은 자기 비하와 자기소중감의 감소로 이어져 자신의 에너지와 동기를 상실하게 되어 가족관계에 영향을 미칠수 있다.

③ 자기긍정 · 타인부정: I'm OK, You're not-OK

나는 옳고 당신은 틀렸다는 자세는 타인을 비난하고 공격하는 인생 태도로, 상대방을 자신보다 낮게 평가하며 존중하지 않는 태도를 나타낸다. 이런 자세에서는 "당신은 왜 못 하는 거야?" 또는 "당신과 함께 일하면 답답해서 못 견디겠다."와 같은 비난과 공격적인 발언이 자주 나올 수 있다. 더 나아가 자신의 불행을 타인이나 사회의 잘못으로 돌리고 희생자 또는 박해를 받는다고 여기는 경향도 보일 수 있다.

④ 자기부정 · 타인부정: I'm not-OK, You're not-OK

나는 틀렸고, 너도 틀렸다는 인생 태도는 나도 그리 좋지 않지만 당신도 그리 좋지 않다는 생각을 갖게 하여 세상을 비관적으로 바라보는 경향을 가질 수 있다. 긍정적인 인정을 받지 못하는 상황에서는 삶의 가치를 떨어뜨리고 절망적으로 여길 수 있다. 이러한 사람들은 정신적인 문제를 겪을 가능성이 크다.

(8) 게임(game)

게임은 예측 가능하며 명확히 정의된 결과를 향해 진행되는 연속적이고 서로 보완적이며 상호작용하는 이면 교류의 한 형태이다. 표면적으로는 친밀하고 합리적인 대화가 이루어지나 이면에는 속임수나 함정이 숨어있다. 게임은 가족 모두에게 불쾌한 감정을 유발하는 역기능적인 의사소통을 일으킬 수 있고, 친밀한 인간관계와 개인의 성장과 발전을 위해 게임으로부터 자유롭게 되어야 한다.

① 게임 공식

숨겨진 동기(con)를 가진 가족구성원이 게임 연출의 상대를 찾으면 계략(trick)을 사용한다. 이러한 유인장치에 의해 약점이 있는 상대(gimmick)가 유혹에 넘어와 게임이 진행되고, 성립되는 일련의 표면적인 상호작용에 응답이 나타난다. 게임은 점차 확대되며 교류과정에는 엇갈림, 대립, 혼란과 같은 전환현상(switch)이 발생하며 양자 간의 혼란(crossed-up)이 생기게 된다. 결국 게임은 예상치 못한 결말(pay-off)로 마무리된다.

게임 공식은 **그림 10-5**와 같다(Berne, 1964).

C	+	G	=	R	→	S	→	X	→	P.O.
(Con)		(Gimmick)		(Response)		(Switch)		(Crossed-up)		(Pay-off)

그림 10-5 Berne의 게임공식

② 에누리에서 시작되는 게임

인생 게임의 흐름도를 살펴보면 다음과 같다.

에누리(discount: 과소평가)를 기반으로 한 게임의 과정은 다음과 같이 설명이 가능하다. 먼저, 가족 중의 한 사람을 에누리하며 게임이 시작된다. 이후 그 가족구성원은 불쾌한 감정을 축적하기 위해 그레이 스탬프를 수집한다. 이러한 과정에서 불만은 점차 증가하며 이자가 붙게 되고, 결국 방아쇠를 당겨 정조준하여 폭발적인 상황을 초래한다. 이로써 스탬프의 청산과 교환 과정이 이루어지게 되고, 마지막으로 "NOT-OK"라는 인생 태도를 확인하며 청산 과정을 완료한다.

이를 그림으로 나타내면 그림 10-6과 같다(Berne, 1964).

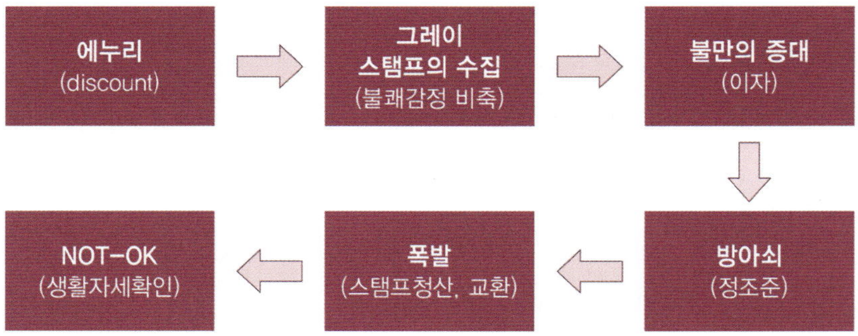

그림 10-6 **인생게임의 흐름도**

③ 드라마 삼각형 게임

카프먼(Karpman, 1968)은 심리적 게임과 연극이 여러 면에서 유사한 특징을 갖는다는 관찰을 토대로 게임을 이해하는 데 주목하였다. 이러한 관찰을 바탕으로 게임 내에서 가족구성원들 사이에 극적인 역할 교대가 발생한다는 개념을 도출하였고, 이를 '드라마 삼각형(drama triangle, Karpman's triangle)'이라고 명명하였다. 드라마 삼각형은 박해자(persecutor), 희생자(victim), 구원자(rescuer)라는 세 가지 역할로 구성되어 있다. 박해자는 지배적인 힘을 행사하여 가족 중 한 사람의 행동을 억압하거나 지시하는 역할을 수행하며, 이러한 역할은 주로 비판적인 어른 자아(CP)와 연관이 있다. 희생된 가족구성원은 이용당하거나 인내를 강요받는 역할을 연기하며, 이는 주로 순응적인 어린이 자아(AC)와 관련이 있다. 구원자는 희생자를 돕거나 박해자를 지지하는 중개자 역할을 수행하며, 상대방을 자신에게 의존하도록 유도하는 보호적인 역할을 연기한다. 이는 주로 양육적 어버이 자아(NP)와 연관이 있다. 이를 그림으로 나타내면 그림 10-7과 같다(Karpman, 1968).

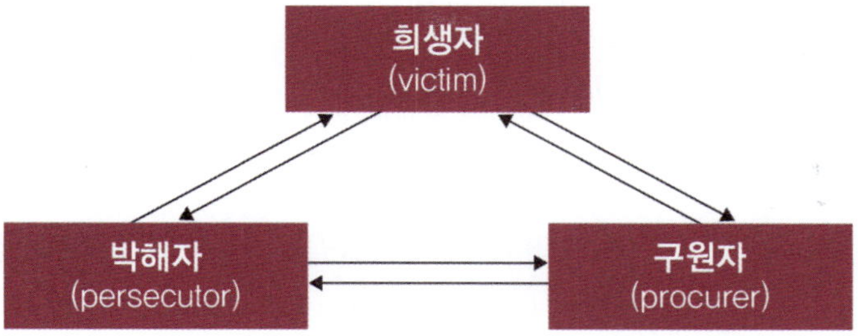

그림 10-7 드라마 삼각형(Karpman, 1968)

3. 상담목표

교류분석의 주요 목표는 가족들이 자신의 현재의 행동과 삶의 방향에 대해 새로운 결정을 내릴 수 있도록 돕는 것과 함께 그들의 자율성을 실현하고 어른 자아의 통합을 촉진하는 것이다. 이를 통해 선택의 자유가 어떻게 제약되어 있는지에 대해 깨닫고, 잘못된 결정론적인 생활방식을 버릴 수 있도록 목표를 설정한다. 교류분석 상담의 가장 큰 장점은 가족구성원들 간의 상호작용하는 게임과 생애 유형에 대해 자각하고 자발적인 생의 유형으로 전환할 수 있는 것이다. 이때 가족구성원들은 수동적으로 각본화되지 않고 자유의지로 자신의 각본을 쓰는 법을 배우게 되고 상담과정을 통해 내담자는 받은 메시지를 인식하고, 그에 대한 반응으로 내린 결정을 인식하게 된다. 이를 통해 자신의 각본을 다시 작성함으로써 삶을 조절하고 통제할 수 있게 된다(Corey, 2003).

정리하자면 다음과 같다.

- 내담자가 자기 자아를 발전시키고 자기 신뢰를 강화하여 자기 목표 달성

에 도움을 준다.

- 내담자의 가족관계에서 발생하는 문제를 해결하고 건강한 인간관계를 형성하는 데 도움을 준다.
- 내담자의 자아 갈등과 내면적인 어려움을 인식하고 이를 해결하기 위한 전략과 도구를 제공한다.
- 내담자의 자아 상태를 이해하고 개선하여 자기 자신을 더 잘 이해하고 수용하는 데 도움을 준다.

이러한 주요 목표들을 통해 교류분석 상담은 가족의 자아 발전과 삶의 질 향상을 지원한다.

4. 상담과정 및 치료기법

1) 상담과정

상담과정은 치료자와 내담자 간의 협력적인 작업으로 진행되며 함께 합의한 목표를 세우고 상담의 방향을 결정하는 치료적 계약으로 시작된다. 내담자의 개인적인 기반(bedrock)을 탐구하고 발전시키는 과정을 통해 내담자의 변화와 성장을 돕는다. 상담과정은 다음과 같은 단계로 구성된다.

(1) 동기화

변화에 대한 동기는 개인이 자신의 심리적 고통, 불행, 혹은 괴로움을 인식하고 그 변화에 대한 욕구와 필요성을 강하게 느끼는 정도를 의미한다.

(2) 자각

내담자는 현재의 상황에 만족하지 못하고 있는 상태이지만, 원하는 변화가 명확하지 않을 수 있다. 치료자는 내담자가 원하는 변화를 구체적이고 실제적인 용어로 결정할 수 있도록 치료 계획을 수립하는 데 도움을 준다.

(3) 상담 계약

계약이란 목적을 성취하기 위한 치료자와 내담자 간의 동의를 의미한다. 고로 상담 계약은 상담의 목표를 결정하는 것이다.

(4) 자아 상태 정리

자신의 각본을 유지하기 위해 사용하는 행동을 발견한 후, 자신이 내린 결정에 책임지는 것을 학습하는 단계이다. 치료자는 내담자의 초기 결정을 인정하고, 내담자가 자신을 탐색할 수 있도록 구조분석, 기능분석, 교류분석, 각본분석 등의 방법을 활용한다.

(5) 재결정

재결정은 내담자가 자신의 각본에 있는 특정 측면을 변화시키는 과정을 의미하며, 이는 특정 단계에서만 일어나는 것이 아니라 시간이 지나면서 점진적으로 일어날 수 있다. 치료자는 재결정 단계에서 내담자가 초기 결정을 내린 시기를 다시 경험하도록 도와주는 드라마와 같은 상황을 만들어준다. 이때, 치료자는 내담자가 과거에 무시했거나 무의식에 내재되어 있던 잠재력을 발견하도록 도움을 주는 역할을 수행한다. 또한, 내담자가 재결정 준비가 되지 않았을 경우 이전 단계부터 다시 탐색하도록 도와준다.

(6) 재학습

재결정 이후에도 치료자는 내담자가 여전히 가지고 있는 다른 각본 행동과 직면하게 하며, 변화를 위해 필요한 정보와 스트로크를 제공하면서 내담자와의 연결을 유지한다. 재결정은 단순히 종료되는 것이 아니라 새로운 시작이며, 지속적인 과정이다.

(7) 종결

내담자는 모든 과정을 통하여 자신의 문제에 대해 스스로 결정하고 책임지는 능력을 연습하며, 자율성을 달성하고 통합된 어른 자아를 확립하게 된다. 치료자와 내담자는 상담 계약을 검토하고 상담 목표의 달성 여부를 확인하는 종결 단계에 도달한다.

2) 치료기법

치료기법으로 크게 네 가지로 나누어 볼 수 있다. 치료자는 자신이 선택한 기법을 사용함으로써 허가와 보호를 지속적으로 제공하여 내담자가 안정감을 갖도록 하는 것이 중요하다.

(1) 상담 분위기 형성 기법

① 허용

내담자 대다수는 어릴 적 주 양육자나 중요한 타인으로부터 받은 불공평하고 부정적인 제한을 따르며 행동하는 경향이 있다. 치료 과정에서도 이러한 제한으로 인해 내담자의 행동이 제한될 수 있다. 이때 치료자는 내담자가 받았던 부모의 '하지 마라'라는 제한에 대해 허용을 한다. 그리고 치료자는 가족 구성원들에게 자신의 행동과 선택에 대한 책임을 부여하고, 다양한 의견과 행동을 수용하는 태도를 나타낸다. 교류분석은 다양성을 인정하고 각자의 다른 의견이나 행동을 존중함으로써 건강한 관계를 형성하는 것을 강조한다. "허용"은 이러한 다양성을 존중하고 가족 구성원들이 자유롭게 표현하고 행동할 수 있는 환경을 조성한다.

② 보호

보호는 가족 구성원들이 자신의 감정과 자아상태를 표현하고 공유하는 데 안전한 환경을 제공하는 것을 의미한다. 내담자가 부모의 금지령을 포기하고 어버이 자아를 사용하도록 허용받게 되면, 내담자의 어린이 자아는 쉽게 두려움을 느낄 수 있다(Steiner, 1971). 그러므로 이때 치료자의 어버이 자아가 내담자의 어린이 자아를 보호하게 되면 내담자는 보다 편안하고 안전하게 새로운 자아를 경험할 수 있다. 치료적 분위기에서 "보호"는 가족 구성원들에게 자신의 의견이나 감정을 표현하는 자유를 부여하고, 비난이나 비판 없이 존중하는 환경을 조성한다. 이를 통해 각자의 진정한 감정을 표현하고 공유함으로써 서로의 이해와 신뢰를 증진시킨다.

③ 잠재력

치료자의 능력 중 하나인 잠재력은 적절한 시기에 적절한 상담 기술을 사용하여 활용할 수 있는 능력을 말한다. 치료자는 자아 상태 교류, 게임, 각본 등과 관련된 이론적 내용을 깊이 이해하고, 이를 바탕으로 재결정을 도울 수 있는 상담 기술을 보유해야 한다. 이때, 치료자는 내담자의 개인적인 발전을 지원하고, 바람직한 방향으로 변화할 수 있도록 도움을 줄 수 있다. 잠재력은 가족 구성원들의 능력과 자원을 인식하고 활용하며, 각자의 성장과 발전을 촉진시키는 방법을 모색하고, 가족 구성원들이 자신의 능력과 가능성을 자각하고, 이를 활용하여 더 건강하고 만족스러운 관계를 구축하도록 지원한다.

(2) 조작기법

① 질문

가족치료에서 질문은 가족 구성원들에게 자신의 의견, 감정, 생각을 공유하도록 유도하거나, 상호작용의 근본적인 동기와 의미를 파악하는 데 활용된다. “왜 이런 선택을 했을까요?”와 같은 개방형 질문을 통해 가족 구성원들이 자신의 행동과 결정에 대해 생각하고 어떤 의미가 있는지 고려할 수 있도록 돕는다. “어떻게 생각하세요?”와 같은 감정에 초점을 맞춘 질문을 통해 가족 구성원들이 자신의 감정을 공유하고 서로의 감정에 민감하게 반응할 수 있도록 유도한다. 이때 가족들 각자의 무의식적인 스크립트나 자아상태와 관련된 질문을 통해 내면적인 경험을 인식하고, 이를 토대로 건강한 상호작용 방식을 찾을 수 있도록 돕는다.

② 명료화

가족치료에서 명료화는 의사소통을 더 명확하고 이해하기 쉽게 만드는 데 사용된다.

복잡한 상황이나 감정을 단순화하거나, 모호한 의미를 해명하여 가족 구성원들이 서로를 더 잘 이해하고 상호작용할 수 있도록 돕는다. “방금 말한 그건 무슨 뜻이에요?”와 같은 질문을 통해 상호작용의 의미를 명확히 해석하고 이해하는 데 도움을 준다. 이때, 가족 구성원들에게 문제나 갈등 상황에 대해 자신의 관점을 명확하게 표현하도록 유도한다. 이를 통해 오해나 혼동을 예방하고 상호 간의 이해를 높일 수 있다. 명료화는 각자의 자아상태나 스크립트가 어떻게 의사소통에 영향을 미치는지를 이해하고, 더 건강한 대화와 상호작용을 지원한다.

③ 직면

가족 구성원들 간의 갈등이나 문제상황에 직면 기법을 사용하여, 문제의 본질을 드러내고 개선 방안을 모색한다. 예를 들어, 가족 구성원 A와 B 사이에 계속되는 갈등이 있다면, 직면을 통해 그들에게 이 갈등의 원인과 영향을 분석하고, 어떻게 함께 해결할 수 있는지를 논의하는 것이다. 이때 치료자는 가족 구성원들이 무의식적으로 반복하는 패턴이나 인생게임을 드러내고 이해해야 한다. 가족치료에서 직면을 적용할 때, 가족 구성원들에게 그들의 행동과 상호작용의 결과를 분석하고 자각하도록 유도한다. 이로써 가족 구성원들은 자신들의 행동과 의사소통 패턴이 어떻게 문제를 야기하거나 유발하는지를 이해하게 된다. 직면을 통해 가족 구성원들은 이러한 무의식적인 패턴을 인식하고, 함께 어떻게 변화할지 논의할 수 있다.

④ 설명

치료자의 입장에서 교류분석은 어버이 자아 대 어버이 자아 수준에서 이루어지는 상호작용을 통해 특징적인 측면을 가르치는 접근법이다. 가족 구성원들에게 문제나 상황에 대한 설명을 제공하여 이해를 돕고, 관점을 공유하는 데 활용한다. 예를 들어, 가족 구성원들이 어떤 행동이나 의사소통 패턴을 이해하지 못할 때, 설명을 통해 그들에게 상황의 배경과 의미를 분명히 전달할 수 있다. 가족치료에서 설명을 적용할 때, 가족 구성원들에게 그들의 행동이 어떻게 인생게임이나 자아상태와 연결되는지 설명해준다. 이를 통해 가족 구성원들은 자신들의 행동과 의사소통이 어떻게 형성되었는지를 이해하고, 그에 따른 결과와 영향을 파악할 수 있다.

⑤ 예증

상담과정에서 예증은 긍정적인 효과를 강화하기 위해 성공적인 기술, 일화, 미소, 비교 등의 방법을 사용하여 실례를 제시하는 전략이다. 가족 구성원들에게 원하는 상호작용이나 의사소통 방식을 보여주는 것을 의미하며, 이를 통해 건강한 모델을 제시하여 학습하도록 유도한다. 예를 들어, 가족 구성원 A와 B가 서로 존중하고 협력하는 모습을 보여주면서, 이러한 상호작용이 어떻게 가족관계를 개선하고 긍정적인 변화를 가져올 수 있는지를 보여준다. 가족치료에서 예증을 적용할 때, 가족 구성원들에게 원하는 상호작용 모델을 제시하고, 이 모델이 어떻게 가족관계를 개선하고 긍정적인 변화를 가져올 수 있는지 보여준다. 이를 통해 가족 구성원들은 새로운 행동 패턴을 경험하고 학습하며, 이를 실제 상호작용에 적용할 수 있게 된다.

3

PART

후기 가족치료 모델

11 Chapter

해결중심적 가족상담 및 치료

| 인수 김 버그(Insoo Kim Berg, 1934~2007) |

1934년 대한민국 서울 출생, 이화여자대학교 약학 전공
1957년 미국 위스콘신 대학교에서 약학과 사회복지학 석사학위 취득
1978년 남편 드세이저와 립칙(Eve Lipchik), 누널리(Elam Nunnally), 몰러(Alex Molnar), 와이너데이비스(Michell Weiner Davis) 등과 함께 미국 위스콘신주 밀워키에 단기가족 치료센터(Brief Family Therapy Center: BFTC)를 설립
1982년 〈단기가족치료〉에서 〈해결중심 단기치료 or 해결중심 단기상담〉으로 공식적인 명칭 사용
2002년~ 임종 전까지 현장중심의 실천으로서의 해결중심 모델 실현을 위해 솔루션센터 미국 본부장으로서 워크숍, 슈퍼비전 및 자문 활동을 활발히 함

| 드 세이저(Steve De Shazer, 1940~2005) |

1940년 미국 밀워키(Milwaukee) 출생, 지역이 특성상 다문화적 환경에서 자람
1971년 캘리포니아의 팔로알토에서 사회학과 심리치료에 심취
원래 고전 음악 전공에 재즈 색소폰 연주자
위스콘신 밀워키대학교에서 〈파인아트〉 전공하고 석사학위로 사회복지학을 받음
이후 팔로알토에 있는 정신건강연구소의 단기치료센터에 들어감
1978년 부인 김버그와 함께 위스콘신의 밀워키에서 단기 가족치료 센터(Brief Family Therapy Center: BFTC) 개설
1980년 중반부터 미국, 유럽, 아시아 등에서 초청 강연과 워크숍, 교육 과정 등을 수행
2005년 왕성한 활동 하던 중 빈에서 사망

1. 개요

해결중심 단기상담은 드 세이저(Steve de Shazer, 1940~2005)와 버그(Insoo Kim Berg; 한국 이름: 김인수, 1934~2007) 부부가 함께한 동료들과의 연구와 작업을 통해 개발되었다. 1980년대는 포스트모더니즘(postmodernism)의 등장으로 인해 다양한 분야에서 패러다임의 큰 변화가 있었는데 이러한 영향을 받은 후기 가족치료는 내담자의 주관적인 현실 세계와 언어적 상호작용의 중요성을 강조하며 실재의 변화를 강조한다. 이런 맥락에서 해결중심적 가족상담이 대표적인 모델로 발전되었다. 해결중심 단기 상담은 1978년 드 세이저와 버그 부부가 단기가족치료 센터(BFTC)를 설립하고, 이곳에서 개발된 치료모델을 1982년에 해결중심 단기 상담(solution-focused brief therapy)으로 명명하였다.

이 모델은 내담자에게 '문제가 아닌 예외 상황'을 발견함으로써 내담자의 잠재된 힘과 과거에 문제를 극복한 것에 중점을 두고 내담자가 어떻게 변화하고자 하는지에 초점을 둔다. 이 이론은 기존의 전통적 상담과는 달리, 문제의 원인을 분석하고 설명하는 데 많은 시간을 들이지 않고 내담자의 과거 실패와 문제보다는 내담자의 힘과 이전의 성공에 주목한다. 해결중심 단기 상담은 문제의 발견보다는 문제가 되지 않는 예외 상황을 발견하는 데 주의를 기울인다. 또한, 이 모델은 일방경(one-way view: 비참여관찰 or 완전 관찰) 뒤에서 상담자의 기술을 관찰하고 상담과정에 대해 의논하며 내담자에게 도움이 될 만하다고 생각하는 것들을 탐색하여 발견하는 귀납적인 과정에 의해 발전된 모델이다. 이 모델은 내담자가 도움을 받은 것들을 탐색하고 발견하는 과정이 중요하며 이를 위해 상담자와 내담자는 상담과정에서 의논하고 탐색하며, 내담자가 도움을 받았다고 느끼는 경험들을 공유한다.

2. 이론 및 주요 개념

1) 이론적 배경

해결중심 단기상담 모델은 MRI의 단기치료 모델과 밀턴 에릭슨, 사회구성주의에서 영향을 받아 발전한 모델이다. 1980년대는 특정 모델에 열광하던 분위기가 줄어들면서 초기의 가족치료 모델의 경향에서 벗어난 포스트모더니즘의 영향과 MRI가 지향했던 상호작용적이고 전략적인 치료에 토대를 두고 단기치료를 목표로 실용적으로 문제를 해결하고자 하는 접근방식을 사용하고 있다. 1980년대 석유파동(오일쇼크)로 인하여 정신건강 의료기관의 예산이 삭감되면서 운영 및 환자 입장에서 단기적이고 실용적인 해결중심 단기상담이 선호되었다. 이러한 상황에서 해결중심 단기상담은 기존의 관점과는 다른 접근방식으로 문제해결을 시도하였으며, 가족이 원하는 해결 방향에 초점을 맞추어 가족을 지원하는 방향으로 노력하였다.

해결중심 상담이 체계론적 관점의 영향을 받았다는 것을 다음에 제시한 이유로 있다.

첫째, 해결중심 단기상담은 개인뿐 아니라 부부와 가족 등의 체계를 치료하기 때문이다.

둘째, 가족 구성원, 직장 동료, 친구 등 중요한 타인을 포함하는 상호작용을 중시하기 때문이다.

셋째, 작은 변화로 인해 더 큰 변화가 뒤따르는데 이런 변화가 관계에 영향을 미친다는 부분에서 해결중심 단기상담이 체계론적 관점의 영향을 받았음을 알 수 있다.

해결중심 단기상담에 영향을 준 MRI 단기치료 모델은 미국 가족치료의 근원지로서 조현병 환자와 가족에 대한 상호작용적-체계적 연구, 심리치료 그리고 가족치료의 대명사로 불린다. 이들의 치료기법은 실용적이고, 문제해결에 초점을 두는 밀턴 에릭슨의 영향을 받아서 전략적 치료를 수행하였으며, 사이버네틱스의 피드백 고리 개념과 일반체계 이론의 가족 규칙을 자신들의 가족치료 모델의 가장 중요한 개념으로 삼았다. 여기서 중요한 것은 상담이 단기에 끝내는 것이 아니라 상담 효과가 단기에 나타나는 것이고, 회기가 짧은 상담 시간을 효과적으로 잘 활용하는 것이 윤리적인 의무라고 여겼기 때문에 문제에 대한 효과적인 방법과 실용적인 방법을 찾는 데 초점을 두었다.

그리고 해결중심단기상담은 밀턴 에릭슨의 상담접근기법에 영향을 받기도 하였다. 밀턴 에릭슨(Milton Erickson, 1901~1980)은 미국의 정신과 의사로 그의 상담접근기법은 전략적 치료로 간주되며, 해결중심 상담뿐 아니라 가족치료 전반에 지대한 영향을 미쳤다. 드 세이저는 효율적인 치료방법을 알아내기 위해 에릭슨이 주장한 단기최면치료 접근방법과 기법들을 공부하였다. 에릭슨의 기법 중 드 세이저가 자신의 상담에 활용한 방법은 내담자 스스로 문제의 해결책을 모색하고, 그렇게 하기 위하여 새로운 행동 유형을 구축하는 것과 자신이 가진 자원을 최대한 효과적으로 활용하는 것이었다. 이 두 가지의 요소는 해결중심 상담의 주요 원리인 내담자의 강점과 자원을 인정하는 것이며, 과거는 지난 것이므로 현재와 미래에 초점을 맞추는 것이다. 또한, 에릭슨의 수정 구슬(crystal ball) 기법과 최면술 또한 해결중심 단기상담 모델을 발전시키는 데 지대한 영향을 미쳤다. 그는 내담자가 자신만의 해결책을 구성할 수 있게 해주는 이 기법을 사용함으로써 에릭슨의 작업을 좀 더 확장시켰다.

포스트모더니즘과 사회구성주의는 1980년대 이후 가족 상담 분야에 큰 영향을 미치고 있으며 패러다임의 전환을 이끌고 있다. 포스트모더니즘은 탈근대주의 또는 후기 근대주의로 번역되며, 1950년대 문학에서 등장한 이후 다양한 분야에서 사용되고 있는 개념이다. 사회심리학 분야에서는 포스트모더니즘의 인식론과 궤를 같이하는 사회구성주의가 등장하며, 해결중심 단기상담과 이야기 치료 등 가족 상담의 이론과 실천에 중요한 영향을 미치게 되었다.

사회구성주의는 기존의 모더니즘 관점에서 사회적 상호작용을 통해 의미를 만들고 현실을 구성하는 과정에 대한 의문을 제기하였다. 해결중심 단기상담은 상담 경험과 비판적 사고를 통해 발전된 모델로, 내담자의 과거 실패와 문제보다는 내담자의 힘과 이전의 성공에 초점을 두며 내담자의 변화를 효과적으로 이루어내는 방법을 제시하였다.

또한, 강점에 초점을 둔 관점은 사회복지실천의 문제점을 지적하고 대안적인 실천의 원리와 철학을 제시하는 데 관심을 가졌다. 해결중심 단기상담과 강점 관점은 역사적으로 보았을 때 독립적으로 발전해왔으며, 해결중심 단기상담은 내담자의 자원과 능력을 인식하고 내담자 스스로 변화를 만들어낼 수 있는 전문가로서의 인식을 발전시킨다. 이에 따라 해결중심 단기상담에서는 강점 관점은 구현할 수 있는 구체적인 실천방법과 과정을 제시하고 있으며, 강점 관점은 해결중심 단기상담을 접목하여 적용하는 시도들이 임상실천에서 증가하고 있는 추세이다.

2) 주요개념

해결중심 단기상담은 인간에 대해 긍정적인 시각을 가지고 있어 내담자의 과거의 문제나 결함보다는 무엇이 잘 되었고, 그것을 어떻게 활용하는가에 대한 내담자의 강점은 자원을 찾는 것에 중점을 두는 모델이다. 이 모델의 중심 철학은 다음과 같다(Shazer, 1985).

첫째, 효과가 있으면 수정하지 말라. 즉, 내담자가 이미 좋은 영향을 받고 있는 행동에 대해서는 방해하지 말고 다른 행동을 제안해서도 안 된다.

둘째, 효과가 없으면 다른 방법을 시도하라. 즉, 시도하고자 하는 방법이 아무리 비논리적이고 이상하다고 실천해 본다.

셋째, 단순하게 하라. 즉 사람은 자신의 행동에 대한 책임을 져야 한다는 관점에서 내담자에게 제안한 과제는 그가 이미 경험하고 있거나 실행하기에 매우 단순해야 한다.

넷째, 각 회기의 상담 시간을 내담자와 유일하게 함께하는 마지막 시간이라는 생각으로 접근한다.

다섯째, 실패란 없다. 오로지 피드백이 있을 뿐이다(Bandler & Grinder, 1982). 즉, 상담자의 질문이 아무리 소용없는 것 같고, 과제가 효과가 없다고 할지라도 이것은 상담자의 실패를 의미하지 않는다. 내담자가 보이는 반응은 오로지 피드백일 뿐이다. 이에 대해 단순하게 생각하고 무엇인가 다른 것을 새롭게 시도할 필요가 있다고 본다.

이러한 중심철학이 모든 해결중심 단기상담의 바탕을 이루고 있다.

또한, 해결중심 단기상담의 기본 원리와 개념을 정리하면 다음과 같다(de Shazer, et al., 1986; Kim Berg & Miller, 1992).

첫째, 내담자의 독특한 상황에서 지금까지와는 다른 긍정적인 관계를 맺어가고, 관계를 맺음에 있어 어떤 방법을 사용하냐를 문제에 대한 해결책으로 본다.

둘째, 변화는 항상 일어나며 불가피한 것이므로 상담사는 그 변화를 해결방안으로 활용한다. 해결중심 단기상담에서는 내담자의 전 가족이 참석하지 못해도 한 개인의 변화를 통하여 전체 체계를 변화시킬 수 있다고 믿는다. 또한 예외적인 상황을 탐색한 뒤 문제가 되는 상황과의 차이점을 발견하고, 이 같은 문제상황이 발생하는 횟수를 줄인다.

셋째, 문제를 병리적으로 보지 않고, 건강한 것에 초점을 맞추었다. 내담자가 자신들의 문제를 다룸에 있어 성공했던 경험에 일차적인 초점을 두고 성공할 수 있었던 방법을 찾아내는 데 관심을 둔다.

넷째, 내담자가 가진 자원, 강점, 건강한 특성 등 다양한 것들을 효과적으로 활용하여 제시된 문제의 해결책을 찾아 나간다. 내담자가 가진 기술, 자원, 믿음, 지식, 행동, 증상, 동기, 환경, 사회 관계망 같은 개인적인 특성들을 활용하는데 이때 가장 중요한 핵심은 상담사가 내담자 특유의 준거틀을 무조건

수용하고 그 준거틀 안에서 내담자가 가진 긍정적 자원을 활용해야 한다는 점이다.

다섯째, 해결중심 접근법은 탈이론적이고 비규범적이며 내담자가 결정한 입장을 존중하며 내담자가 결정한 것을 따른다. 내담자 자신의 관점에 주목함으로써 각자 개인이 가지고 있는 독특한 불평에 대하여 개별적으로 맞는 해결책을 발견하는 것이다.

여섯째, 한 영역에서 발생하는 작은 변화로 인하여 궁극적으로는 다른 영역에서 심각한 변화를 발생시키는 것으로 본다. 치료의 효과는 종종 첫 번째 도미노를 쓰러뜨리는 것과 같은 단순한 작업으로부터 큰 효과가 일어난다는 것이다(Rossi, 1973).

일곱째, 문제가 발생하지 않았던 시기를 탐색하는 데 주의를 기울이고, 문제안에 있을 때와 문제가 아닐 때의 차이점을 발견하고 인지함으로써, 문제가 아닌 경우를 증가시키는 것이 치료전략이다.

여덟째, 과거보다 내담자로 하여금 현재와 미래에 대해 적응하는 것이 목적이다. 내담자를 지나간 과거의 문제에 얽매이지 않도록 하고, 미래에 대한 적응과 문제해결 방안에 대하여 관심을 둔다.

아홉째, 목표성취를 위해 치료자와 내담자가 함께 해결방안을 발견하고 구축과정에서의 협력을 중요시한다.

3. 상담목표

해결중심 단기상담의 목표는 내담자와 내담자의 가족이 이미 가진 강점과 자원을 활용하여 자신의 건강한 특성을 발견하고, 스스로 자신의 문제를 고칠 수 있도록 하는 데 있다. 그리고 그 목표는 처음에 간단하고 단순해서 목표를 쉽게 이룰 수 있도록 하여 성취감을 느낄 수 있어야 한다. 해결중심 단기상담에서는 내담자가 성취할 수 있는 목표설정 과정을 돕는 것을 치료자의 중요한 역할로 간주하고, 치료 목표설정 시 다음과 같은 원칙을 제시해야 한다(이영실, 2016).

첫째, 내담자에게 가장 중요한 것을 목표로 한다.

예시

상담자의 관점이 아닌 내담자의 관점에서 중요한 것을 파악해야 함.
어머니: "우리 아이가 말대꾸를 줄였으면 좋겠어요."
상담사: "아이 입장에서는 어떤 점이 달라지길 바랄까요?"
아들: "엄마가 자꾸 화내지 않았으면 좋겠어요."
→ '말대꾸 줄이기'가 아닌, 서로 존중하는 대화 만들기'가 가족 모두에게 중요한 목표가 될 수 있다.

둘째, 내담자가 성공 가능한 것을 목표로 한다.

예시

목표: "가족 모두가 더 친해졌으면 좋겠어요."
⇨ 실행 가능 목표: "일주일에 한 번 가족과 함께 30분 동안 산책하기."

셋째, 구체적이고 행동으로 변화가능하며 명확한 것을 목표로 한다.

예시

막연한 목표는 행동으로 이어지기 어렵다.
X: "더 좋은 부모가 되고 싶어요."
O: "아침에 아이를 학교에 데려다주며 '사랑해'라고 말하기."

넷째, 없는 것에 연연하지 않고, 있는 것에 관심을 둔다.

예시

아버지: "우린 대화가 전혀 안 돼요."
상담사: "대화가 잘된 적은 없었나요?"
아버지: "휴가 때는 나름 잘 지냈어요."
⇨ "휴가 때 나눴던 대화 방식을 평소에도 조금씩 시도해보기."

다섯째, 목표를 중요시하지 않고, 시작으로 간주한다.

예시

목표: "아이에게 하루에 한 번 '괜찮니?'라고 물어보기."
→ 그 행동이 계기가 되어 더 많은 정서적 교류로 이어짐.

여섯째, 내담자의 생활에서 성취 가능하며, 현실적인 것을 목표로 한다.

예시

맞벌이 부부: "저녁 식사를 매일 가족이 함께 하자."
⇨ "일주일에 두 번, 가능한 날 저녁을 같이 먹기로 하자."

일곱째, 목표수행은 힘든 일이라고 인식시켜 목표를 성취하였을 때 인정해주고 칭찬해주어야 한다.

예시

아이: "엄마가 소리 지르지 않고 말한 날이 있어요."
상담사: "그건 정말 큰 변화예요. 엄마, 그날을 위해 노력하신 거죠?"
→ 가족 모두가 작은 변화도 의미 있게 인식하고 서로를 인정함.

상담의 목표를 설정하기 전에 먼저 내담자가 원하는 것에 주의를 기울이는 것은 중요하다. 치료를 시작하기 전 어떤 유형의 내담자가 이곳에 와 있는지 파악하고 관계의 본질을 인지해야 하므로 내담자의 가족 구성원과 내담자의 관계 유형에 대해 알아보고자 한다.

1) 불평형과의 관계(complainant type relationship)

타인을 위한 목표를 가지고 있을 때 발생한다. 이때 상담자는 치료를 위한 자원이자 투자해야 할 대상으로 인식되며, 내담자에게 이해와 공감을 표현하고, 내담자의 잘한 부분에 대해 칭찬해야 한다. 불평형의 내담자는 치료과정 중 고객 역할로 변화할 가능성이 크며, 자신을 희생자로 바라보는 경향이 있다. 또한, 불평형의 내담자는 자신의 문제에 대해 관찰자 역할에만 머무르기 때문에 메시지(과제)를 주는 경우 사고와 관찰에만 초점을 맞추어야 한다.

2) 방문형과의 관계(visiting type relationship)

자신의 의지와 관계없이 법원, 직업훈련, 보호관찰관, 학교 등에 의해 상담자를 찾는 상황에서 비자발적인 내담자의 특징이 흔히 나타나게 된다. 이때 상담자는 치료의 필요성이나 문제해결의 동기가 약한 내담자를 이해하고 수용하며, 내담자의 의사를 존중하고 긍정적인 면을 강조하여 인정해 주어야 한다. 이러한 과정에서 상담자로부터 이해를 받고 신뢰감이 형성되면, 내담자는 치료과정 중 고객역할로 변화할 가능성이 커진다.

3) 고객형과의 관계(customer type relationship)

내담자 스스로 본인과 관련된 치료 목표를 표현하고, 자신의 행동을 변화시키기 위한 많은 방법들을 제시하는 내담자로서 이들은 협력적이고, 긍정적인 치료 관계로의 발전이 가능하다. 처음에는 방문형이나 불평형이었으나, 상담이 거듭될수록 신뢰감이 형성되어 상담의 중간 또는 끝부분에 이르러 상담자와 내담자 모두 동의한 해결 목표와 기대감이 가져진다면 이들은 고객형의 관계로 발전할 수 있는 경우가 많다.

4. 상담과정 및 치료기법

해결중심 단기상담은 가족 중심의 접근방법을 채택한다. 치료자는 가족구성원들이 원하는 목표를 달성할 수 있도록 도움을 주는 역할을 수행하며, 그들의 진정한 욕구와 목표에 초점을 맞추어 상담을 진행한다. 이를 위해 긍정적인 라포(rapport)가 형성되어야 하며, 공감적이고 협조적인 관계가 필수적이다. 특히 해결중심 단기상담에서는 치료자가 가족 간의 협력이 협력하여 최상의 상담 관계를 형성해 나가는 믿음과 그 중요성을 강조하고 있다.

1) 상담과정

해결중심 단기상담은 팀 접근을 선호하며 팀은 일방경 관찰(one-way view: 직접관찰의 방법으로써 관찰팀이 상담회기가 진행되는 장소가 아닌 일방경이 있는 다른 방에서 상담회기를 관찰하는 방법)을 통해 가족체계의 영향과 가족의 반응을 탐색한다. 그러나 실제로는 팀이 없는 상담 상황도 많으므로 단일 치료자가 치료자의 역할과 동시에 팀의 역할을 수행해야 하는 경우도 있다.

해결중심 단기상담은 MRI 단기치료의 영향을 받아 보통 5~10회 정도의 짧은 기간으로 치료과정을 설정하는 경우가 많고, 각 상담 회기는 약 1시간 정도이며, 마지막 10분은 메시지 작성과 과제부여에 할애된다. 메시지 작성과 전달은 이 모델의 중요한 특징 중 하나이며, 구체적인 상담의 진행 방법과 절차는 다음과 같다.

(1) 상담구조와 절차 소개

치료자는 첫 상담 이전에 가족에 대한 최소한의 정보만을 얻어 선입견을 최소화한다. 치료자는 가족들에게 팀이 상담에 참여한다는 사실과 상담소의 기능, 절차, 일방경의 사용 등을 설명한 후, 녹화에 대한 동의를 받는다. 가족들이 팀과의 만남을 희망하는 경우, 상담의 마지막에 한 명 이상의 대표를 가족구성원들에게 소개하는 것이 적절하다.

(2) 문제진술

치료자의 질문은 가족의 문제를 파헤치기 위한 것이 아니라, 어떤 도움을 제공할 수 있는지를 파악하기 위한 목적으로 사용된다. 만약 여러 개의 문제가 존재한다면, 어떤 문제가 우선적으로 다루어져야 하는지 물어보고, 가족구성원이 문제에 대해 구체적으로 이야기할수록 치료자는 개입 가능성과 목표를 설정할 수 있게 된다. 이러한 질문은 특정한 문제에 대한 이해를 높이고, 상황을 파악하여 상담의 방향을 정하는 데 도움을 주는 역할을 한다.

(3) 예외탐색

이 단계에서는 문제가 발생하지 않았을 때 어떤 일이 일어났었는지 탐색하고, 가족이 그 예외 상황이 어떻게 일어나게 할 수 있는지를 찾는다. 예외란 적어도 가족들에게 어떤 새로운 변화를 제공하고 어떤 것이 잘 되고, 어떤 것이 잘되지 않는지에 대한 차이를 알게 해준다.

(4) 상담목표 설정

변화의 과정, 문제해결의 시점, 상담 종료 조건 등을 명확하게 이해시키는 것은 중요한 작업이다. 구체적인 목표설정은 전문가가 평가를 수행할 때 매우 중요하며, 이는 추후 서비스 제공 및 결과 평가에 필수적인 요소이다.

(5) 해결책 정의

가족구성원이 일반적으로 모호하고 광범위한 답변을 제공하는 경우, 치료자는 어떻게 문제해결 여부를 확인할 수 있는지에 대해 물어봄으로써 목표를 설정하는 것이 적절하다. 더 이상 문제가 아닌 상태로서의 대안적인 미래를 이야기함으로써 변화의 가능성을 제시하고, 불가피한 변화의 예상을 할 수 있도록 돕는 것이 바람직하다.

(6) 메시지 작성

상담 후 치료자는 팀과의 자문을 위해 가족들에게 양해를 구한다. 자문 시간의 목적은 무엇을 어떻게 할 것인가를 결정하기 위한 것으로 대체로 5~10분 정도를 사용한다. 해결책에 대한 부분이기 때문에 문제에 대해서는 이야기하지 않지만 다음의 것들에 대해 초점을 둔다.

- 자신에게 도움이 되는 어떤 것들을 했는지를 탐색한다.
- 문제상황에 대한 예외를 찾는다.
- 팀은 문제가 이미 지나간 것이라면 가족이 앞으로 무엇을 할 것인지를 상상한다.
- 팀은 치료자와 함께 가족에게 건네줄 메시지를 만든다.

(7) 메시지 전달

팀과 5~10분 정도 의견을 나눈 후 치료자는 다시 공식적인 개입을 하며, 신속하지만 예의를 지켜서 상담을 끝낸다.

2) 치료기법

(1) 기본적 치료 기법

- 상담자의 비언어적 행동
  가족구성원들은 치료자가 자신의 말에 귀를 기울이고 존중하는 태도에 대해 매우 민감하다. 치료자가 진지하게 자신의 발언을 듣고 있는지를 언어적 반응뿐만 아니라 비언어적 행동을 통해서도 평가한다.

- 내담자가 사용하는 핵심언어
  가족구성원의 개별 용어에 대한 탐색과 인정은 자아존중을 표현하기 위한 가장 중요한 방법 중 하나이다. 이에 따라 그가 사용하는 핵심 용어를 전문 용어로 변경하는 것은 그 사람에 대한 경솔한 대우이며, 자신감을 약화시킬 수 있는 행동이다.

• 개방형 질문

개방형 질문은 내담자의 인식 영역을 확장 시키는 데 도움이 되며, 내담자의 태도, 사고, 감정을 자유롭게 표현할 수 있도록 도와준다. 특히 내담자의 개인적인 기준과 관점을 반영하는 이점을 가지고 있다.

예시

오늘 아침에 기분이 좋았나요?-폐쇄적 질문
오늘 아침에 기분이 어땠나요?-개방형 질문

• 쉽고 간략한 설명

내담자의 발언을 요약하고 핵심 내용을 간결하게 전달하여 내담자에게 피드백하는 기술이다. 이 기법은 내담자가 자신의 이야기를 명확히 이해하고 확장할 수 있는 기회를 제공하며, 설명이 간단하고 간결한 경우에도 요약할 때와 같이 내담자의 핵심 용어를 사용하는 것이 적절하다.

• 침묵의 사용

가족의 침묵은 가족뿐만 아니라 치료자 모두를 불편하게 할 수 있다. 그러나 그들이 표현하는 침묵은 다양한 의미를 내포하고 있다. 예를 들어 가족구성원 중 한 사람이 자신의 생각을 정리하는 시간이 필요한 경우, 자신이 이야기한 상항에 대해 혼란스러움이나 분노를 느끼는 경우, 현재의 치료과정에서 잠시 '휴식'을 취하고 있는 경우 등이다. 따라서 치료자는 가족들의 침묵을 존중하는 자세가 매우 중요하다.

• 내담자의 비언어적 행동에 대한 주목

가족구성원의 비언어적 행동을 통해서도 치료자는 의사소통을 할 수 있다. 따라서 치료자는 그의 행동, 언어적 표현, 비언어적 신호 등을 주의

깊게 관찰해야 한다. 이를 통해 그 사람의 변화에 대해 감지하고 이해하는 것이 중요하다.

- 자기노출

치료자의 자기 노출은 가족과의 상호작용에서 치료자가 자신의 개인적인 관찰, 경험, 생각 등을 언급하는 것을 의미한다. 가족치료에서 치료자가 본인의 경험에 대해 언급하는 것을 해결중심적 접근에서는 권장하지 않는다. 해결의 가능성은 가족구성원들의 준거틀과 과거 경험에 초점을 맞추어 찾아야 한다. 그러나 치료자의 생각을 가족들에게 표현하는 것이 중요할 때가 있다. 이는 상담을 어떻게 경험하고, 삶에 대해 어떤 인식을 가졌는지 명확히 이해하기 위해 사용될 수 있다.

예시

"맞아요. 저도 아이가 사춘기일 때 진짜 힘들었어요. 어떻게 해야 할지 모르겠더라고요."

- 내담자의 지각에 대한 확인

치료자는 가족구성원이 가지고 있는 '지각'에 대해 체크해야 할 필요가 있다. 내담자의 지각에 대한 표현은 개인적인 참조 체계와 경험과의 상호작용을 나타낸다.

예시

"그 문제를 해결하기 위해 어떤 노력을 하셨나요?"
"문제해결을 위해 한 일 중에서 효과가 있었던 것과 없었던 것을 말씀해주시겠어요?"

- **내담자에게 초점을 둔 해결중심적 대화와 확대**

해결중심적 대화는 내담자와 치료자가 원하는 삶의 변화와 그 변화를 실현할 수 있는 가능성에 초점을 둔 대화를 의미한다. 치료자는 내담자의 무기력과 좌절감을 해결 가능한 방향으로 바꾸기 위하여 문제 중심적 대화로부터 탈피하여 해결 중심적 대화로 전환하고 이를 확장하여야 한다. 이를 통해 내담자는 더 큰 희망을 가지게 되고 문제를 해결할 수 있는 자신감을 얻게 된다.

예시

"이 상황에서 무엇이 달라지기를 원하시나요?"
"그러한 일이 일어난 때가 있었나요(예외탐색)?"
"스스로 그 해결책에 어떻게 참여할 계획인가요?"

(2) 성공적 질문기법

드 세이저와 버그는 상담에서 목표를 달성하기 위해 치료자와 가족구성원들이 협력하여 해결책을 구축해 나가는 과정을 강조하고 있으며, 이 과정은 질문과 응답을 통해 진행된다고 설명하였다. 이들은 가족들이 질문을 받고 응답하는 치유적인 대화를 통해 문제의 개념과 해결에 대한 관점을 변화시킬 수 있다고 확신하였다. 다음은 상담과정에서 사용되는 질문기법들이다. 이러한 질문기법들은 한 회차의 상담에서 모두 사용되어야 하는 것은 아니며, 공식적으로 반드시 사용되어야 한다는 규칙은 없다. 그러나 목표설정 단계에서는 기적 질문과 예외 질문이 사용되며, 목표 달성을 촉진하기 위해 척도질문이 유리할 수 있다. 또한 관계성 질문과 대처 질문은 상담과정에서 매우 치유적인 효과를 가져올 수 있다.

① 첫 상담 전 변화에 관한 질문

상담 약속을 잡고 문제가 좋아져서 약속을 취소하고 싶다는 가족구성원도 있었지만 많은 상담자들은 이에 대해 큰 관심을 보이지 않았다. 그러나 드 세이저와 버그는 첫 상담 전의 변화에 매우 관심을 가지고 관찰했으며 이를 바탕으로 내담자의 잠재능력을 발견하고, 내담자 자신이 의식하지 못하는 해결책을 찾아내는 것을 강조했다(De Jong & Berg, 2012).

치료자는 문제의 심각성 정도가 어떻게 완화되었는지를 내담자가 이해할 수 있도록 질문을 하며, 의도적이든 우연히든 사용한 방법에 대해 인정하고 칭찬해 주었다. 또한, 내담자가 다른 사람의 도움 없이 스스로 노력하고 문제를 해결한 능력을 인정하고, 그러한 사실을 강조하여 격려하였다. 이를 통해 내담자의 노력과 해결능력을 강화하고 확대시킬 수 있었다.

예시

"면담 약속을 하고 오늘 오시기까지 어떤 심리적인 변화가 있었나요?"
"그런 변화는 어떻게 생기게 되었을까요?"
"여기에서 무엇이 달라지기를 바라십니까?"

② 기적질문

드 세이저와 버그는 1984년 상담과정에서 내담자가 희망을 잃고 생존하기 어려워하는 상태에서 "기적이 일어난다면 문제가 해결될 것은 아니라고 생각하지만, 혹시라도 기적이 일어난다면 어떤 변화가 있을지 상상해 볼 수 있을까요?"라는 질문을 제시하여 내담자의 공감을 얻었다. 이러한 기적질문은 문제 자체를 해결하거나 감소시키는 것은 아니지만, 문제와 분리되어 해결책에 대한 상상을 유도한다. 이를 통해 치료자는 내담자가 원하는 변화에 대해 스스로 설명하고 문제에 집착하는 것을 벗어나 해결에 초점을 맞출 수 있도록 도움을 주었다.

예시

"오늘 밤에 당신들이 자는 동안 기적이 일어나서 모든 문제가 해결된다면 기적이 일어난 것을 어떻게 알 수 있을까요?"
"마법의 지팡이를 휘두르면서 당신의 상황을 해결할 수 있다면, 그 변화는 어떤 것이 있을까요?"

③ 예외질문

일반적으로 사람들은 문제가 발생하였을 때 문제해결에 많은 시간과 노력을 투자하는 경향이 있다. 그러나 이미 다양한 방법으로 해결책을 시도하고 성공한 경험이 있는데도, 그러한 경험을 잊고 문제에만 집중함으로써 문제 중심적인 사고에 빠지게 되는 경우가 많다. 드 세이저와 버그는 이러한 문제 중심적인 사고가 개인의 성장과 변화를 방해하는 요소임을 발견했다. 이미 효과적인 해결책을 사용하고 개인의 강점과 자원을 가지고 있는데도 의식하지 못해 문제해결책을 구축하지 못하는 것에 관심을 두고, 이를 위해 예외 질문이 개발되었다. 예외 질문은 내담자가 우연히 성공한 사례를 발견하고 의도적이고 지속적으로 시도할 수 있도록 격려함으로써, 예외적인 상황을 찾아내고 내담자의 강점과 자원을 활용하여 자아존중감을 강화하는 방법이다. 이를 통해 치료자는 내담자가 이미 가진 성공적인 경험을 발굴하고, 이를 강조하여 내담자의 자아존중감을 향상시키는 데 초점을 맞추게 된다.

예시

"문제가 발생하지 않은 것은 언제였나요?"
"당신의 문제에 대한 해결책이나 더 나은 상태를 경험했던 순간은 어떤 때였나요?"
"문제를 성공적으로 극복한 경험에 대해 말씀해 주시겠어요?"

④ 척도질문

보통 사람들은 주관적으로 감정의 정도를 표현하며, 내담자의 경우 자신의 문제를 애매하고 추상적으로 설명하는 경향이 있다. 이에 대해 척도질문은 더 명확하고 현실적인 설명을 할 수 있도록 개발되었다. 특히 정서적으로 힘든 상황에 있는 내담자가 미래를 향해 전진할 수 있도록 지원하며, 현재의 만족스러운 상태를 유지하도록 만드는 자원과 힘이 내담자 본인에게 있다는 인식을 가질 수 있도록 하는 데 도움이 된다. 드 세이저와 버그는 척도질문을 통해 내담자가 숫자를 사용하여 현실적이고 구체적으로 생각을 정리하고, 구체적인 행동의 점수를 근거로 제시함으로써 자신의 목표와 기대, 변화와 성장의 상태를 확인할 수 있게 도와주는 목적을 가졌다고 언급하고 있다.

예시

"문제가 가장 심각한 상태가 0점이라고 하고 문제가 완전히 해결된 상태가 10점이라고 한다면 현재 상태는 몇 점으로 나타낼 수 있습니까?"
"현재 상태가 5점이라고 하셨는데 다음 주까지 몇 점을 더 올릴 수 있습니까?"
"1점을 더 올리기 위해 무엇을 좀 더 다르게 하셔야 한다고 생각하십니까?"

⑤ 대처질문

버그와 밀러(Berg & Miller, 1992)는 가족구성원들이 어려운 상황에서 성공적으로 대처한 방법을 재인식함으로써 힘을 얻는 과정에 관심을 가지고 대처질문을 발전시켰다. 대처질문은 치료자가 대처 방안에 관한 질문을 제시함으로써 그들의 신념체계와 무력감에 도전하고, 동시에 내담자에게 약간의 성공 경험을 느끼게 유도할 수 있다. 대처질문을 통하여 치료자는 가족구성원들이 이미 대처 방안에 필요한 기술을 보유하고 있음을 깨닫도록 도와준다.

예시

"그렇게 대처하면 도움이 될 것이라는 것을 어떻게 아셨나요?"
"오늘까지 지탱하도록 한 힘은 무엇인가요?"
"어떻게 더 이상 나빠지지 않을 수 있었습니까?"

⑥ 그 외 질문

- **보람질문**: 가족구성원들이 상담을 통해 어떠한 긍정적 변화를 하기 원하는지를 질문한다.
- **칭찬질문**: 칭찬을 통해 자신에 대한 개념을 바꾸고 상담자의 말에 따르도록 하는 데 유용하다.
- **관계성 질문**: 가족 및 부부간의 관계성에 관한 질문을 통해 보다 효과적인 인간관계를 증진시켜 준다.
- **악몽질문**: 내담자가 문제해결의 의욕이 없을 때 하는 질문으로, 내담자 본인에게 더욱 나쁜 일이 발생해야만 행동을 취하거나 문제해결의 의지를 보일 경우 치료자의 판단하에 사용한다.

(3) 메시지(과제) 주기 기법

가족구성원들은 면접 종료 시 피드백 메시지를 통하여 성공적 경험에 대한 확신을 받고, 자신의 강점을 확인하게 되며, 이것은 상담목표를 확실히 하는 데 도움이 된다.

① 메시지 기능

- **교육적 기능**: 메시지를 통해 자신의 처지나 해결에 관해 다른 관점을 가지며 자신이 이미 믿고 있는 것을 인정하게 된다.
- **정상화 기능**: 자신만이 겪는 문제가 아니라고 인식함으로써 문제의 심각

성을 완화시킬 수 있다.

- **새로운 의미의 기능**: 메시지는 현재 발생하고 있는 것에 대해 다른 의미를 제공할 수 있다.
- **과제의 기능**: 과제를 수행함으로써 자신의 긍정적인 면에 관심을 가지게 되며, 목표를 달성해 가는 방법을 알게 된다.

② 메시지 구조

- **칭찬**: 가족의 강점 또는 잠재력 등을 강화시켜 문제해결을 촉진한다.
- **연결문**: 칭찬과 제안 또는 과제를 연결해 주는 메시지의 한 부분은, 일반적으로 가족구성원들이 원하는 목표, 예외 사례, 강점 또는 인식에서 파생된 내용을 포함하는 것이 좋고 그들이 사용한 단어나 구절을 삽입하는 것도 효과적인 방법이다.
- **과제**: 다른 모델에서의 과제는 대부분 치료자가 부여하지만 해결중심 단기상담에서 종종 치료자는 가족구성원들이 시도해 볼 만한 것을 제안하면서 상담을 끝낸다. 때로는 내담자가 직접 과제를 제안하게 하기도 한다.

해결중심 단기상담 모델의 기법은 일부에서는 단순하다는 비판을 받는다. 하지만 자신의 비관적 생각에서 벗어나 문제해결 행동을 함으로써 새롭게 행동할 수 있도록 도와줄 수 있다는 요소들을 가지고 있다는 평가도 있다.

예시 1

다음 사례는 남편의 폭력 때문에 내담자는 이혼을 하고 싶으나 남편은 이혼을 원하지 않는 상황에서 이혼에 대한 결정을 내리는 것에 대해 어려움을 겪고 있는 여성 내담자의 상담이다. 이 경우 메시지로 팀의 양분된 의견(split team)을 전달함으로써 도움을 줄 수 있다.

치료자: "저희 상담팀은 어머님에 대한 다양한 생각과 의견을 나누었습니다. 저희는 어머님께서 젊은 나이임에도 불구하고 자녀들을 위해 남편의 폭력을 참고 견디셨다는 사실에 크게 놀랐습니다. 어머님의 결혼 유지와 이혼에 대한 마음에 대해서 팀 내에서는 의견이 반반이었습니다. 그러나 상담팀은 어머님이 이제 자신을 위해 어떤 선택을 할 수 있는 입장에 있다는 점에 모두 동의했습니다. 따라서 결정을 조금 더 연기하고 어머님이 최선의 결과를 찾을 수 있도록 함께 노력하는 것이 좋다고 생각합니다."

예시 2

불량친구와 어울려서 집에도 잘 들어오지 않고, 술을 마시러 다닌다는 ○○이의 문제를 해결하고자 상담소에 찾아온 내담자가 있다.

이 경우 드 세이저가 발전시킨 해결향상 과제를 이용하여 문제상황이 있는 내담자가 스스로 잘못된 습관에 대해 저항할 수 있도록 강점을 발전시키는 것이 도움이 된다. 예를 들면 ○○이에게 한 주 동안 과음 등의 잘못된 행동을 극복하기 위하여 자신이 행할 수 있는 다양한 방법을 연구해 오라는 과제를 줄 수 있다.

12 Chapter

이야기 가족상담 및 치료

| 마이클 화이트(Michael White) |

우리의 삶을 이루는 것은
바로 우리 각자가 가지고 있는
자신의 삶의 이야기다.
– White –

호주의 사회복지사, 가족심리 상담사
1980년대 후반 아내인 화이트(C. White)와 엡스턴(D. Epston)과 함께 이야기치료 이론을 확립
저서: 어린이와 가족을 위한 이야기 치료
부부치료와 갈등해결을 위한 이야기 치료
이야기 심리치료 방법론

| 데이비드 엡스턴(David Epston) |

개인은 절대로 혼자가 아니라
사회제도에 속한다.
– Epston –

뉴질랜드 심리치료사
뉴질랜드 오클랜드 가족치료센터 공동 책임자
존 F. 케네디 대학 객원교수
노스다코타주립대학 부부 및 가족치료 박사 프로그램
마이클 화이트와 함께 이야기 치료 창시자
치료적인 편지기법과 함께, 새로운 삶의 목표를 추구할 때 필요로 하는 대화의 확대를 위한 다양한 질문들을 개발

1. 개요

이야기 가족치료(narrative family therapy)는 사회구성주의에 기반한 가족치료 이론으로, 기존의 전통적인 가족치료 방식과는 대조적이다. 이야기 가족치료는 내담자의 증상을 가족관계와 상호작용하며 이야기를 통해 분석하는 접근법이다. 이야기 가족치료의 가장 주요한 특징은 개인의 정신을 고정된 개체로 보는 것이 아니라 사회적으로 구성된 현상으로 인식하는 것이다. 다시 말해, 내담자의 정신적 상태는 주변의 사회적인 환경과의 상호작용에 의해 형성되며, 환경의 변화에 따라 내담자의 정신 상태도 함께 변화한다고 보는 것이다. 또한, 이야기 가족치료는 내담자와 내담자의 가족이 지닌 지식을 전문가의 지식과 동등한 가치를 가진 것으로 간주한다.

이야기 가족치료는 개인의 내면세계와 감정, 경험들을 이야기를 통하여 탐구하고 해결하는 과정을 말한다. 사람들은 자신의 신념체계에 의해 스스로 경험한 것에 대하여 의미를 부여하고 해석하기 때문이다. 이러한 이야기 가족치료는 내담자가 자신의 이야기를 통해 자아를 발견하고 성장할 수 있는 기회를 제공하는 것이다. 이야기 가족치료는 다양한 형태로 진행될 수 있으며, 그 중에서도 대표적으로는 이야기를 통한 상징적 표현, 비유 등을 사용한다. 내담자는 자신의 경험을 이야기로 표현하고, 이를 통해 무의식적인 부분을 탐구하고 이해할 수 있다. 내담자와 상담자는 함께 이야기를 만들어 나가며, 내담자의 감정, 생각, 욕구, 불안 등을 함께 공유하고 이해할 수 있다.

이야기 가족치료는 자기 이해, 감정 조절, 대인관계 등 여러 영역에서 도움을 줄 수 있다. 가족구성원들은 자신의 이야기를 통해 심리적인 안정과 변화를 경험하고, 문제상황을 탐색하고 해결하는 능력을 향상시킬 수 있다. 이야기 가족치료에서는 가족의 이야기를 전환시켜 내담자에게 자신의 문제를 새로운 관점에서 볼 수 있도록 한다. 즉 관점의 전환을 통하여 해법을 찾아보려는 것이다. 이때 상담자는 내담자 가족 구성원들이 각자 내재되어 있는 문제를 밖으로 끌어낼 수 있도록 돕는 역할을 하게 된다.

2. 이론 및 주요개념

1) 이론적 배경

이야기 가족치료가 주목받은 것은 1990년대 이후이고, 이는 치료적 접근 중의 하나로, 해결중심 단기치료나 협력적 언어체계와 함께 등장했다. 이 모델의 접근 방식은 초기 가족치료의 영향을 넘어 언어학, 철학, 문화비평, 인류학, 사회심리학, 페미니즘 등의 다양한 분야의 이론을 임상적으로 해석하고 적용하였다. 이러한 다양한 지식과 이론을 토대로 이야기 가족치료는 전문적인 접근방식을 구축하였다(Kelley, 2004). 프랑스의 철학자인 미셸 푸코(Michel Foucault)는 사회에서 권력을 가진 사람들에 의해 형성되는 지배적인 이야기가 특정 집단을 배제할 수 있는 가능성을 지적하는 지배적 담론(dominant discourse)의 개념을 제시하였다. 즉, 개인의 가치와 삶의 지향은 개인 자신의 판단과 선택이 아닌, 개인이 속한 사회의 지배적인 담론에 의해 결정된다고 보는 관점에서, 내담자의 병리적 문제는 사회의 지배적인 이야기에서 벗어난 내담자 자신과 그 주변의 이야기로 간주 된다. 이 관점에서 상담은 문제 자체보다는 문제에 대해 내담자가 어떤 의미를 부여하는지에 더 중점을 둬야 한다는 것을 의미한다.

화이트와 엡스턴은 위에서 언급한 철학적 토대를 바탕으로 이야기 가족치료 방법을 발전시켰다. 이러한 방법론은 초기에는 『문학(literary)적 방법을 통한 치료적 결말』이라는 제목의 공동저서로 시작되었으며, 이후 “이야기치료”라는 용어로 출판될 때 “문학적”이라는 표현이 “이야기적(narrative)”이라는 표현으로 변경되었다. 이로써 “이야기치료”라는 용어가 탄생하게 되었다. 이야기 가족치료에 있어서 ‘대안적 이야기’는 내담자 스스로 바라는 삶을 이야기로 표현하는 것을 의미한다. 이 과정에서 상담자는 내담자가 자신이 경험하고 있는 문제에서 벗어나고 새로운 삶의 동기를 회복할 수 있도록 역할을 맡게 된다. 이를 통해 내담자는 자기의 이야기를 새롭게 구성함으로써 변화와 성장의 가능성을 찾을 수 있게 된다. 화이트와 엡스턴의 연구를 토대로 이후 이야기 가족치료는 몽크(G. Monk), 콤(G. Comb), 프리드먼(J. Freedman), 짐머만(J. Zimmerman), 디커슨(V. Dickerson) 등에 의해 더욱 발전하고 계승되었다.

이야기 가족치료는 가족구성원의 문제를 구조적 결함으로 해석하는 대신, 가족을 둘러싼 역사적 · 문화적 맥락 속에서 이해해야 한다는 후기 구조주의적인 특징을 가지고 있다. 또한, 가족의 문제를 사회 · 문제적인 차원에서 이해하고 지원하는 작업은 페미니즘의 영향을 받았다고도 볼 수 있다.

따라서 이야기 가족치료는 현대 철학과 사회학의 영향을 받아 근대사상을 극복하고자 하는 넓은 영역에서 발전되었다고 할 수 있다. 이야기 가족치료는 개인의 삶이 사회적 관계, 특히 가족관계를 통해 형성되며, 개인의 문제를 그 자체로 보는 것이 아니라 가족과 사회적 맥락과의 관련성을 강조하는 치료 접근법으로 보았다. 이러한 접근법은 베이트슨의 개념인 반복성 제약조건과 밀란 학파의 순환적 질문의 영향을 받았다. 1980년대 후반부터는 시간 개념을 포함한 이야기와 은유를 통한 정체성의 중요성이 강조되었다. 그 이후로는 내담자의 문제를 해결하기 위해 전문가의 일방적인 지식을 개입시키는 대신, 내담자와 내담자 가족의 이야기를 통해 대안을 찾아 나가는 방향으로 발전하였다.

2) 주요개념

(1) 이야기를 창조하는 주체

이야기는 개인의 과거와 현재를 보여주는 현실적인 표현이자, 미래에 대한 청사진이다. 이야기는 개인의 세계를 구성하고 현실을 반영한다. 이야기 가족치료는 내담자가 자신의 이야기를 새롭게 구성하고 표현하도록 도움을 주어, 이전과는 다른 관점으로 문제를 바라보고 해결할 수 있도록 하는 치료 방법이다. 인간은 누구나 자신의 이야기의 주체이며, 그 이야기는 삶의 역사적 기록이다.

(2) 삶의 사회적 차원

개인의 삶과 문제는 사회적 관계와 가족관계를 통해 형성되며, 이를 이해하고 해결하기 위해서는 사회적 맥락을 고려해야 한다. 가족구성원은 그 시대와 사회의 이데올로기의 영향을 받으며, 자신이 속한 사회에서 지배적인 신념체계에 영향을 받는다. 이는 법과 도덕, 문화적 관습, 예의나 예절과 같은 생활 속의 규범을 포함한다. 이러한 규범들은 지배적인 담론을 형성하고, 개인의 정체성은 이러한 담론에 의해 형성된다. 다시 말해, 한 개인의 정체성은 사회적 문화적 담론에 영향을 받으며, 이에 저항하거나 다른 방향으로 나아가고자 할 경우, 지배적인 담론에 의한 억압과 마주하게 된다.

따라서, 이야기 가족치료에서도 내담자와 가족들을 독립된 정체성을 가진 존재로 보는 것이 아닌, 사회적 산물로서의 정체성을 가진 개인으로 상정한다. 이는 개인의 정체성이 사회적 맥락과 상호작용에서 형성되며, 개인과 가족이 사회적인 영향과 담론의 영향을 받는다는 점을 강조한다. 가족 구성원과의 상호작용, 문화적 영향, 사회제도 등이 개인의 문제와 연관되어 있다는 전제가 있다.

(3) 이야기와 의미 부여

개인과 가족은 이야기를 통해 자신의 삶을 이해하고 해석한다. 이야기는 각 개인의 경험과 가치를 반영하며, 그들에게 의미를 부여한다. 이를 통해 문제의 원인과 해결책을 찾기 위해 이야기를 탐구하고 새로운 이야기를 구축하는 작업이 중요하다.

(4) 문제를 바라보는 주체

내담자와 가족을 문제의 소유자로 보는 대신, 문제를 바라보는 관찰자로서 대화를 진행한다. 이를 통해 내담자와 문제와의 관계를 다시 정의하고, 새로운 접근방식을 개척하게 된다.

(5) 새로운 이야기 구축

내담자가 자신의 이야기를 새롭게 구성하고 표현하며, 이를 통해 문제해결과 변화를 이루어내는 것을 목표로 한다. 내담자와 가족의 이야기를 존중하고 활용하여 대안을 찾아 나가는 방향으로 접근한다.

(6) 상호작용적 관점

문제를 개인이나 가족의 속성으로 해석하지 않고, 관계적인 측면에서 바라보고 다루려고 한다. 내담자와 가족을 통해 문제의 상황을 다시 구성하고, 관계 속에서 변화와 성장을 이끌어내도록 한다.

(7) 이야기 속의 숨겨진 경험

내담자에게는 이야기 속에 포함되지 않은, 겉으로 발화되지 않은 숨겨진 삶의 경험이 존재한다는 것을 인지하도록 한다. 이는 내담자의 숨겨진 이야기를 발굴하고, 그들이 자신의 경험을 더 명확하게 이해하고 표현할 수 있도록 돕는 과정을 의미한다. 상담자는 내담자의 언어적 능력과 자기정체성의 발전을 지원하여 내담자가 보다 의미 있는 이야기를 구성하고 자신의 경험을 탐색할 수 있도록 한다.

• 은유로서의 정체성

인간은 자신이 누구인지 또는 자신이 살아온 삶의 경험이 어땠으며 자신이 추구하는 미래가 어떤 모습인지 다른 사람에게 말하고 싶어 한다. 이때 사용하는 언어 중 하나가 은유(metaphor)이다. 은유란 실물 자체가 아니라 실물을 지칭하는 일종의 상징에 해당한다. 언어를 통한 대화와 소통에 있어서 실물을 직접 지칭하는 경우는 오히려 드물고 대부분의 대화는 은유를 통해 비유적으로 표현되는 경우가 더 많다. 법리적 과학적 논증이 필요한 대화가 아닌 한 일상에서의 대화에서 은유는 매우 활발하게 활용된다. 특히 자신의 경험과 삶의 추억과 같은 개인과 가족의 진술에 있어서는 더욱 언어의 은유적 사용이 빈번하다.

은유는 일종의 지도와 같다. 지도가 필요한 정보만을 제공하고 실제 존재하는 모든 것을 표시하고 있지 않은 것처럼 인간의 정신세계 또한 모든 경험과 기억을 담을 수 없으므로 은유를 통해 개별적으로 편집된 기억을 만들어 저장되는 것이다(김용태, 2000). 그렇기 때문에 같은 집에서 자란 형제자매들 사이에서도 다른 정체성을 갖게 되는 것이다. 그러므로 인간의 경험과 기억은 이야기로 존재하며 그 이야기의 대부분은 은유로서 각인된다. 이는 개인의 정체성은 결국 은유로서의 정체성이라는 것을 의미한다.

3. 상담목표

이야기 가족치료의 단기적인 목표는 가족이 호소하는 문제 증상을 감소시키는 데 초점을 둔다. 궁극적인 목표는 가족 스스로 자신들이 지향하는 방향으로 자기 자신과 가족의 이야기를 서술할 수 있게 하는 데 있다. 이때 내담자와 가족 구성원 사이에 목표가 상반되는 경우가 종종 있다. 이러한 경우에는 서로 다른 목표를 억지로 하나로 통합하거나 제한하는 대신, 서로 다른 목표를 충분히 수용하는 것이 중요하다. 이는 가족이 개인적인 이야기를 갖고 있으며, 가족 구성원들도 가족의 어려움에 대해 각자 자신만의 설명을 갖고 있다는 사실을 인지한다. 각 개인의 이야기는 그 자체로 고유하며, 내담자를 포함한 모든 사람의 이야기가 절대적인 진리가 아니라는 것을 이해해야 한다.

즉, 가족 구성원들의 목표와 이야기는 다양하고 상이할 수 있으며, 이를 존중하고 수용하는 것이 중요하다. 이는 각 개인의 고유한 경험과 관점을 존중하고, 상호 간의 이해와 협력을 통해 가족의 다양성을 인정하는 방향으로 접근한다. 내담자와 가족 구성원들의 서로 다른 목표와 이야기를 공존시키며, 상호 간의 대화와 타협을 통해 함께 성장하고 발전하는 것을 목표로 한다 (Bruner, 1986).

화이트는 이야기 치료의 목표로서 다음과 같은 사항을 제시하였다.

① 내담자의 부정적인 사실을 다시 구성하도록 도우며, 새로운 시각과 해석을 제공한다.

② 내담자가 자신의 생활과 정체성에 대한 결론을 강화하고, 자신의 예외적인 경험과 풍부한 이야기를 발견하고 표현할 수 있도록 도움을 준다.

③ 내담자가 자신의 생활에서 나오는 풍성한 이야기를 자신의 언어로 자유롭게 표현하고 발휘할 수 있도록 지원한다.

④ 내담자가 자신의 과거에 갇히지 않고, 다른 사람이 될 수 있도록 돕는다.

⑤ 내담자가 협력과 연결을 통해 다른 사람들과 함께하는 것을 장려하고, 공동으로 새로운 이야기를 창조하는 것을 강조한다.

⑥ 내담자가 협력과 연결을 통해 다른 사람들과 함께하는 것을 적극적으로 지원하고, 함께 새로운 이야기를 공동으로 창조하는 것을 강조한다.

4. 상담과정 및 치료기법

1) 상담과정

이야기 가족치료의 상담과정은 나선형 구조로 비유할 수 있다. 이는 다음과 같은 단계로 이어지는데, 우선 해체 과정이 필요하다. 문제의 경청과 해체, 독특한 결과의 해체, 대안적 이야기 구축, 대안적 정체성 구축의 순서로 진행된다.

상담과정에서는 먼저 사람과 문제를 분리하고, 문제의 내력과 문제를 둘러싼 사회적 맥락을 탐색한다. 내담자가 문제를 해결하기 위하여 사용해 온 방식과 사회문화적 관행과의 관계를 인식할 수 있도록 돕는다. 다음 단계에서는 내담자가 사회적 관행에서 벗어나려는 의지와 책임감을 확인하고, 가족의 문제해결 지식과 기술을 발견하도록 도출한다.

이 과정에서는 새롭게 파악된 지식이 어떻게 사용되었는지 구체적인 사건이나 에피소드를 모으고 탐색한다. 이를 통해 내담자와 가족들이 추구하는 가치와 신념을 드러내고, 내담자가 가족에 대하여 대안적인 정체성을 새롭게 구성할 수 있도록 기회를 제공한다.

이야기 가족치료의 과정을 단계별로 간략히 정리하면 다음과 같다.

① 1단계: 문제의 경청과 해체

- 가족의 문제 이야기 경청하기
- 문제의 외재화
- 문제의 영향력 탐색
- 문제의 영향력 평가
- 평가의 정당화

예시

내담자가 "가족과 자꾸 싸워서 너무 힘들어요."라고 말할 때, 상담자는 그 문제를 가족 안의 '싸움'이라는 독립된 존재로 분리(외재화)한다.
상담자: "가족 사이에 싸움이 얼마나 당신 삶에 영향을 주나요?"
내담자: "정말 스트레스가 많고 잠도 잘 못 자요."
상담자는 그 문제의 영향력을 탐색하고 평가하면서, "이 싸움이 당신에게 얼마나 큰 부담인지 이해합니다."라고 정당화한다.

② 2단계: 독특한 결과의 해체

- 평가의 정당화
- 독특한 결과의 영향력 탐색
- 독특한 결과의 영향력 평가
- 독특한 결과의 외재화
- 독특한 결과의 경청

예시

내담자가 "가끔은 서로 조용히 앉아 이야기할 때도 있어요."라고 말할 때, 상담자는 이 '독특한 결과'에 주목한다.
상담자: "그런 평화로운 순간들은 얼마나 자주 있나요? 그리고 그때 당신은 어떤 역할을 하셨나요?"
내담자: "한 달에 한두 번 정도요. 그때는 제가 먼저 말을 걸곤 했어요."
상담자는 이 긍정적 경험을 외재화하고, 내담자가 문제의 영향력 밖에서 긍정적인 변화를 만들어낸 점을 평가한다.

③ 3단계: 대안적 이야기 구축: 재저작과 스캐폴딩

- 정체성, 지향상태 탐색, 행동 탐색(과거, 현재, 미래)
- 행동영역 질문과 정체적 영역 질문

예시

상담자가 "그 평화로운 순간들이 당신과 가족에게 어떤 의미가 있나요? 앞으로 그런 순간을 더 만들고 싶나요?"라고 묻는다.
내담자는 "네, 가족과 더 자주 이야기하며 서로를 이해하고 싶어요."라고 답한다.
상담자는 내담자의 바람과 과거·현재·미래 행동을 탐색하며, "가족과 대화를 시작하는 당신의 모습이 정말 인상적이에요. 앞으로도 그런 행동을 이어갈 수 있겠네요."라고 스캐폴딩(지지와 격려)을 제공한다.

④ 4단계: 대안적 정체성의 구축

- 의미 있는 대상의 설정
- 내담자의 기여탐색
- 말하기
- 다시 말하기
- 다시 말하기 (2차)
- 다시 말하기 (3차)

예시

상담자가 "가족과 평화롭게 소통하는 당신의 모습이 당신 자신에게 어떤 의미를 가지나요?"라고 질문한다.
내담자는 "저는 이제 가족을 지키는 사람이라고 생각해요."라고 말한다.
상담자는 이를 다시 말하며, "당신은 가족을 화합시키는 중요한 역할을 하고 있네요. 정말 대단합니다."라고 칭찬한다.
이 과정을 여러 차례 반복하면서, 내담자가 자신에 대해 긍정적이고 강한 정체성을 형성하도록 돕는다.

위와 같은 과정을 거쳐 내담자와 주변 사람들이 가족에 대하여 대안적 정체성을 새롭게 구성하는 기회를 제공하게 되는데 치료자가 단독으로 진행하는 회기는 50~60분 정도 걸리고, 외부 증인집단을 활용하는 경우에는 2시간 정도 소요된다. 외부 증인은 시간이 오래 걸리지만 더 큰 성과가 있으며, 상담회기를 단축시키는 효과가 있다.

2) 치료기법

(1) 문제의 외재화(externalization)

이야기 가족치료를 진행하는 치료자는 내담자와 가족을 문제로 보지 않고, 문제를 문제라고 본다(White, 1989). 이것이 '문제의 외재화(externalization)'인데, 가족이 당면한 문제를 이끌어내어 표면화시키는 것을 의미한다. 삶은 문제와 관련되어 있으며, 삶을 문제와 같이 보아서는 안 된다는 것이다. 사람들이 경험하고 있는 문제들을 객관화시키고 구체화시키는 치료적 접근법에 해당한다. 가족을 문제에 의해 지배되는 이야기로부터 해방시키기 위해 가족 내부에 있는 문제를 외부로 표면화시키는 의인화 기법이다(유옥, 2021). 이는 문제를 정신적인 이상이나 성격적인 특성으로 귀속시키는 것을 경계하고, 대신 문제를 상황이나 대인관계의 결과로 이해하고 분리하여 대화하는 방법이다. 이 접근법은 가족의 문제를 그들의 개인적인 정체성과 분리시켜서 이해하고 해결하는 것을 목표로 한다. 이를 통해 가족은 각 개인의 문제를 외부적인 요인과 상호작용으로 인식하고, 그들의 개인적인 정체성과 자아를 유지할 수 있다. 이러한 방법은 가족구성원들의 정신적인 부담을 경감시키고, 보다 건강하고 긍정적인 가족관계와 사회적 관계의 상황 조성에 도움을 줄 수 있다.

문제의 외재화를 위해서는 주로 질문기법이 활용된다. 질문을 통해 내재화되어 있던 문제를 밖으로 끄집어내어 대상화하는 것이다.

예시

치료자: 너는 자신감이 없는 것 같구나. 너의 그런 마음에 이름을 붙인다면 어떤 이름을 붙여줄 수 있을까?
아 동: 자신감 스펀지요. 이것이 저의 자신감을 흡수해요.

이 기법은 안전하고 창의적인 방식을 제공하여 자신의 문제에 대해 어려움 없이 이야기하고 표현할 수 있도록 도와주어야 하는데 이때 문제의 이름은 내담자의 경험과 일치하여야 하며, 내담자가 능동적으로 참여해야 한다. 아동의 경우 그림, 만들기, 인형 등을 통해 문제를 표현하는 것은 내담자의 무의식적인 측면을 드러내고, 대화를 촉진하며 문제를 해결하는 데 도움을 줄 수 있다. 이때 '자신감 스펀지'와 같이 내담자가 스스로 문제의 이름을 붙이고 이를 말이나 그림과 같이 다양한 표현을 하도록 한다. 이는 과테말라에서 전해져 내려오는 마야문명의 전통인 '걱정 인형'과 유사하다. 걱정 인형을 소유하고 있다면 인형에게 자신의 걱정을 전달하고, 걱정 인형이 그 걱정을 대신 지니고 해결해주기를 바라는 것이다.

예시

- 문제의 내재화: 저는 우울해서 공부에 집중할 수가 없어요.
- 문제의 외재화: 우울한 마음 때문에 공부가 잘 안되는구나.
- 문제의 내재화: 저는 강박적 성향을 가지고 있어요.
- 문제의 외재화: 무엇이든 잘해야 한다는 생각이 너를 힘들게 하고 있구나.

문제의 내재화는 내담자가 내면에 가지고 있는 어떤 감정이나 갈등을 외부로 표현하지 않고 내면에 머무르게 되는 상황이다. 예를 들어, 가족 중 한 사람이 내부에 자신을 가둬두고 어떤 고민이나 불안을 표출하지 않는 것이다. 이때 치료자는 문제의 내재화를 해체하고 내면의 감정을 탐색하며, 이를 외부에 표현하도록 도와주어야 한다.

문제의 외재화는 내담자와 가족의 문제를 외부로 표현하여 문제를 확인하고 가족과 분리하는 과정이다. 예를 들어, 누군가를 알코올 중독자로 분류하는 것과 알코올이 삶을 침범했다고 생각하는 것 사이에는 분명한 차이가 있다. 문제의 외재화를 통해 문제를 구체화하고 객관화할 수 있으며, 문제와의 거리를 두고 관찰하며 희망적인 해결 방안을 모색할 수 있게 된다.

이러한 내재화와 외재화는 이야기 가족치료에서 가족과의 상호작용과 공동작업을 통해 이루어지며, 가족의 문제를 보다 명확하게 이해함으로써 해결할 수 있는 기회를 제공한다. 이를 통해 가족의 구성원들은 내면에 갇혀있던 문제를 외부에 표현하고 탐색함으로써 새로운 인사이트와 변화를 경험할 수 있다.

문제의 영향력 탐색과 평가를 위한 질문 몇 가지를 제시하면 다음과 같다.

- 문제를 외부에 표현한다면, 그것은 어떤 모습일까요?
- 문제를 상징하는 색깔, 모양 또는 이미지는 무엇일까요?
- 문제의 크기나 무게를 상상해보면, 어떤 느낌이 드나요?
- 문제를 그림으로 그린다면, 어떤 요소가 포함되어야 할까요?
- 문제와 당신의 관계에서 중요한 캐릭터는 누구일까요? 그 캐릭터의 역할은 무엇인가요?
- 문제가 무엇인지 외부에 표현할 수 있는 물건이 있다면, 그것은 무엇일까요?
- '우울'이 어떤 식으로 당신이 가족들과 멀어지게 했나요?
- 언제 '갈등'이 아버지와 당신 사이를 갈라놓았나요?
- 이 문제와 당신이 처음 만난 것은 언제인가요?

이러한 질문들은 문제의 영향력을 탐색하거나 문제의 영향력을 평가할 때도 할 수 있다. 이는 문제를 외부에 표현하고 그를 구체화하는 데 도움을 주며, 문제에 대한 이해와 해결을 촉진하는 데 활용될 수 있다. 상황에 따라 적절한 질문을 선택하여 가족구성원이 자신들의 이야기를 자유롭고 솔직하게 표현할 수 있도록 돕는 것이 중요하다.

(2) 독특한 결과 찾기

가족구성원들은 이야기 가족치료를 통해 기존의 지배적인 구도에서 벗어나고, 새로운 의미를 부여받지 않은 경험을 할 것이다. 이러한 사건들은 독특한 결과로서 무시되었던 것들인데, 생활 경험에서 필수적이며 예측할 수 없는 중요한 측면을 갖고 있다. 이는 기존의 지배적인 이야기에서 예측하기 힘든 새로운 면을 나타낸다.

예시

- 우울의 바다에 빠진 적 있니? 그때 너는 어떻게 헤어져 나왔니? 우울이 너를 삼키려고 할 때 넌 어떻게 저항했니?
- 남편이 게으름과 싸워 이긴다면 가장 놀랄 사람은 누구인가요?
- 강박증이 당신을 꼼짝 못 하게 하고 있을 때 어떻게 벗어날 수 있었나요?

독특한 결과는 과거나 현재에서 발견되는 경우도 많지만 미래를 가정할 수도 있다. 많은 독특한 결과가 내담자로 하여금 변화 가능하다는 것을 찾을 수 있게 하고 새로운 삶에 새로운 견해를 제공한다(White, 1992).

(3) 대안적 이야기와 재저작

가족들의 삶의 이야기를 다시 쓰는 작업을 재저작이라고 한다. 이 작업은 독특한 결과로부터 출발한다. 독특한 결과를 통하여 내담자가 새로운 이야기를 창작할 수 있도록 한다. 따라서 치료자는 독특한 결과와 연관된 사건을 찾아내어, 치료과정에서는 현재 직면한 문제에 대한 대안적인 이야기가 시간의 흐름 속에서 특정한 재구성을 갖도록 도움을 준다. 이를 통해 가족들은 문제에 대한 돌파구를 마련하고 미래의 행보에 대한 이야기를 풀어낼 수 있게 된다. 내담자가 문제를 계속 안고 살 것인지 새로운 이야기를 창조할 것인지를 선택하는 시점은 대화의 전환점이다. 치료자는 가능성 있는 질문들을 통해 내담자와 함께 미래에 초점을 두고 대화하고자 한다.

예시

- 당신이 두려움에 맞설 수 있다는 것을 남편이 알게 되면 남편과의 관계에 영향을 미치게 되나요?
- 화가 당신을 덜 지배하게 된다면 그다음 어떻게 하실 건가요?

(4) 빈약한 서술

이야기 가족치료에서의 "빈약한 서술 찾기"는 가족구성원의 문제를 설명하거나 해석하는 것보다는 그들의 이야기를 적절하게 표현하는 데 집중하는 접근방식이다. 이는 이야기를 최대한 존중하고, 그들이 자신의 경험을 더욱 정확하게 이해하고 표현할 수 있도록 돕기 위한 것이다. 빈약한 서술 찾기는 가족들이 자신들의 상황을 충분히 밝힐 수 있는 여유를 얻지 못할 때 나타나는 현상이다. 이로 인해 그들이 겪는 문제적 경험은 자신들을 제한하고, 타인들에 의해 왜곡된 자아를 받아들여 자신의 삶을 제한하게 된다. 이때, 자신의 행위와 정체성을 빈약한 서술로 받아들이기도 한다. 치료자는 말하는 사람의 언어와 이야기에서 힌트나 단서를 찾아내어, 그들의 이야기를 더욱 풍부하게 만들어주는 역할을 해야 한다. 치료자는 그들의 말에 주목하고, 표현하지 않은 측면이나 의미를 파악하기 위해 귀를 기울인다. 또한 사용하는 언어와 표현 방식을 주시하면서, 그들의 이야기에서 빠진 부분이나 숨겨진 의도를 찾아내려고 노력해야 한다.

빈약한 서술 찾기를 통해 내담자는 자신의 경험을 더욱 정확하게 표현하고 이해할 수 있게 된다. 이는 자신의 자기인식을 높이고, 문제를 더 명확하게 이해하며, 새로운 인 사이트를 얻는 데 도움이 된다. 이를 통해 가족과 치료자는 더 의미 있는 대화를 이어나갈 수 있고, 문제를 효과적으로 탐구하고 해결할 수 있게 된다.

(5) 회원재구성(re-membering)

회원재구성이란 은유는 문화 인류학자인 마이어 호프(1986)의 연구에서 유래되었는데, 화이트는 자신의 접근법에서 인생을 회원으로 구성된 클럽으로 비유하고, 개인의 정체성 형성은 타인과의 관계를 통해 형성되는 과정이라고 생각했다. 그는 개인이 타인과의 상호작용과 소통을 통해 자신의 정체성을 발전시키고 탐색하는 것으로 보았다(White, 2004). 즉, 삶에 있어 소속감을 활용하여 자신의 개인력에서 중요한 인물과의 관계를 중요한 정체성과 연결시키려고 하였다. 여기서 삶 속에서 중요한 사람이 생각나지 않을 때 책을 통하여 접하게 되는 존경하는 사람을 내 삶의 클럽 회원으로 초대하여 대화할 수도 있다.

예시

- 당신의 삶에서 당신에게 가장 관심을 가져준 사람은 누구인가요?
- 그 사람은 당신에게 어떤 관심을 보여주었나요?
- 그분이 당신에게 관심을 보여준 이유는 무엇이라고 생각하세요?

(6) 정의예식(Definitional Ceremony)

외부 증인으로 선발된 사람 앞에서 내담자 본인의 삶에 대해 이야기한 후 재현해보는 것이다. 외부 증인은 내담자의 이야기를 듣고 특정 양식에 맞추어 다시 말하기로 응답하며 마음에 와 닿는 표현이나 생각나는 자신의 경험 등에 대하여 이야기 나눈다. 그리고 말하기에 들었던 것에 대하여 내담자가 다시 이야기하기를 해봄으로써 조금 더 풍부한 묘사가 이루어지게 되는데 이때 내담자는 흔히 말하는 긍정적 정체성을 발견하게 되는 것이다. 즉, 청중이 교대로 바뀌는 구조이다.

정의예식의 구조는 다음과 같다.

- **말하기**: 정의예식의 주연인 내담자가 본인에게 있어 의미 있었던 삶의 이야기를 외부 증인에게 말한다.

예시

내담자가 자신의 삶에서 의미 있었던 경험을 이야기한다.
예: "제가 어릴 때 어려운 환경에서도 가족을 위해 열심히 공부하고 일했던 기억이 있어요. 그 과정에서 포기하지 않고 노력했던 순간들이 제 인생에서 가장 소중해요."

- **다시 말하기(외부 증인)**: 외부 증인은 내담자의 이야기 가운데 인상 깊었던 것에 대하여 다시 말하기를 실시한다.

예시

외부 증인이 내담자의 이야기 중 인상 깊은 부분을 다시 말한다.
예: "당신이 힘든 환경 속에서도 가족을 위해 포기하지 않고 꾸준히 노력한 모습이 정말 감동적이에요. 그런 끈기는 쉽게 얻어지는 것이 아니죠."

- 다시 말하기에 대한 다시 말하기(내담자): 외부 증인의 다시 말하기를 들은 후 내담자가 그에 대하여 다시 말하기를 한다.

> **예시**
>
> 내담자가 외부 증인의 말을 듣고 자신의 생각이나 느낌을 다시 말한다.
>
> 예: "그렇게 말해주니까 저도 그 시절을 다시 생각하게 되고, 그때 제가 정말 강했구나 싶어요. 때로는 힘들었지만 그 경험이 저를 지금의 저로 만들었네요."

- 다시 말하기 (외부 증인): 외부 증인이 내담자의 말을 듣고 다시 한번 이야기하며 의미를 확장시킨다.

> **예시**
>
> 예: "그 강인함이 지금의 당신을 지탱해 주는 힘이군요. 그런 힘이 있기에 앞으로 어떤 어려움도 이겨낼 수 있을 거라 믿어요."

외부 증인은 문화 인류학자인 마이어 호프가 처음 소개한 것으로 1970년대 중반의 로스앤젤레스와 베니스의 유대인계 노인을 대상으로 했던 정체성 프로젝트에서 거론되었다. 이 프로젝트는 공동체 구성원들이 모여 일종의 전통적 의식적인 회합을 가지며, 그들의 삶을 이야기하고 전통적인 의식을 실천할 수 있는 기회를 제공하였다. 이 과정에서 구성원들은 자신들의 정체감, 정체성, 가치, 생명력을 탐색하고 회복할 수 있는 기회를 가졌다.

이러한 외부 증인 과정은 가족구성원들이 서로를 존중하고 이해하는 데 도움이 되며, 공동체의 정체성과 유대감을 강화시키는 데 기여한다. 구성원들은 자신의 경험과 이야기를 공유함으로써 상호적인 관계를 형성하고, 문화적, 역사적인 배경을 공유하며 자기 식별과 자기인식을 강화하게 된다. 이를 통해 구성원들은 자신들의 고유한 정체성을 발견하고, 가족공동체의 가치와 생명력을 더욱 의식하게 된다.

정의예식에 앞서 외부 증인들에게 주는 지침은 다음과 같다.

- 주인공의 이야기 중 특정 부분을 인정해준다.
- 이야기를 듣고 나서 다시 말할 때, 상대방의 이야기와 연관된 표현이 내게 와 닿은 이유와 그 표현이 어떤 이미지를 떠올리게 하는지, 그리고 그 표현이 나에게 어떤 영향을 미쳤는지를 설명한다. 이때, 자신의 이야기를 강요하지 않고, 타인의 삶에 대한 의견, 판단, 충고, 설명 등의 일상적인 반응을 하지 않는다.

(7) 인증을 위한 문서 활용

치료자는 가족의 변화를 촉진하기 위해 다양한 형태의 문서와 글쓰기를 치료과정에 활용한다. 이는 문제에 굴복하지 않고 성취한 부분을 인정하고, 개인의 스토리에 대한 긍정적인 이야기를 강조하기 위한 목적으로 사용하기도 한다. 또한, 상담기관이나 관련 기관에서 작성된 인증서를 통해 내담자에게 칭찬과 인정의 메시지를 전달하기도 한다. 최근에는 생명존중에 대한 예방교육이 도입되어 이를 통해 생명존중의 가치를 이해하고 실천할 수 있도록 돕는다. 생명존중에 대한 교육은 내담자가 자신과 다른 사람, 환경의 존엄성과 가치를 인식하고 존중하는 데 중점을 두며, 이를 위해 가족들에게 생명존중에 대한 서약을 받게 되는데 이때 사용하는 것도 한 가지 예라고 할 수 있다.

생명존중 서약서

나 ____________는

나의 삶을 건강하고 아름답게 만들기 위해
아래와 같이 생명 존중 서약을 합니다.

1. 나는 **나의 생명을 존중하고 사랑**하며 어떠한 경우에도 **자살로 생을 마감하지 않을** 것입니다.

2. 나는 어떤 힘든 상황에 처해 있을 때 **삶을 포기하지 않고 주위에 알려 적극적으로 도움**을 받겠습니다.

3. 나는 **내 몸과 마음의 건강**을 위해 **충분한 수면과 휴식**을 취하도록 노력하겠습니다.

4. 나는 **삶의 위기를 인생의 한 부분으로 받아**들이며, 어떠한 위기의 순간에도 **내 생명을 지킬 것을 서약**합니다.

년　　월　　일

서 약 자 ____________ (서 명)

증　　인 ____________ (서 명)

13 Chapter

가족상담사례

1. 사례분석 I

1) 보웬의 관점에서 본 사례분석: 기질 및 성격검사 실시

(1) 내담자: 나여리(12세), 장녀

또래보다 마른 체격에 말을 할 때 자신 없는 표정을 지으며 상담자의 눈치를 살피며 말을 한다. 항상 불안과 걱정이 많고 모든 일에 소심하게 대처한다. 아버지는 나여리가 아버지의 대를 이어받아 의사가 되기를 원하고 있으나 나여리에게는 그 부분이 상당히 부담으로 작용하고 있다.

학원을 다니지 않고 매일 저녁 아버지에게 과외를 받으며 공부를 하고 있다. 자신이 공부를 잘 할 때 아버지의 표정과 그렇지 못할 때 아버지의 표정을 항상 살피며 초조해한다.

학교숙제를 할 때도 '어떻게 숙제를 끝낼 수 있지'라고 생각하며 불안해하고 어머니가 옆에 있어야 숙제를 할 수 있다. 또래 아동들이 얼마나 선행학습을 했느냐에 관심이 많고 자신은 뒤처지고 있다는 것에 대한 긴장감이 항상 크다.

TCI-RS 프로파일

TCI-RS	척도	원점수	T점수	백분위	30 백분위 그래프 70
기질	자극추구(NS)	18	40	14	14 NS
	위험회피(HA)	41	56	70	HA 70
	사회적 민감성(RD)	54	64	91	RD 91
	인내력(PS)	31	38	9	9 PS
성격	자율성(SD)	51	53	61	SD 61
	연대감(CO)	56	50	48	48 CO
	자기초월(ST)	34	57	77	ST 77
	자율성+연대감(SC)	107	52	56	

외부자극에 둔감한 편이며 호기심이나 열정이 적은 편이다. 모든 일에 자신이 잘 할 수 있을까 하는 불안이 항상 많고 사회적인 관계에서 아주 민감하기 때문에 친구관계나 혹은 학교에서 선생님의 눈치를 많이 보고 조그만 일에도 스트레스를 많이 받는 편이다. 인내력이 낮아 자신의 불안을 스스로 조절하기 어렵다.

(2) 나당당(46세): 의사, 불교

의사이고 명문대를 졸업하였고 항상 전교 1등을 유지했다고 한다. 어릴 때 공부를 못하면 맞고 자라서 원가족과의 사이가 좋지 않으며 특히 어머니와 경직된 관계이다. 내향적인 성격이고 사람들과 대화하고 함께 어울리는 것에 불편감이 있다.

자신감이 많고 유능감이 높은 편이다. 나여리 딸의 완벽한 과외공부를 위해서 교과서와 참고서를 구입하여 퇴근하고 밤 시간에 집에서 혼자 공부를 하고 딸에게 공부를 가르쳐주고 있다. 작은딸은 밝고 명랑한 성격이며 똑똑한 편이어서 마음속에 작은딸과 큰딸에 대한 비교하는 마음이 은근히 있다.

TCI-RS 프로파일

TCI-RS	척도	원점수	T점수	백분위
기질	자극추구(NS)	22	44	27
	위험회피(HA)	25	40	15
	사회적 민감성(RD)	42	49	44
	인내력(PS)	52	58	79
성격	자율성(SD)	58	60	84
	연대감(CO)	64	59	80
	자기초월(ST)	46	68	95
	자율성+연대감(SC)	122	60	88

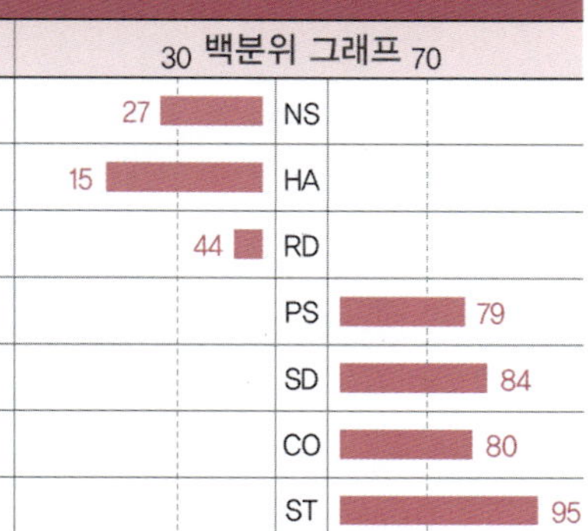

의지가 강하고 자율성이 높아 마음먹은 것은 해내고야 마는 성격이다. 연대감이 높지만 사회적인 관계에 별로 관심이 없고 사람들과 어울리는 것을 별로 좋아하지 않는다. 오히려 타인에 대한 공감능력이 조금 떨어지는데 직업적으로 환자들과의 관계를 잘 유지하려고 노력하는 것으로 인해 연대감이 높은 것으로 나타난 것으로 보인다.

(3) 이소심(39세): 주부

내향적인 성격이며 안정적인 것을 좋아하고 일어나지 않은 일에 대한 예기불안이 높아 항상 걱정이 많다. 사회적인 관계에서 민감하여 사람들과의 관계에서 스트레스가 발생하면 힘들어한다. 인내력이 낮아 사람들과의 스트레스에 대하여 이겨낼 힘이 부족하고 의존적이며 수동적인 성향이 있다.

사람들과 어울리는 것을 별로 좋아하지 않고 모임에서 사람들의 눈치를 많이 살피며 자신이 혹시 모임에 해가 되지 않을까 걱정하는 편이다.

나여리가 항상 불안해하는 것 때문에 어머니도 딸의 걱정으로 더욱 불안함을 느끼며 자신이 어떻게 해야 할지 몰라 당황할 때가 많이 있다.

가정에 대한 책임감은 강하나 자기수용과 자기일치가 낮고 삶에 대한 목적의식이 낮고 남편에게 많이 의지하며 살아간다.

JTCI 7-11 프로파일

JTCI 7-11	척도	원점수	T점수	백분위	30 백분위 그래프 70
기질	자극추구(NS)	21	51	53	NS 53
	위험회피(HA)	46	78	100	HA 100
	사회적 민감성(RD)	38	63	89	RD 89
	인내력(PS)	23	47	35	35 PS
성격	자율성(SD)	21	31	3	3 SD
	연대감(CO)	36	51	46	46 CO
	자기초월(ST)	11	46	33	33 ST
	자율성+연대감(SC)	57	40	16	

(4) 나이뻐(10세): 학생

활발한 성격이며 매사에 자신감이 넘치며 자신은 예쁘고 똑똑하며 모든 사람들에게 인기가 많은 사람이라고 생각한다. 세상이 온통 호기심 천국이어서 모든 일에 적극적이며 하고 싶은 것 갖고 싶은 것이 많다.

충동성이 강하여 자신이 가지고 싶은 것은 바로 가지고 싶어 하며 자유분방하고 즉흥적인 면이 있다. 낙천적이고 불확실한 것에 대한 두려움이 없어 마음먹은 대로 하는 성격이다. 사회적 관계에서 감수성이 낮아 다른 사람에 대한 공감능력이 떨어지며 타인에 대하여 신경 쓰지 않는 편이다.

끈기가 있고 근면하며 성취에 대한 야망이 높으며 완벽주의적인 성향을 가지고 있다. 자율성이 높아 책임감이 많고 자기수용과 자기일치가 높다.

연대감이 다소 부족하여 타인에 대한 수용이 적어 나여리와 잘 싸우며 나여리를 무시하는 경향이 있다.

JTCI 7-11 프로파일

JTCI 7-11	척도	원점수	T점수	백분위	30 백분위 그래프 70
기질	자극추구(NS)	31	63	89	NS 89
	위험회피(HA)	16	43	25	25 HA
	사회적 민감성(RD)	20	35	7	7 RD
	인내력(PS)	37	66	94	PS 94
성격	자율성(SD)	37	57	71	SD 71
	연대감(CO)	14	19	0	0 CO
	자기초월(ST)	19	60	82	ST 82
	자율성+연대감(SC)	51	35	7	

2) 가족문제 분석

(1) 자아분화의 관점

아버지는 딸 나여리를 의대에 보내어 의사 집안을 만드는 것이 꿈이다. 집안의 기대에 부응하기 위해 나여리 역시 의대를 가기를 간절히 소망하지만 자신감이 부족하여 점차 불안을 느낀다. 나여리는 의사가 되는 것은 부모님의 기대뿐만 아니라 자신도 간절히 바라는 꿈이라고 여기고 자신과 부모를 분리하지 못하여 가족관계 측면에서 자아가 분화되지 못하였다. 어머니 역시 나여리를 의대 합격은 자신의 가치를 입증할 수단이며 자신이 한층 더 업그레이드된다고 생각하며 딸과 자신을 분리시키지 못하여 낮은 분화수준을 보이므로 모녀는 미분화된 모습을 보인다. 한편 아버지는 나여리와 공부를 하면서 나여리에게 희망이 없다는 것을 차츰 깨닫게 되어 똑똑하고 매사에 적극적인 자신의 성향을 닮은 둘째 딸에게 기대를 하며 의대를 가기를 희망하는 메시지를 전하고 있어 분화의 또 다른 문제점을 일으키고 있다.

(2) 가족투사관점

나여리의 어머니 이소심은 원가족과의 관계에서 어머니에게 '너는 참 잘하는 게 없다. 그냥 하라는 대로 해라. 꼭 의사 집안에 시집보낼 거니까 얌전하게 있어라' 하는 말을 듣고 자랐다. 이소심의 어머니는 남편이 무능하다고 여겼고 부부관계가 좋지 않았으나 부동산으로 많은 돈을 벌어 경제적인 여유가 있었다. 어머니는 이소심이 자신과는 다른 삶을 살고 많은 것을 누리며 살기를 소망하여 딸들의 교육과 결혼에 매진하였다. 이소심을 통해서 사회적으로 인정받는 유능한 남편에 대한 자기 소원을 이루고자 하여 이소심을 의사집안에 시집을 보냈다.

(3) 다세대 전수관점

나여리의 아버지는 자신의 대를 이어 딸이 의사가 되기를 바라고 있다. 또한 이소심의 어머니도 손녀가 의사가 된다면 자신이 한층 더 업그레이드된다고 생각하고 있어 나여리에게 '넌 의사가 되어야 하니까 공부 열심히 해라. 너희 아버지를 본받아야지. 그래야 착한 딸이지' 손녀인 나여리에게 투사하는 모습을 자주 보였다.

3) 가족문제에 대한 상담 및 치료

(1) 나여리

- 미술치료, 음악치료, 놀이치료를 통해 불안한 정서적 감정을 표출해 낼 수 있도록 도왔으며 자기수용을 이끌어냈다. 결과물을 도출하는 활동을 통해 자기효능감을 높이는 활동을 하였다.
- 자신이 느끼고 있는 불안의 실체에 대한 파악을 할 수 있도록 도왔으며 나당당 아버지와의 공부보다는 학원을 다니는 것으로 권유하였다.
- 동생과의 싸움에서 늘 피해자의 역할을 한 자신을 객관화하여 볼 수 있도록 하였으며 동생과 함께 잘 지내는 방법에 대한 제시를 하였으며 동생 나이뻐와 함께 상담실에서 놀이를 통한 상담치료를 하였다.
- 학교에서 발표가 있을 때 불안해서 잠을 못 자는 나여리에게 상담실에서 발표연습을 해보는 시간을 가짐으로 인해 불안에 대한 대처방법에 대하여 상담하였다.
- 진로탐색을 통해 직업에 대한 이해도를 높이고 자신에게 알맞은 직업은 어떤 것이 있는지 알아보는 기회를 제공하였다.

(2) 이소심

- 부모양육코칭을 하였으며 다세대전수과정과 가족투사에 대하여 자기이해와 통찰을 할 수 있도록 도왔으며 어머니의 높은 불안감이 나여리에게 많은 영향을 미친다는 것을 알게 하여 이소심의 불안에 대한 근거와 논리성을 가지고 접근하였다.
- 딸에 대한 과도한 기대가 딸을 더욱 불안하게 만들고 있다는 것에 알려주고 딸이 부모가 원하는 직업이 아니라 자신이 원하는 삶은 어떤 것인지에 대한 충분한 대화를 나눔으로 인해 딸의 정서와 접촉할 수 있도록 하였다. 잘산다는 것에 대한 기준을 사회적인 잣대에 두지 말고 개인의 삶의 행복에 기준점을 둘 수 있는 상담을 하였다.
- 자신의 어머니에게 강요당했던 삶이 어떠하였는지에 대하여 생각해보고 현재 자신이 자녀에게 또다시 대물림하고 있는 것에 대한 자기통찰을 할 수 있도록 도왔다.
- 상담한 내용은 남편 나당당과 함께 이야기 나누도록 하여 나당당이 나여리에게 가지는 과도한 기대를 낮출 수 있도록 하였다.

2. 사례분석 II

1) 가족상담 사례분석

(1) 내담자: 이순진(32세)

쌍둥이 아들(5세)이 있으며 지금의 남편과 이혼소송 진행 중이었으며 임신 4개월의 상태였다. 이전에 10개월 정도 우울로 인한 상담을 받은 적이 있으나 상담의 효과를 보지 못하여 상담에 대한 불신을 가지고 있다.

임신 중인데 우울을 호소하고 있고 과수면, 식욕부진, 우울, 무기력, 무활력을 경험하고 있는 상태였다.

이순진은 어릴 때 부모님의 이혼으로 인하여 할머니와 함께 살았는데 할머니가 갑자기 협심증으로 쓰러지자 겁이 나서 어떻게 해야 할지 몰라 근처에 사는 고모에게 도움을 요청하기 위하여 함께 살고 있던 사촌 여동생을 데리고 기찻길을 건너는데 사촌 여동생이 기찻길에서 사고가 나서 죽었다. 그 후 할머니는 내담자에게 "네가 ○○을 죽였다. 사람 잡아먹은 귀신이다. 네가 태어나서 집안이 망했다" 등 내담자에게 할머니의 한을 전부 쏟아내는 바람에 어린 시절 자신은 세상에 태어나지 말아야 할 존재라고 생각하며 살았다.

중학교 때 학교에서 항상 따돌림을 받았는데 한번은 따돌리는 학생들과 싸워 문제가 되었는데 그때 아버지가 와서 "네 잘못이다. 애들이나 싸움이나 하고 뭐가 되려고 그러냐. 그냥 집에서 밥이나 해라"라고 말했고, 그 뒤 학교를 자퇴하게 되었다.

결혼 후 남편과 시어머니 집에서 살게 되었는데 시어머니와 내담자는 항상 부딪히는 일이 발생하게 되어 가족들이 갈등상황에 놓이게 되었다. 특히 시어머니와 자녀 양육방식의 차이로 잦은 다툼이 일어났고, 이로 인해 이순진은 시어머니에게 아이들을 빼앗길 것 같은 느낌이 들어 적대감을 가지고 있었으며, 시어머니와 싸움을 하게 되면 물건을 집어 던지는 등의 폭력적인 행동을 보이기도 하였다. 이로 인해 가족 간의 잦은 갈등이 있게 되었으며 결국 남편이 내담자를 원망하며 이혼을 요구하였다. 이혼을 하면서 두 딸을 다시는 보지 않겠다는 각서를 쓰고 집을 나왔다고 하며 그 이후로 한 번도 본 적이 없다고 한다.

그 후 다시 두 번째 결혼을 하게 된다. 두 번째 남편은 자상하며 자신의 말을 잘 들어주고 아껴준다고 생각하여 결혼하였으나 능력은 물론이고 경제관념도 없어 내담자가 임신 중에도 아르바이트해서 생계를 이어나갈 만큼 가장으로서의 책임감이 없었다. 이혼 소송 중인 이유는 두 번째 남편하고 사이에서 태어난 쌍둥이에 대하여 너무 엄격한 양육방식을 고집하고 있어서 이혼을 결심했다고 한다. 또한 양육방식에 일관성이 없고 자신이 기분이 좋으면 자녀들과 잘 놀아주지만 기분이 나쁘면 작은 일에도 화를 내며 아이들을 불안하게 만들었다고 한다. 또한 조그만 잘못을 해도 어린아이임에도 불구하고 때린다든지 하는 행동을 하여 이혼을 결정하게 되었다.

첫 번째 결혼으로 인하여 두 딸을 잃은 것으로 인하여 내담자는 자녀에 대한 집착을 가지고 있다. 그래서 쌍둥이가 있는데도 불구하고 어려운 형편에도 또 임신을 하게 되었다. 어머니가 자신을 버림으로 인하여 할머니와 살게 되었고 그 결과 자신의 인생이 망가졌다고 생각하고 있기 때문에 자식에 대한 집착이 심한 것을 보였다.

남편과 이혼하면 쌍둥이는 물론이고 태어날 아기에 대한 구체적인 계획은 전혀 없는 상태이고 소송에서 이기면 양육비를 받아서 아이들을 키울 거라는 막연한 생각을 가지고 있다.

항상 비난받아 온 자신의 삶을 칭찬받는 삶으로 고쳐 살고 싶은 강한 욕망이 있다.

내담자 MMPI-2 심리검사 내용

척도	VRIN	TRIN	F	F(B)	F(P)	FBS	L	K	S
T점수	34	53	68	71	68	43	38	38	36

Hs	D	Hy	Pd	Mf	Pa	Pt	Sc	Ma	Si
67	79	56	81	39	75	72	84	53	76

- 내담자는 자존감이 낮고 내향성이 높다. 문제상황에 대하여 대처능력이 떨어지는 상태이다. 우울, 반사회성, 강박, 편집적 성격, 일반적인 사람들에 비해 사고의 결함이 있는 상태였다.
- 어릴 때 경험한 사건들로 인하여 여러 가지 심리적으로 불안을 느끼고 있는 상태로 보이며 사람을 믿지 못하고 스스로에 대한 기준이 높다.
- 어릴 때 할머니나 아버지로부터 부당한 대우를 받을 것으로 인하여 반항적인 성격형성이 이루어져 타인에게 적대감이나 반항적인 성격을 보인다.

(2) 내담자의 가족사항

- 어머니(51)－아버지와 이혼 후 혼자서 생활하였다. 이혼 당시 자녀들을 만나지 않겠다는 아버지와의 약속 때문에 자녀들을 만나지 못하고 연락조차 하지 못하고 살았다.
- 아버지(52)－술을 많이 마셨으며 폭력적인 행동을 하는 것으로 인하여 어머니와 이혼하였고, 그 후 내담자는 할머니 집으로 여동생은 다른 친척 집으로 또 남동생 역시 친척 집에 맡겨두고 혼자서 살았다.
- 여동생(29), 남동생(26)－동생들과 어릴 때 헤어진 후 한 번도 만나지 못했는데 할머니가 돌아가셔서 21살 때 만난 적이 있으나 이후로 한 번도 만난 적이 없는 상태이다.

- 첫 번째 남편(39세)—내담자가 17살 때 만난 24살의 남자였고 시댁에 살면서 여자아이 둘을 낳았으나 고부간의 갈등으로 인해 힘들어하던 중 이혼을 요구하였다.
- 두 번째 남편(35세)—뚜렷한 직업이 없고 일을 하지 않아 내담자가 임신 8개월까지 아르바이트를 하면서 생활하였고 자녀의 양육방식에 대한 갈등으로 이혼소송을 진행하였다.

2) 가족문제분석

(1) 사티어의 가족상담 관점

① 의사소통 및 대처유형

가족들은 사촌동생의 죽음에 대하여 내담자를 비난하고 모든 책임을 내담자에게 떠넘기려 하였기 때문에 내담자는 자신은 실패자라는 인식을 하게 되었으며 또한 아버지 역시 내담자를 보호해야 하는 상황에서 오히려 내담자를 비난하여 모든 책임을 내담자가 떠맡게 하였다. 그로 인해 내담자는 심리적으로 분노, 짜증, 적대감이 생기게 되어 결혼생활에도 가족관계에 영향을 미쳐 이혼하게 되는 계기가 되었다. 내담자는 자신이 타인에게 공격적인 성향을 보이는 것에 대하여 인정하였지만 자신도 모르게 그런 성향이 나온다고 하는 것으로 보아 비난형의 의사소통으로 인하여 분노와 적대감이 폭력적인 행동표현으로 나타나는 것으로 보인다.

② 자아존중감

부모와의 관계에서 자기가치와 자아존중감을 학습하고 발전할 수 있는 기회를 갖지 못해 자아존중감이 낮게 형성된 것으로 보인다. 부모의 역기능적인 의사소통으로 인하여 내담자의 자아존중감이 낮아지고 부정적인 정서를 형성하게 되었다. 자신을 사랑하고 감사할 때 긍정적 에너지가 생성되는데 내담자는 자신을 사랑하고 감사할 수 있는 기회를 제공받지 못해 현실에서 문제에 부딪히면 창조적이며 긍정적인 방향으로 문제해결을 하지 못하고 짜증과 반사회적인 행동으로 의사소통에 대처하였다.

(2) 구조적 가족상담 관점

① 부부 하위체계

원가족의 부부 하위체계의 기능인 사랑과 성, 친밀감의 교류가 제대로 기능하지 못하였고 건강한 부부관계를 형성하지 못하고 부부체계가 붕괴됨으로 인해 자녀에게 영향을 미쳤다. 부부 하위체계의 붕괴로 인하여 자녀들에게 정서적인 충격을 주었으며 부모역할에 대한 재원배분이 올바르게 일어나지 않고 할머니나 친척 집으로 자녀들을 흩어져 살게 함으로 인해 가족 간의 갈등이 더욱 심화된 것으로 보인다.

② 부모-자녀 하위체계

부모가 자녀에게 부모의 역할을 적절하게 행사하지 않고 할머니나 친척에게 그 역할을 하게 함으로 인하여 부모 자녀 간의 하위체계 역시 붕괴되어 자녀들에게 스트레스를 유발하게 하였으며 불안과 슬픔, 분노, 걱정들의 감정을 일으키게 하였다. 이로 인해 자녀들이 친구, 학교, 사회적 관계에서 부정적인 영향을 미쳤다. 부모의 이혼으로 인하여 자녀들이 자신의 정체성과 자아존중에 대해 의문을 가지게 되었고 갈등을 겪게 하였다.

③ 형제자매 하위체계

가족구조의 변화로 인하여 형제자매간에 자원, 시간, 애정을 둘러싼 문제들을 경험하게 하였으며, 관계에 대한 혼란과 불안을 일으켰다. 또한 부모의 이혼과 더불어 흩어져서 살게 됨으로 인해 형제자매 간의 소통이 단절되었으며 이로 인한 각자의 감정과 욕구를 표현하고 이해하는 데 어려움을 겪게 되어 할머니의 장례 이후 한 번도 만나지 않는 결과를 초래하였다. 형제자매간의 충분한 지지와 안정감으로 긍정적 상호작용이 없어 인간관계에 부정적인 영향을 미쳤다.

3) 가족문제에 대한 상담 및 치료

(1) 내담자: 이순진

- 임신한 상태이고 우울로 인하여 하루에 14시간의 과수면 상태였으므로 규칙적인 생활을 할 수 있도록 내담자와 함께 하루 일과표를 만들어 일주일 동안 얼마나 일정에 따라 생활하였는지 자기점검을 할 수 있도록 하였다.
- 출산과 관련하여 출산 후 쌍둥이의 양육에 대한 계획을 수립하였다. 주변에 쌍둥이를 돌봐 줄 사람이 없어 출산 후 쌍둥이의 양육에 대해 사회복지기관의 도움을 받을 수 있도록 연계하였다.
- 사람에 대한 불신이 큰 상태여서 초기 상담 시 상담자와의 라포형성에 비중을 두었으며 내담자가 상담자와 함께 문제를 해결할 수 있도록 도왔다.
- 헤어진 가족에 대한 그리움이 있는 상태여서 오래전에 헤어진 어머니와의 만남을 시도하였고 다행스럽게도 어머니가 연락을 받고 내담자를 만나러 오셨고 오랫동안 내담자에게 전하지 못한 말을 하게 되었으며 모녀의 관계가 회복될 수 있도록 하였다.
- 남편과 이혼소송 중이므로 법률적인 정보를 제공하고 사회기관에 연계

하여 도움을 받을 수 있도록 하였다.

- 내담자가 쌍둥이 아동의 양육에 있어 양가적인 감정을 가지고 행동하였으므로 이에 대하여 자기이해를 도와 아동의 양육에 대한 코칭을 하였다. 또한 내담자는 아동에게 이중구속의 메시지로 아동이 "말을 잘 듣지 않으면 사랑하지만 함께할 수 없다"는 것을 아동에게 이야기함으로써 아동에게 불안을 야기시키게 한 자신을 탐색할 수 있도록 하였다.
- 자녀에게 집착하는 문제에 대하여 자기수용과 자기탐색을 통해 자신의 정서적 감정을 파악할 수 있도록 하였다.
- 아동과의 의사소통 방식에 대한 코칭을 하였으며 아동과 함께할 수 있는 놀이에 대하여 알려주고 내담자가 실행해 볼 수 있도록 도왔다.

(2) 어머니

- 이순진의 어머니와 5회기 단기상담을 통해 내담자와의 관계회복에 대한 상담을 하였다. 내담자가 자녀에 집착하고 있는 것에 대하여 어머니와의 관계 회복이 내담자가 자녀에 대한 집착을 내려놓을 수 기회를 제공할 수 있다는 것에 대하여 상담하였다.
- 모녀관계 회복을 위한 갈등관리, 의사소통 방식, 상처에 대한 용서와 수용에 관한 상담을 하였다.
- 모녀관계 회복에 있어 공동의 관심사와 용서에 대한 이야기를 나누며 과거의 오해와 갈등을 넘어서 서로를 이해하고 받아들일 수 있는 시간을 가지도록 격려하였다.
- 딸의 출산 시 어머니의 역할에 대한 상담을 하였고 이순진에게 지지자로서의 역할을 할 수 있는지에 대한 자기탐색을 하였다.

참고문헌

고수현(2023). **가족상담 및 가족치료**. 서울: 동문사.

권중돈, 김동배(2005). **인간행동과 사회환경**. 서울: 학지사.

김금자(2012). 이혼위기 부부의 가족치료경험에 관한 문화기술적 사례연구. **한국가족치료학회지**, 20(2), 275-301.

김영미, 양숙자, 박선녀, 김서연, 황윤희, 하경해, 김명겸, 박숙경(2022). **사회복지실천론**. 서울: 동문사.

김용태(2000). **가족치료 이론**. 서울: 학지사.

김용환, 김태경, 신미애, 양정안, 이상민, 이순비, 이태자(2019). **가족복지론**. 서울: 동문사.

김유숙(2015). **가족상담(3판)**. 서울: 학지사.

김정택, 심혜숙(1993). 자아분화 개념을 통한 Bowen의 정신역동적 가족치료의 특징. **가족과 가족치료 (구 한국가족치료학회지)**, 1(1), 31-45.

김정현(2022). **에릭 번의 감정 수업**. 유노북스.

김종표(2016). **평생교육방법론**. 서울: 양서원.

김진숙(2020). **커플 및 가족을 위한 인지행동치료**. 서울: 학지사.

김춘경, 이수연, 이윤주, 정종진, 최웅용(2020). **상담의 이론과 실제**. 학지사.

김현수(1992). **교류분석 치료**. 민지사.

김형태(1998). **상담의 이론과 실제**. 동문사.

김형태(2009). **상담의 이론과 실제**. 서울: 동문사.

김혜경, 도미향, 문혜숙, 박충선, 손홍숙, 오정옥, 홍달아기(2019). **가족복지론**. 공동체. 130-131.

김혜란, 홍선미, 공계순(2001). **사회복지실천기술론**. 나남출판.

김혜숙(2022). **가족치료 이론과 기법**. 서울: 학지사.

김혜숙, 박주현, 이영주, 임상록(2012). **가족상담 및 치료**. 서울: 신정.

노안영(2018). **상담심리학의 이론과 실제**. 서울: 학지사.

문영주(2015). **교류분석상담의 인생각본 치료**. 아카데미아.

민성길 외(2001). **최신정신의학**. 서울: 일조각.

박경애(1999). **인지행동 치료의 실제**. 서울: 학지사.

박언하(2022). **가족복지론**. 서울: 동문사.

박치현(2022). 1930년대 미국 사회학 패러다임의 탄생: 탈콧 파슨스(Talcott Parsons)의 사회학 정체성 모색과 제도화. 사회와이론, 203-254.

사회복지교육연구센터(2018). **인간행동과 사회환경**. 나눔의 집. 54-61.

성미애, 최여진(2017). 학령기 자녀가 있는 결혼이민자 여성의 생활만족도 예측 변인. **한국가족자원경영학회지**, 21(1), 1-18.

송부옥(2021). 게슈탈트치료와 사티어 경험적 가족치료의 내면 통합에 대한 비교: 내사와 가족규칙, 양극성 통합과 부분들의 잔치 중심으로. **한국게슈탈트상담연구**, 11(1), 53-75.

송성자(1998). 사회구성주의와 해결중심치료 이론이 연관성에 관한 연구. **한국가족치료학회지**, 6(1), 35-51.

송성자(1999). **가족과 가족치료**. 서울: 법문사.

송성자, 김정택(1994). 해결중심 단기 가족치료의 관점과 치료전략. **가족과 가족치료(구 한국가족치료학회지)**, 2, 131-150.

송은주, 이지연 (2010). 가족상담: 부부갈등과 청소년의 우울과의 관계에서 부모화 경험의 매개효과검증. **상담학연구**, 11(1), 335-354.

양승은(1995). **전략적 가족치료모델**. 이화여대 사회복지학과 편. 가족치료총론. 서울: 동인.

엄명용, 노충래, 김용석(2005). **사회복지실천기술의 이해**. 서울: 학지사.

우재현(1991). **교류분석 훈련 프로그램**. 정암서원.

원혜경(1984). Jay Haley의 전략적 가족치료에 관한 연구. **동광**, 81, 40-62.

유 옥(2021). **가족상담 및 가족치료**. 서울: 동문사.

유근준(2008). 대상관계의 변화과정에 관한 질적 연구-근거이론을 중심으로. 숙명여자대학교 대학원, 박사학위논문.

윤주연(2022). **처음 하는 심리학 공부**. EBSBOOKS.

윤찬영(2017). **사회복지의 이해**. 경기: 정민사.

이경민, 임웅(2015). **학습과 보상**. 서울: 학지사.

이광규(1994). 한국사회의 가족주의 전통과 그 변화. **한국청소년연구**, 5-11.

이도영, 김남옥, 추석호, 이수연, 김규식(2005). **교류분석: 이론과 실제–교류분석 훈련프로그램: 훈련자 매뉴얼–**. 중앙적성출판사.

이만홍 외(2007). **역동심리치료와 영적 탐구**. 서울: 학지사.

이명자(2002). 대상관계 가족치료이론을 통한 역기능가족의 치유. 상명대학교 정치경영대학원. 석사학위논문.

이상복(2022). **가족상담 및 치료**. 경기: 공동체. 196-216.

이소연(2022). 사회, 가족관계, 가족범위, 여론조사, 기획조사, 정상가족, 여론속의여론.

이영분, 김유순, 신영화, 전혜성, 최선령(2023). **사례로 배우는 가족상담**. 서울: 학지사.

이영분, 김유순, 신영화, 최선령, 최현미(2015). **사례로 배우는 가족상담과 가족치료**. 서울: 학지사.

이영분, 신영화, 권진숙, 박태영, 최선령, 최현미(2012). **가족치료 모델과 사례**. 서울: 학지사.

이영실(2016). 가족복지론. 경기: 양서원.

이재훈(1999). 가족치료. 서울: 한국심리치료 연구소.

이채석(2017). 한국복지 사례관리. 서울: 어가.

이현주, 정문자(2017). 통합적 가족놀이치료를 통한 ADHD 아동 가족의 가족체계 변화 및 치료적 요인. 가족과 가족치료, 25(3), 439-470.

이화자, 김순옥(2010). 가족상담: 경험적 부부집단치료 프로그램의 개발과 효과성 검증-Satir 성장모델과 비폭력대화(NVC) 모델의 통합. 상담학연구, 11(2), 831-854.

이희세, 백선아, 임은희(2022). 가족치료 및 상담. 경기: 공동체.

임정문, 김숙경, 나직균, 이승현, 한현지(2022). 가족복지론. 서울: 동문사. 275-282.

임종렬(2001). 대상중심 경계선 가족치료. 서울: 한국가족복지 연구소.

정문자(2007). 사티어의 경험적 가족치료(제2판). 서울: 학지사.

정문자, 이미리, 전연진(2007). 내면화와 외현화 행동문제집단과 정상집단 아동의 인구학적, 가족기능적 특성의 차이. 아동학회지, 28(2), 251-265.

정문자, 이영분, 김유순 김은영(2017). 해결중심 가족상담. 서울: 학지사.

정문자, 이영분, 김유순, 김은영(2022). 해결중심 가족상담. 서울: 학지사. 204-209.

조현춘, 조현재(2003). 심리상담과 치료의 이론과 실제. 서울: 박영사.

주용진(2014). 가족치료와 교류분석. 아카데미아.

천성문, 박명숙, 박순득, 박원모, 이영순, 전은주, 정봉희(2021). 상담심리학의 이론과 실제. 서울: 학지사.

천성문, 박명숙, 박순득, 박원모, 이영순, 정봉희(2014). 상담심리학의 이론과 실제. 서울: 학지사.

천성문, 이영순, 박명숙, 이동훈, 함경애(2019). 상담심리학의 이론과 실제. 서울: 학지사.

천성문, 이영순, 박명숙, 이동훈, 함경애(2023). 상담심리학의 이론과 실제. 서울: 학지사.

최규련(2022). 가족상담 및 치료. 경기: 공동체. 227-248.

최선화, 박광준(2014). 사회문제와 사회복지. 서울: 양서원.

최승희, 김수욱(1996). 심리학 개론. 서울: 박영사.

최진태, 황경애(2011). 중년여성의 자존감 향상을 위하여 사티어 변형 체계적 치료를 적용한 상담사례연구. 한국가족치료학회지, 19(1), 53-76.

한명숙(2012). 대상관계 부모훈련 집단치료 프로그램이 어머니의 분리개별화 및 자아존중감에 미치는 영향. 성결대학교 일반대학원 석사학위논문.

한성심(2001). 대상관계이론에 기초한 부모교육 프로그램 개발과 효과검증. 숙명여자대학교 대학원 박사학위논문.

한재희, 김영희, 김용태, 서진숙, 송정아, 신혜종, 양유성, 임윤희, 장진경, 최규련, 최은영(2021). 부부 및 가족 상담(2판). 서울: 학지사.

한재희, 홍지선, 김희숙, 임인혜, 정소임, 최양희(2020). 상담학 박사과정 상담사의 진로불안정 경험. 한국상담학회 학술대회 논문집, 77-77.

Ackerman, Nathan W.(1966). *Treating the Troubled Family*, New York: Basic Books.

Bandler, R., & Grinder, J.(1982). Reframing; Neuro-Linguistic programming and the transformation of meaning Moab, Utah; Real people press.

Bateson, G., & Jackson, D. D.(1964). Some varieties of pathogenic organization, *Disorders of Communication, 12*, 270-290.

Baumrind, D.(1991). The influence of parenting style on adolescent competence and substance use. *The journal of early adolescence, 11*(1), 56-95.

Becvar, D. S. & Becvar, R. J., (정혜정·이형실 역) 가족치료–체계론적 통합. 서울: 하우, 1997.

Benner, D. G., & Hill, P. C.(1999). *Baker Encyclopedia of Psychology and Counseling*. Grand Rapids, MI: Baker Books.

Berg, I. K.(1989). OF visitors, complainants, and customers; Is there really such thing as resistance?. *Family Therapy Networker, 13*(1), 21.

Berg, I. K.(1994a). *Family based services; A solution-focusd approach*. New York: W. W. Norton.

Berg, I. K.(1994b). Psychotherapy and substance abuse. In A. M. Washton (Ed.), *A practitioner's handbook*. New York: The Guilford Press.

Berg, I. K., & De Jong, P.(1996). Solution-building conversation; Co-constructing a sense of competence with clients. *Families and Society, 77*(6), 376-391.

Berg, I. K., & de Shazer, S.(1993). Making numbers talks; Language in therapy. In S. Friedman(Ed.), *New language of change*. New York: Guilford Prss.

Berg, I. K., & Miller, S. D.(1992). *Working with the problem drinker: A solution-focused approach*.(가족치료연구모임 역, 2001). 해결중심적 단기가족치료. 하나의학사.

Berg, I. K., & Miller, S.(1992). *Working with the problem drinker; A solution-focused approach*. NY: Norton.

Berne, E.(1964). *Games people play*. New York: Grove Press.

Berne, E.(1972). *What do you say after you say Hello?*. New York: Grove Press.

Breunlin, D. C., & Jacobsen, E.(2014). Putting the "family" back into family therapy. *Family Process, 53*(3), 462-475.

Brock, Gregory W., & Barnard, Charles P.(1988). *Procedure in Family Therapy*. Allyn and Bacon, Inc.

Cooley, C. H.(2017). Human nature and the social order. Routledge.

Corey, G.(2003). *Theory and Practice of counseling and psychotherapy*. 심리상담과 치료의 이론과 실제 (조현춘, 조현재, 문지혜, 이근배, 홍영근 역). 센게이지러닝코리아(원전

2009년 출판).

Dallos, R., Draper, R.(2015). *Ebook: An introduction to family therapy: Systemic theory and practice*. McGraw-Hill Education (UK).

De Jong, P., & Berg, I. K.(2012). *Interviewing for solutions*. Pacific Grove, CA; Brooks/Cole.

de Shazer, S.(1982). *Patterns of brief family therapy; An ecosystemic approach*. New York; Guildford Press.

de Shazer, S.(1985). *Keys to solution in brief therapy*. New York; W. W. Norton.

de Shazer, S., Berg, K., Lipchik, E., Nunnally, E., Molnar, A., Gingerich, W., & Weiner-Davis, M.(1986). Brief therapy; Focused solution development. *Family Process, 25*(6), 214-218.

de Shazer. S.(1991). *Putting difference to work.* New York; W. W. Norton.

de Shazer. S., & Berg, I. K.(1995). The brief therapy tradition. In J. Weakland, & W. Ray(Eds.), *Propagations-thirty years of influence from the mental research institute*. The Haworth Press, Inc.

de Shazer. S., & Berg, I. K.(1997). What works? Remarks on research aspects of solution-focused brief therapy. *Journal of Family therapy, 19*, 121-124.

Erskine R. G,. Zalcman M. J.(1979). The Racket System: A Model for Racket Analysis. *TA Journal, 9*(1).

Fisch, R.(1965). Resistance to change in the psychiatric community. *Archives of General Psychiatry, 13*, 359-366.

Galvin, K. M., & Brommel, B. J.(2001). **가족관계와 의사소통** (노영주, 서동인, 원효정 공역). 서울: 도서출판 하우. (원저 1986년 2판 출간)

Goldenberg, I., & Goldenberg, H.(2002). **가족치료** (김득성, 윤경자, 전영자, 전영주, 조명희, 현은민 공역). 서울: 시그마프레스. (원저 2000년 5판 출간)

Goldenberg, L., & Goldenberg, H.(2000). *Family Therapy: An Overview*. Pacific Grove, CA: Brooks/Cole.

Greenberg, M. T.(1999). Attachment and psychopathology in childhood.

Heley, J.(1986). *Uncmmont therapy: The psychiatric tecbniques of Milton H. Erickson, M. D.* New York: W.W. Norton.

Horner, A. J.(1982). *Psychoanalytic Object Relations Therapy*. New Jersey: Jason Aronson.

Horner, A. J.(1984). *Object relations and the developing ego in therapy*. Northvale, New Jersey: Jason Aronson.

Horner, A. J.(1991). Psychoanalytic object relations therapy. Jason Aronson.

Jackson, D. D., & Watzlawick, P.(1963). The acute psychosis as a manifestation of growth experience, *Psychiatric Research Reports, 16*, 83-94.

Jersey: Jason Aronson.

Karpman, S.(1968). Fairy tales and script drama analysis. *Transactional Analysis Bulletin, 7*(26), 39-43.

Kerr, M, E., Bowen, M.(2005). 보웬의 가족치료이론 (남순현, 전영주, 황영훈). 서울: 학지사.

Lipchik, E.(2002). *Beyond technique in solution-focused therapy: Working with emotions and the therapeutic relationship*. (김유순, 이재원 역, 2015). 정서지향 해결중심 치료. 서울: 학지사.

Maier, W., Buller, R., Philipp, M., & Heuser, I.(1988). 해밀턴 불안 척도: 불안 및 우울 장애의 변화에 대한 신뢰성, 타당성 및 민감도. 정동 장애 저널, 14(1), 61-68.

McAdam s, Dan p.(1988). *Power, Intimacy, and the Life Story; Personological in quiries into Identity*. New York: Guliford.

Miller, S. D., & Berg, I. K.(1991). Working with problem drinker; A solution-focused approach. *Arizona Counseling Journal, 16*.

Minuchin, S.(1974). *Families and Family Therapy*. Cambrige, MA: Harvard University Press.

Minuchin, S.(1998). 가족과 가족치료 (김종역 역). 서울: 법문사.

Nichols, M. P., & Schwartz, R. C.(2002). 가족치료: 개념과 방법(5판) (김영애, 정문자, 송성자, 제석봉, 심혜숙, 김정택, 정석환, 김계현, 이관직 공역). 서울: 시그마프레스. (원전 2000년 출판)

Palmer, S.(Ed.).(2000). *Introduction to counselling and paychotherapy: The essential guide*. London: Sage.

Ross D. Parke(2004). 발달심리학 거장들의 핵심이론 연구 (이민희, 정태연 역). 서울: 학지사.

Rossi, E. L.(1973). Psychological shocks and creative moments in psychotherapy. *American Journal of Clinical Hypnosis, 16*(1), 9-22.

Satir, V.(1988). *The new peoplemaking*. Science & Behavior Books.

Scharff, D. E.(1996). Object relations theory and practice: An introduction. Rowman & Littlefield.

Steiner, C.(1971). *Game alcoholic play: Transactional analysis of life scrits*. New York: Grove Press.

Toman, E.(1961). *Family Counsellation: Its effect on personality and social bebavior*. New York: Springer.

Walter, J. L., & Peller, J. E.(1992). *Becoming solution-focused in brief therapy*. (가족치료연구모임 역, 1996). 단기가족치료-해결중심으로 되어가기. 하나의학사.

Watzlawick, P.(1965). Brief communications-paradoxical predictions. *Psychiatry, 28*(4),

368-374.

Weakland, J. H., Fisch, R., Watzlawick, P., & Bodin, A.(1974), Brief therapy: Focused problem resolution, *Family Process, 13*(2), 141-166.

White, M.(2004). Working with people who are suffering the consequences of multiple trauma: A narrative perspective. *International Journal of Narrative Therapy & Community Work, 2004*(1), 45-76.

Woolams, s., & Brown, M.(1979). *TA: The total handbook of transactional analysis*. Englewood Cliffs, NY: Prentice-Hall.

저자소개

■ 조은유

동아대학교 교육학 박사
전) 부산여자대학교 겸임교수
고신대학교 대학원 겸임교수
현) 영산대학교 조교수
사회복지법인 푸른솔 교실기관장
조은마음상담센터 센터장

■ 김영미

신라대학교 사회복지학 박사
전) 신라대학교 평생교육원 특임교수
부산여자대학교 전임교수
현) 영산대학교 부교수

■ 이미희

신라대학교 사회복지학 박사과정
한국사회복지상담학회 이사
현) 동의과학대학교 외래교수
영산대학교 겸임교수

개정판 **가족상담 및 치료**

초　판 1쇄 발행 / 2023년 8월 30일
개정판 1쇄 발행 / 2025년 8월 30일
개정판 2쇄 발행 / 2026년 3월 5일

공저자 / 조은유·김영미·이미희
발행인 / 이 중 수
발행처 / **동 문 사**

서울특별시 서대문구 홍제원 1길 12
(홍제동 137-8)
Tel: 02)736-3718(대), 736-3710, 3720
Fax: 02)736-3719
등록번호: 1974.04.27. 제9-17호
가격: 23,000원

ISBN: 979-11-6328-697-4 (93330)
E-mail: dong736@naver.com
www.dongmunsa.com